O.V.N.I. LA FIN DU SECRET

Journaliste de télévision attaché aux services de FR3 Bordeaux, après avoir longtemps appartenu à la station FR3 Nancy, Robert Roussel s'est spécialisé dans les reportages sur l'armée de l'air.
Ses nombreux contacts avec les pilotes et les techniciens lui ont permis d'avoir accès à des informations essentielles et exclusives.

ROBERT ROUSSEL

O.V.N.I., la fin du secret

PIERRE BELFOND

A Nicole,
A Francine et René Fouéré du G.E.P.A.
en hommage à leur amitié et à leur courage,
A mes amis pilotes,
A mes amis.

REMERCIEMENTS

Je remercie pour leur aide sympathique
M. Yvon Bourges, ministre des Armées,
M. Cochard, directeur de la Gendarmerie nationale,
Le colonel Alexis, ancien responsable du B.P.E. de l'armée de l'air,
Le colonel Lépine, responsable du B.P.E. de l'armée de l'air, Paris,
Le commandant Rodriguez, adjoint du B.P.E. de l'armée de l'air, Paris,
Le lieutenant-colonel Gelin, chef du B.R.E. de la F.A.T.A.C., armée de l'air, Metz,
Le commandant Cochereau, du B.R.E. de la Gendarmerie nationale à Paris,
Le commandant Dauvergne, du B.R.E. de la Gendarmerie nationale à Paris,
Le lieutenant-colonel Tarrats, Gendarmerie nationale, Paris,
Le général Morel, ancien responsable de la direction de la gendarmerie à Metz,
M. Claude Pohers, chef du Groupe d'étude des phénomènes aéro-spatiaux non identifiés,
La direction de la société F.R.3, à Paris,
Francine Buchi, journaliste à F.R.3-National,
Hugues Durocher, journaliste à France-Inter,
Étienne Robert, journaliste à Épinal,
Le personnel de l'armée de l'air,
Le personnel de la Gendarmerie,
L'ensemble des témoins.

Reproductions de documents : Jean-Louis Bemer, journaliste à Nancy.

SOMMAIRE

AVERTISSEMENT
CONCERNANT LES TÉMOIGNAGES

Par respect envers les témoins, l'auteur a tenu à conserver leur anonymat en ne les désignant que par leur prénom et l'initiale de leur nom. Le lecteur comprendra qu'il eût été malséant d'agir autrement. En revanche, la forme des témoignages reproduits a été scrupuleusement respectée. Les témoins étant, pour la plupart, des personnes peu habituées à faire une déposition, on ne sera pas surpris de trouver certaines tournures pouvant paraître, parfois, approximatives. Les modifier eût altéré, à notre sens, la portée des déclarations.

PRÉFACE

« ENCORE un livre sur les O.V.N.I. ! »

Et les sceptiques de s'esclaffer, les spécialistes de sourire avec mépris et condescendance, et les « fans » de se précipiter, comme d'habitude, sur ce nouvel ouvrage à la recherche de l'histoire extraordinaire, de l'anecdote insolite, du détail fantastique...

Il me faut, dès à présent, rassurer les uns et... décevoir les autres.

Le but de ce livre est de sortir des sentiers battus sans tomber pour autant dans le sensationnel de pacotille. L'un des premiers objectifs que je me suis fixés consiste à faire apparaître l'envers du décor de cette peu commune recherche où se côtoient services officiels et petits enquêteurs, témoins de bonne foi et mystificateurs de talent. Un aréopage déconcertant, presque autant que peut l'être le phénomène O.V.N.I.

Ce livre est l'œuvre d'un journaliste. Il s'agit, en fait, d'une enquête. Celle-ci a débuté il y a deux ans et, pour certains cas, il y a trois ans. Si je me décide à la publier aujourd'hui, cependant, ce n'est pas dans l'intention d'exposer une nouvelle théorie ou d'apporter de fascinants témoignages de contacts avec de bien hypothétiques visiteurs de l'espace. Mes intentions sont beaucoup plus pragmatiques. Elles portent sur l'évocation et l'analyse des faits. Rien de plus.

J'ai eu la chance d'avoir accès à des dossiers demeurés jusqu'ici confidentiels, c'est pourquoi je crois être en mesure de proposer à présent un ouvrage particulièrement documenté et certainement unique en son genre. En lisant ce livre, le lecteur aura, je l'espère, une idée assez précise de la manière dont les organismes officiels traitent cet étonnant problème.

Personne ne songe plus à nier la réalité du phénomène O.V.N.I., et les officiels moins que quiconque. Pourtant, l'on agit encore, dans ces milieux, comme si tout cela n'était que pur fantasme !

Pourquoi l'homme de science refuse-t-il d'affronter cette énigme qui s'offre à son attention avec une régularité remarquable au travers de manifestations dont il est impossible, à notre époque, de nier l'évidence? La question reste posée.

L'argumentation que j'envisage de développer au cours des pages qui vont suivre, argumentation reposant sur un matériel d'enquête provenant de sources officielles contribuera, je l'espère, à mieux faire saisir les motifs pour lesquels, depuis trois décennies, l'homme se dérobe à cette fantastique recherche.

INTRODUCTION

Lorsque vous observez le vol d'une mouche, vous vous demandez peut-être ce que peuvent signifier ces figures qui s'entrecroisent et où il est difficile de trouver un embryon de logique.

Imaginons une civilisation ayant trouvé refuge sur un grain de sable. Pour cette civilisation, la découverte du vol de la drosophile serait un véritable casse-tête et les scientifiques de ce monde minuscule auraient bien du mal à construire une théorie cohérente pouvant expliquer et la mouche et son comportement à la seule vue de ces évolutions.

Je crois qu'actuellement, malgré certaines études poussées, fruits de quelques scientifiques isolés, nous en sommes encore, en matière d'O.V.N.I., au stade du « vol de la mouche ».

C'est du moins l'impression que l'on retire de la lecture du matériel dont disposent, sous forme de témoignages, les enquêteurs et les journalistes spécialisés.

Ces objets ont des formes très diverses. Les observations les concernant sont généralement très brèves (bien que certaines d'entre elles durent parfois une heure ou même davantage). Leurs manœuvres sont incompréhensibles, en contradiction avec les lois les plus élémentaires de la physi-

que. Ils sont, par essence, imperméables à l'étude et déroutent le monde scientifique.

Les lecteurs assidus des livres et publications spécialisés dans l'étude des O.V.N.I., de même que les chercheurs possédant des archives sur les vagues des années 50 et 70, reconnaîtront sans peine qu'il est difficile de constater une franche évolution dans le comportement de ces mystérieux objets célestes qui hantent, depuis maintenant trente années très exactement, les couloirs de la science[1]*.*

Ce sont toujours les mêmes évolutions incompréhensibles, les mêmes couleurs incroyables, les mêmes apparitions éphémères pour des objets aux formes connues qui vont du cigare à la soucoupe en passant par le triangle ou le carré, quand ce n'est pas le croissant ou... la banane! Si l'on fait abstraction du nombre d'observations qui, lui, semble avoir augmenté, le phénomène O.V.N.I. reste tout aussi insaisissable qu'au premier jour. Que sont-ils? D'où viennent-ils? Nous ne le savons pas... ce qui n'empêche pas les « soucoupistes » du monde entier d'émettre à ce propos un nombre impressionnant de théories souvent plus abracadabrantes les unes que les autres...

L'une de ces théories veut que le phénomène ait une finalité bien précise. Les preuves de cette finalité résideraient dans des atterrissages ou dans de prétendus « contacts » qu'auraient régulièrement les occupants des soucoupes volantes avec des représentants privilégiés de l'humanité. Bien entendu, ces théoriciens sont prêts à nous prouver, chiffres et récits à l'appui, que le nombre des « contactés » ne cesse d'augmenter. Par conséquent, disent-ils, on

1. L'expression « soucoupes volantes » est apparue pour la première fois en 1947. Nous la devons à Kenneth Arnold, un pilote qui, survolant le mont Rainier aux États-Unis, aperçut plusieurs disques en forme de « soucoupes » volant en formation.

finira bien par aboutir à une reconnaissance officielle du phénomène.

Ce type d'argumentation est apparu à toutes les époques de grandes observations et, bien sûr, il n'a encore jamais été vérifié. Si la théorie des « contacts » était exacte, comment expliquer que nos visiteurs extra-terrestres se comportent en 1977 comme ils se comportaient déjà... disons en 1921 ! Car les témoignages de « contactés » abondent à toutes les époques. Et chaque fois les occupants des « soucoupes » se comportent comme s'ils débarquaient pour la première fois sur notre planète, sans tenir compte des expériences qu'on leur attribue, déjà, dans le passé. Le lecteur pourra d'ailleurs s'en apercevoir au cours des pages qui vont suivre : lorsque l'on aborde ce problème, que l'on se réfère à un témoignage de 1954 ou de 1974, on retrouve les mêmes descriptions chez des témoins que séparent, pourtant, vingt années.

Tandis que certains sont persuadés de la réalité du contact avec des entités extra-terrestres, pour d'autres, ces objets volants aux ressources fabuleuses et inconnues ne sont que la manifestation moderne d'un inconscient collectif. Il y a un siècle il s'exprimait par le biais des sectes spirites, au Moyen Âge par celui des lutins et des fées et sous l'Antiquité par l'intermédiaire des dieux et des déesses, ces époques projetant à leur manière les angoisses et les espoirs de l'âme.

Entre ces deux tendances extrêmes, intéressantes parce qu'elles démontrent bien la première avec la théorie de la présence du contact l'aspect matériel de l'observation, la seconde en s'apparentant aux troubles de l'âme à caractère philosophique, il doit exister une vérité qui justifie ces deux aspects, apparemment contradictoires.

Cette vérité ne saurait percer que dans l'étude des faits.

C'est pourquoi il me paraît essentiel d'éviter, dans ce domaine, toute interprétation par trop anthropomorphique. Seul l'examen minutieux du témoignage doit guider l'enquêteur. Quant aux grandes théories philosophiques que ce phénomène engendre parfois, il me semble judicieux de s'en tenir écarté.

Les auteurs de la plupart des ouvrages consacrés aux O.V.N.I. ne se plaisent à retenir généralement que ce qui est susceptible de confirmer leurs propres théories. Si jamais un témoignage entre en contradiction avec ces théories, on l'écarte, tout simplement.

C'est ainsi que se sont créées une littérature du « pour » et une littérature du « contre » dont la seule caractéristique commune est de s'ignorer mutuellement sans qu'il soit jamais question de chercher chez l'autre un quelconque élément d'information positif[1]*. Dans ces conditions, il paraît peu probable que l'on aboutisse un jour à une théorie unique rassemblant les actuels partisans et adversaires de la soucoupe sous la seule bannière de la vérité.*

Car pourquoi, en trente années d'enquêtes, n'est-on pas parvenu à progresser dans ce domaine? Entre autres raisons, parce que l'information circule mal. La plupart des livres traitant de ce sujet ont été écrits par des inconditionnels de la soucoupe dont les théories pour le moins discutables font fuir les gens sérieux qui, sans cela, consentiraient sans doute volontiers à se pencher sur le problème. Par conséquent, les livres sérieux qui, déjà, n'existent qu'en tout petit

1. Il va de soi que la littérature du « pour » est la plus abondante, les soucoupes volantes étant, aujourd'hui encore, une source de profits appréciable.

nombre- passent totalement inaperçus et ne connaissent pratiquement aucune publicité. De plus, ils sont souvent l'œuvre de scientifiques dont le jargon s'avère difficilement accessible au simple mortel. Alors?...

Alors, il devient urgent, aujourd'hui, de présenter toutes les pièces du dossier pour remédier à la situation dans laquelle nous nous trouvons. Il faut entendre le témoin sérieux dont l'histoire paraît incroyable, écouter l'observateur consciencieux qui confond satellite et O.V.N.I., suivre avec attention toutes les pistes qui conduisent au canular, analyser, enfin, enquêtes et déclarations officielles des responsables militaires et scientifiques. En un mot, il faut faire l'instruction du dossier en tentant d'y inclure une notion élargie du témoignage. Cette notion élargie nous incite à restituer la totalité des faits se rapportant aux O.V.N.I. dont nous avons connaissance. C'est pourquoi on ne se contentera pas de présenter au lecteur des observations exceptionnelles tant en raison de la nature de l'objet que de celle de l'observateur. Il existe, en effet, une grande quantité d'ouvrages recensant les observations de ce type et cela ne fait pas beaucoup avancer la recherche.

Ce livre présente un matériel d'enquête qui porte principalement sur la fameuse « vague » des années 70 qui a déjà fait couler beaucoup d'encre. Quelques-unes des observations effectuées pendant cette vague peuvent aujourd'hui recevoir une explication, pour d'autres au contraire le mystère n'a fait que s'épaissir. Mon objectif n'étant pas de fournir des hypothèses mais des informations, je me garderai bien de résoudre l'insoluble... Cependant, le lecteur verra que je me suis attaché à fournir un maximum de renseignements sur mes relations avec les témoins chaque fois qu'il m'a été possible d'entrer en contact avec eux. Je pense qu'il s'agit là d'un point important car, en ce domaine, l'observation doit toujours être considérée à la lueur de la psychologie et de la culture de celui qui l'a effectuée.

Ce sont des témoignages pratiquement irréfutables qui constituent l'essentiel de ce livre, mais j'ai jugé utile de consacrer deux chapitres aux méprises et aux canulars car la connaissance de ces deux catégories de témoignages devrait, à mon sens, aider les chercheurs à chasser l'ivraie du bon grain, et leur permettre d'avancer plus vite dans leur quête de la vérité. Enfin, une grande partie de ce livre donne la parole aux militaires. Il ne s'agit pas, pour moi, de dévoiler « ce que les gouvernements vous cachent sur les soucoupes volantes » comme prétendait le faire un ouvrage récent, mais au contraire de démythifier l'attitude des organismes officiels dans ce domaine. Car en matière d'O.V.N.I., les responsables civils et militaires n'en savent pas plus que vous ou moi. Ils possèdent des dossiers, certes, et ce sont ces dossiers qui, précisément, pour une grande part constituent la matière de ce livre, mais pour le moment ils s'avouent incapables de formuler la moindre hypothèse quant à l'origine de ces mystérieux objets célestes.

L'armée, et plus particulièrement l'armée de l'air, s'intéresse aux O.V.N.I., mais comme ceux-ci échappent pour l'instant aux définitions des armes conventionnelles, c'est-à-dire qu'ils semblent totalement inoffensifs, on a tendance à ne pas leur accorder trop d'importance. Et pourtant, les témoignages de militaires existent. C'est l'une des grandes exclusivités de ce livre que de présenter pour la première fois à l'ensemble du public français leurs témoignages. Enfin, en conclusion, nous verrons, avec un représentant du Centre national d'Études spatiales, quelles sont les difficultés auxquelles se heurtent aujourd'hui dans notre pays les scientifiques désireux de se pencher sur cet extraordinaire phénomène.

En matière de recherche sur les O.V.N.I., tout reste à faire. Le matériau de base demeure, cependant, le témoignage. Ce n'est qu'en présentant le plus grand nombre d'entre eux assortis de toutes les informations s'y rapportant qu'un progrès pourra être accompli sur la voie conduisant à la résolution du problème. Je souhaite, quant à moi, que cet ouvrage, de par le nombre d'informations qu'il comporte, contribue à lever un coin du voile.

PREMIÈRE PARTIE

LA GRANDE VAGUE DES ANNÉES 70

I

NAISSANCE D'UNE VAGUE

L'« Affaire Concorde ».

Avant 1974, la France ne connaissait le problème des O.V.N.I. qu'au travers d'une presse spécialisée plus soucieuse d'offrir à ses lecteurs des articles à sensation que des informations exactes. Cette presse n'intéresse, en fait, qu'une petite fraction du public et offre au reste de l'opinion une image complètement déformée et loufoque du problème. Cette même opinion, il convient de le préciser, en est restée aux conclusions du rapport Condon. Celles-ci, en effet, ont joui d'une large publicité qui a eu pour conséquence d'enfermer le mystère des O.V.N.I. dans les oubliettes de l'histoire.

Mais les O.V.N.I. ont la peau dure. Chaque fois que l'on annonce leur mystère résolu, il se trouve de nouveaux témoignages pour venir contredire les conclusions des commissions d'enquête officielles... et tout est à recommencer.

Paradoxalement, c'est pourtant un cas « résolu » qui, en 1974, a permis aux Français de se pencher de nouveau sur le problème des « mystérieux objets célestes ». Ce cas, c'est, bien entendu, la fameuse photo de Concorde.

On y a vu, tout d'abord, une opération publicitaire bien montée destinée à faire oublier les mésaventures commerciales du célèbre supersonique. Il aurait été habile, au fond, de montrer l'appareil volant aux côtés de ces étranges O.V.N.I. qui, depuis des décennies, défient les hommes et la science. Concorde, ambassadeur auprès des étoiles... On conçoit que les responsables du supersonique aient pu se laisser tenter par un tel rêve. Mais la réalité est, paraît-il, moins prosaïque et l'énigme de la « photo de Concorde » est officiellement résolue.

Rappelons les faits.

L'affaire date du 30 juin 1973, alors que l'avion se trouvait à 17 000 m d'altitude pour observer une éclipse de soleil. Elle ne fut cependant divulguée par la presse que sept mois plus tard, le 1er février 1974 :

30 juin 1973.

Ce jour-là, l'appareil, piloté par André Turcat, survolait le Tchad à 17 000 m d'altitude. Le Concorde était en mission scientifique : il devait observer l'éclipse solaire. M. Jean Begot, technicien du C.N.R.S., prenait des photos. Lorsque les documents furent développés, les observateurs prêtèrent toute leur attention à un cliché présentant dans la nuit de l'éclipse un étrange point lumineux. Le cliché a été analysé durant de longues semaines. Et il apparut aux chercheurs que cette « étoile » prenait au grossissement l'ampleur d'une « soucoupe volante », un de ces mystérieux O.V.N.I. dont les apparitions se font de plus en plus fréquentes depuis quelques mois.

D'après les experts, l'O.V.N.I. pouvait avoir environ 200 m de diamètre. André Turcat, lui, a

exprimé hier son scepticisme sur la nature de « l'objet ».
« J'étais à bord de Concorde ce jour-là. Mais pas plus que personne à bord, je n'ai rien constaté de spécial. Comme d'autres, j'ai simplement vu un point lumineux dans le ciel, point qui pouvait être une planète. »
Le phénomène est surprenant, certes, mais il s'agit d'un phénomène inexpliqué. Objet volant? C'est-à-dire système mécanique propulsé... On se moque du monde. On ne connaît même pas la dimension, la distance, l'altitude de ce phénomène. On connaît simplement une altitude minimale et une distance minimale. Mais la distance et la dimension réelles peuvent être dix fois plus grandes. On n'en sait rien.

Sur un autre compte rendu on peut lire ces précisions sur le cliché ayant provoqué la polémique.
Sur le cliché, pris avec un appareil d'amateur 24 × 36, à l'aide d'une pellicule couleur avec un temps de pose de 1/60 de seconde à 17 000 m d'altitude, par un des hublots latéraux du supersonique volant alors à Mach 2, on distingue nettement, au-dessus de la ligne d'horizon éclairée par le soleil et se détachant parfaitement sur le ciel noir de l'éclipse solaire du siècle, un point très lumineux de 0,3 mm de diamètre. Une observation plus poussée permet de noter que ce point ressemble à un ovoïde surmonté d'un demi-cercle. Grossi jusqu'à cent fois, ce point lumineux apparaît alors constitué à sa base d'une frange d'un jaune blanc très brillant, surmonté de rouge marqué de veinules sombres, et, un peu au-dessus, d'une sorte de « fumée ».
D'après lcs calculs faits par Serge Koutchmy, un autre scientifique de l'Institut d'astrophysique, ce

point se trouvait à environ 10 à 15 km de distance du Concorde et à 18 km d'altitude et aurait eu, s'il était fixe au moment de la prise de vue, 200 m de diamètre. D'après MM. Begot, Koutchmy et Jean-Claude Pecker, directeur de l'Institut, il ne peut être le résultat d'un reflet soit dans l'objectif de l'appareil photo, soit dans le verre du hublot du supersonique. Il n'y avait, en effet, aucune lumière à bord du Concorde à ce moment-là pour les besoins des expériences faites depuis le bord de l'avion. Ils excluent les hypothèses suivantes : celle d'une réfraction de la lumière sur les couches de la stratosphère, celle d'un ballon-sonde égaré dans ce secteur comme celle d'un parachute de récupération d'une tête de fusée-sonde. S'agit-il d'un phénomène météorologique comme il s'en manifeste à ces altitudes? C'est possible. L'hypothèse d'une météorite tombant dans l'atmosphère ou d'un morceau de satellite ou d'une fusée spatiale pourrait être retenue. Ils n'excluent aucune interprétation de cet ordre. Ce qui leur apparaît certain, c'est qu'aucune méthode scientifique d'étude ne peut être appliquée à ce « point lumineux » qu'ils considèrent comme une « curiosité » dont on ne peut rien savoir de plus à partir du seul et unique cliché à leur disposition.

Trois jours plus tard, le 4 février, au cours d'une émission d'Actuel-2 consacrée aux O.V.N.I., Pierre Guérin, maître de recherches au C.N.R.S. qui s'est spécialisé dans cette étude, pour mettre fin à la polémique qui grossissait autour de l'étonnant cliché, lisait un communiqué de M. Koutchmy :
Parmi toutes les hypothèses qui ont été émises au sujet de l'objet photographié vers 12 h 15 T.U. au cours de l'éclipse totale de soleil du 30 juin 1973, à

bord de Concorde, par Jean Begot, la plus probable est celle du nuage stratosphérique ou mésosphérique créé par le passage ou la désintégration d'un météore diurne appartenant à l'essaim Bêta-Taurides, identifié récemment avec la matière éjectée par la comète Encke. Toutes les conditions géométriques requises, devait-il ajouter, sont remplies pour cette identification.
La Terre, précisa M. Koutchmy, a en effet traversé, le 30 juin 1973 à 11 h 12, cet essaim, dont le plan de l'orbite était proche de l'équateur terrestre et le radian Alpha 86' et Delta plus 19' favorable à l'observation au-dessus de l'Afrique.

Voilà comment fut résolue l'« énigme de la photo de Concorde ».

L'objet photographié n'était qu'un nuage provoqué par la désintégration d'une météorite. Pendant quatre jours, pourtant, en ce début du mois de février 1974, la France avait accepté de vivre avec l'idée que des objets inconnus occupaient son espace aérien.

C'est à partir de cette observation que le terme « O.V.N.I. » est devenu populaire. Le premier à l'avoir employé est M. Koutchmy après avoir longuement analysé la photo prise le 30 juin 1973 en prenant soin d'éliminer les solutions faisant intervenir la réfraction de la lumière, le survol d'une tête de fusée et les ballons-sondes. Pour lui, il ne pouvait s'agir que de la rentrée dans l'atmosphère d'un bolide provenant de l'espace mais dont la nature était inconnue au moment de la prise de vue. D'où l'emploi parfaitement approprié de l'expression « Objet Volant Non Identifié ».

Avant que l'explication de cc mystère fût trouvée, l'affaire avait fait grand bruit. Qu'en restait-il, une fois l'énigme résolue?

D'abord, un doute !

La solution proposée par M. Koutchmy – à savoir l'essaim Bêta-Taurides pénétrant dans la haute atmosphère à l'instant précis où M. Begot prend son extraordinaire cliché avec son appareil d'amateur – parut aux yeux de certains au moins aussi extraordinaire que l'intervention d'un O.V.N.I. Et puis, cette solution tombait vraiment trop bien, comme si l'on avait voulu étouffer la publicité chaque jour plus envahissante qui entourait cette affaire. La photo de Concorde avait fait la une de tous les journaux.

Alors, O.V.N.I. ou nuage? Peu importe, au fond. Mais on est tout de même en droit de se demander comment il a été possible de formuler une réponse aussi précise au terme de quatre jours d'une énorme campagne de presse ne facilitant certainement pas la réflexion des spécialistes, alors que ceux-ci avaient été incapables d'émettre la moindre hypothèse au cours des six mois qui avaient précédé.

Quelle que soit la nature réelle du phénomène observé, l'intérêt de la photo de Concorde demeure. Grâce à elle, en effet, pour la première fois en France, des scientifiques se sont trouvés impliqués dans une affaire où étaient intervenus des « Objets Volants Non Identifiés » et, fait sans précédent, ce problème a été abordé sans moquerie ni scepticisme. Plus rien, désormais, dans ce domaine, ne serait comme avant.

Une fausse vague?

Et les choses changèrent, en effet, comme en témoignent les articles parus depuis sous la signature de journalistes scientifiques ayant jusqu'alors observé à l'égard des O.V.N.I. un prudent silence. L'on apprit ainsi que le retour en force des mystérieux objets célestes avait eu lieu quelque trois mois auparavant, le 30 novembre 1973, au-dessus de l'aéroport de Turin. Là, pendant près de trois quarts d'heure, un objet qui avait été repéré à la fois par les écrans radars et par des pilotes en vol avait effectué plusieurs passages au-dessus de la ville italienne en émettant une lueur d'un blanc intense passant par moments au rouge orangé.

A en croire les témoins, l'objet avait la taille d'un DC 8 et ses déplacements donnaient à penser qu'il était piloté !

L'affaire de Concorde et l'observation de Turin furent à l'origine de l'intérêt que certains journalistes portèrent soudain aux O.V.N.I.

Le fait mérite d'être mentionné car, pour divers spécialistes étudiant depuis des années le problème dans l'anonymat le plus complet, il ne faut pas chercher plus loin l'origine de la « vague d'observations » qui déferle sur la France depuis cette époque. Il ne s'agirait, selon eux, que d'une fausse vague provoquée par la publicité consacrée au phénomène O.V.N.I. depuis 1974. Malgré les démentis officiels et l'incrédulité du monde scientifique, soulignent ces spécialistes, les observations continuent chaque année avec la même régularité et le prétendu « retour » des O.V.N.I. que d'aucuns disent avoir observé au cours des trois ou quatre dernières années ne correspondrait, en fait, à rien de réel. Le phénomène demeure; seule la manière de le considérer a changé.

Je pense, pour ma part, qu'adversaires et partisans de la « vague » des années 70 détiennent chacun une part de vérité, et l'analyse objective des faits me conforte dans cette attitude.

Il est incontestable que les événements que

nous connaissons aujourd'hui ressemblent fortement à ceux qui se sont produits il y a vingt ans, au cours des années 1954, 1955, 1956 et 1957. Il n'est pas encore possible de dire si une décennie est plus importante que l'autre mais il est probable que les années 50 ont été plus riches en observations extraordinaires, échappant, le plus souvent, à toute interprétation. Par contre, les années 70 font ressortir un plus grand nombre de témoignages mais ceux-ci s'avèrent, en fin de compte, moins spectaculaires.

Quand on consulte les rapports ou les coupures de presse qui mentionnent, pour les quatre dernières années, l'apparition de phénomènes aériens inconnus, on s'aperçoit que la majorité des observations ont trait à des formes lumineuses ou à des objets lointains. Bien sûr, ces « formes » et ces « objets » exécutent des manœuvres suffisamment étonnantes pour qu'on les classe, dans la majorité des cas, dans la catégorie des O.V.N.I. Pourtant, les phénomènes que l'on peut définir comme totalement étrangers à nos cieux sont peu nombreux pour la période qui nous occupe, alors que ce fut le cas pour un bon nombre d'observations des années 50. Par conséquent, il n'est pas interdit de penser qu'une partie de nos modernes O.V.N.I. n'est peut-être due qu'à certains phénomènes aériens explicables mais mal interprétés.

Il devient alors difficile d'accréditer la thèse de la vague. Celle-ci se situerait davantage au niveau des témoignages qu'à celui des objets observés. Tout se passe, en effet, comme si le public, sensibilisé au problème des O.V.N.I. par la presse, la radio et la télévision, s'était mis soudain à rapporter tout ce qui lui paraissait étrange. Dans ce cas, ce n'est pas le nombre des O.V.N.I. qui aurait augmenté mais celui des témoignages rapportés, et c'est du côté de la psychologie des masses qu'il conviendrait de chercher les raisons de la vague que nous connaissons actuellement...

Le rôle de la presse n'est pas à négliger, certes. Pourtant, tout n'est pas si simple en ce qui concerne la « vague des années 70 ». Celle-ci a débuté, en fait, en 1973, mais la presse ne s'en est emparée que beaucoup plus tard. Les témoignages ont donc commencé à déferler en nombre croissant avant même que l'opinion fût réellement sensibilisée à ce problème. C'est 1974 qui a connu sans doute le plus grand nombre de témoignages par rapport aux années précédentes. En vingt ans, jamais la gendarmerie n'avait enregistré autant de rapports sur les phénomènes aériens mystérieux. 1975 confirma cette tendance, bien que le nombre des observations y fût légèrement inférieur à celui de 1974. Par contre, la presse se fit plus éloquente sur ce problème. Les articles et comptes rendus d'observations commencèrent à se multiplier. En 1976, le nombre des rapports de gendarmerie fut, à peu de chose près, identique à celui de l'année précédente, mais la presse publia encore plus de comptes rendus qu'elle ne l'avait fait en 1975. On peut en déduire qu'au fur et à mesure que les journaux se firent l'écho des enquêtes de gendarmerie – qui constituèrent, au début de la « vague », leur principale source d'informations – leurs lecteurs s'accoutumèrent au phénomène O.V.N.I. Lorsque enfin certains d'entre eux devinrent à leur tour des témoins, ils n'éprouvèrent pas nécessairement le besoin d'en référer aux gendarmes (la plupart des gens ignorent, d'ailleurs, qu'il est recommandé de faire une déposition en cas d'observation d'un phénomène mystérieux). Au contraire, leur premier réflexe fut de s'adresser à leur quotidien qui, le premier, les avait mis en contact avec le problème des O.V.N.I. Et de penser ensuite qu'il était inutile de prévenir les organismes officiels, lesquels seraient certainement informés par voie de presse.

Il est exact, comme j'ai pu le constater à maintes reprises, que les services de gendarmerie ont recours aux journaux locaux pour parfaire leurs enquêtes et remonter jusqu'aux témoins. Cependant, il est bon de recommander aux futurs témoins de s'adresser d'abord à un organe d'enquête officiel tel que la gendarmerie ou la police qui, seul, peut permettre à leurs observations d'enrichir le fichier du C.N.E.S. où sont centralisés tous les rapports concernant les manifestations d'O.V.N.I. pour l'ensemble du territoire (DOM-TOM compris). L'idéal serait, bien entendu, d'alerter à la fois le gendarme et le journaliste.

Trop de témoignages?

Une chose est certaine : les témoins de phénomènes aériens mystérieux n'ont plus peur, désormais, de rendre publiques leurs observations. Une telle attitude pourrait laisser supposer que les chercheurs sont sur le point de progresser dans ce domaine. C'est pourtant aller un peu vite en besogne. Un manque d'information nuit toujours à la bonne approche d'un problème, mais le contraire est également vrai. Et c'est bien ce qui se produit actuellement pour les O.V.N.I. Il y a comme une saturation.

Les témoignages, en effet, sont beaucoup trop nombreux et il faut se livrer à un long et fastidieux travail de sélection et d'élimination avant d'arriver, non sans peine, à isoler une observation importante. L'intérêt croissant pour le phénomène O.V.N.I., qui se traduit par un véritable déferlement d'articles et d'ouvrages de toute sorte sur le sujet, a tendance à étouffer la recherche authentique. Certains vont même jusqu'à regretter cette époque, encore toute récente, où un silence protecteur entourait tout ce qui la touchait. La peur du ridicule, pour une fois, s'avérait bénéfique. Les témoignages n'étaient pas altérés par la retranscription journalistique et parvenaient pratiquement intacts entre les mains des chercheurs. Cela n'est malheureusement plus du tout le cas actuellement où tout ce qui touche ce domaine fait recette...

Cette passion qui s'est emparée du public – ainsi que de quelques scientifiques qui avaient tenu secret le fruit de leurs investigations jusqu'à une date récente – a été l'origine de certaines méprises du type de la « photo de Concorde ». L'une de ces bévues a eu, du reste, de fâcheuses conséquences sur la crédibilité dont jouissaient des scientifiques et des journalistes qui s'y sont trouvés mêlés. Elle s'est produite peu de temps après l'affaire « Concorde ». Il s'agit, bien entendu, de la séquence truquée du Thillot diffusée par INF-2 le 29 mars 1974. Une partie de ce livre est d'ailleurs consacrée à cette observation canularesque tant a été important son impact sur le public français. Mais, contrairement à ce que l'on pourrait penser, les fausses alertes de ce type n'ont en rien freiné l'engouement de ce même public pour le phénomène O.V.N.I. Par contre, depuis quelque temps, on peut noter un prudent recul de la part des hommes de science qui semblent désormais préférer la discrétion de leurs centres de recherche ou de leurs instituts à la publicité tapageuse de la télévision...

Si l'opinion reste encore, malgré tout, très sensibilisée au problème des O.V.N.I., c'est parce que nos cieux accueillent tout de même de bien étranges événements qui ne doivent souvent rien à une méprise ou à une farce.

A peine l'« affaire Concorde » était-elle éclaircie que surgissaient d'un peu partout en France des récits faisant mention du passage dans le ciel d'Objets Volants Non Identifiés. Depuis cette date, les témoins envahissent littéralement les brigades de gendarmerie et les rapports s'entassent à une vitesse hallucinante sur les bureaux des responsables. Le commandant Cochereau est l'un de ces responsables.

L'interview du commandant Cochereau.

Cette interview du responsable du dossier O.V.N.I. au bureau des relations extérieures à la direction de la gendarmerie de Paris m'a été accordée fin février 1977. Elle rend parfaitement compte de l'attitude de cette administration devant ce genre d'enquête.

Q. Combien possédez-vous de rapports concernant les O.V.N.I. à ce jour?

R. Depuis la création d'un fichier O.V.N.I., on doit arriver aujourd'hui à un chiffre se situant entre 700 et 750 rapports, pour l'ensemble du territoire, y compris les DOM-TOM.

Q. Avez-vous effectué des statistiques sur les données que contiennent ces rapports?

R. Non, ce n'est pas notre travail. Pour notre part, nous nous contentons d'accumuler des renseignements.

Q. Existe-t-il des régions particulièrement survolées par les O.V.N.I.?

R. C'est très variable et cela dépend des périodes. En ce moment, il y en a beaucoup dans l'Isère par exemple, et ce, depuis 1976.

Q. Nous sommes fin février 1977. Est-ce que l'on note une recrudescence ou une baisse pour ce début d'année, en matière d'observation?

R. La proportion de cas enregistrés est à peu près la même que pour les années précédentes. Dans l'ensemble, on enregistre, par an, en moyenne 150 rapports. Ce chiffre se retrouve à peu de chose près pour toutes les années, depuis 1974.

Q. Depuis quand la gendarmerie effectue-t-elle des enquêtes de ce type?

R. Les premiers dossiers datent, officiellement, de 1954. A l'époque, il s'agissait essentiellement d'un problème de Défense, puisqu'on voyait des engins qui violaient l'espace aérien ou le territoire national français. C'était un problème administratif également, car il s'agissait de renseigner les préfets sur ce qui se passait réellement. En 1954, vous vous souvenez de l'émotion qu'avait déclenchée la vague d'apparitions d'O.V.N.I.appelés soucoupes volantes à l'époque. Ce sont donc ces deux aspects qui ont amené la gendarmerie à se préoccuper de ce problème en 1954. Ensuite, la vague s'est apaisée; on n'en a plus parlé et, comme vous pouvez le constater en regardant l'ensemble des procès-verbaux entre 1954 et 1974, il ne s'est pas passé grand-chose. Il y a bien eu quelques apparitions très marquantes comme celle de Valensole ou de Marliens, mais, dans l'ensemble, cela reste limité. Et puis est apparue la nouvelle vague de 1974, où on s'est préoccupé à nouveau du problème. A ce moment on a encore envisagé cet aspect administratif, c'est-à-dire renseigner les autorités administratives sur ce qui se passait et, bien entendu, l'aspect Défense, qui demeurait. Mais on s'est aussi attaché à l'aspect scientifique en se rappelant que, depuis 1954, on possédait un certain nombre de procédures. De plus, quelques scientifiques commençaient à manifester leur intérêt pour l'affaire. On a alors pensé qu'il serait souhaitable que les procédures de la gendarmerie soient exploitées scientifiquement. Et c'est à ce moment-là qu'on a demandé aux unités de nous envoyer systématiquement les témoignages, de faire des enquêtes sérieuses et de nous transmettre toutes les procédures établies pour toute apparition d'O.V.N.I. qu'on leur signalerait. C'est donc depuis 1974 que le renseignement est recueilli d'une manière systématique.

Q. Est-ce que les gendarmes reçoivent une formation spéciale à ce sujet?

R. Non, absolument pas. Vous savez, le problème des O.V.N.I. représente une toute petite partie du travail effectué par la gendarmerie. Cent cinquante procès-verbaux par an, pour 3 600 brigades. Il y a peu de brigades qui font ne serait-ce qu'une procédure. Il est donc peu pensable de donner une formation particulière pour ce problème. Les gendarmes ont seulement des directives qui leur donnent un cadre d'enquête, sans plus.

Q. Est-ce qu'un témoin est tenu à faire une déclaration lorsqu'il voit un O.V.N.I.?

R. Non, pas du tout. Ce que les gendarmes établissent, ce sont des procès-verbaux de renseignements qui n'ont aucune portée judiciaire. Finalement, on ne peut pas dire qu'il y a atteinte à l'intégrité du territoire national, puisqu'il n'y a jamais eu d'attaque de la part d'O.V.N.I. Du point de vue judiciaire, il n'y a pas d'infraction; il n'y a pas eu d'atteinte aux biens, jusqu'à présent. Un O.V.N.I. n'est jamais tombé sur une maison, n'a jamais volé quoi que ce soit, n'a jamais enlevé de personnes, du moins à notre connaissance. Donc, nous établissons simplement une procédure de renseignements, mais nous ne possédons aucun moyen de pression sur d'éventuels témoins. Nous encourageons néanmoins ceux-ci à se faire connaître à nos services en leur garantissant, s'ils le désirent, la plus totale discrétion.

Q. Les premiers rapports, en 1954, étaient recouverts de la mention *« Secret confidentiel »*. En 1977, ce sigle a disparu. Pourquoi?

R. En 1954, on ignorait de quoi il s'agissait. C'était nouveau, on le découvrait en France et il en était de même aux États-Unis. On a donc tout de suite pensé, au départ, à des engins fabriqués par l'homme et l'on en a déduit qu'une puissance étrangère venait survoler le territoire français. On croyait, à l'époque, à une affaire d'espionnage, ce qui était alors essentiellement une affaire de Défense. C'est pourquoi on les classait sous l'appellation « Secret Confidentiel ». Si cela avait été des engins fabriqués par l'homme, donc provenant d'une puissance étrangère, depuis 1954 on aurait bien fini par le savoir. Vous vous doutez que le secret industriel qui recouvre la fabrication d'engins militaires ne le demeure pas bien longtemps. Il paraît donc exclu que ces engins soient d'origine terrestre. Cette constatation annule ainsi l'aspect Défense-espionnage qui prédominait dans les premiers temps.

Q. La gendarmerie a-t-elle une petite idée concernant l'origine de ces engins?

R. (Souriant, le commandant Cochereau répond par une boutade.) Si on avait une idée de l'origine de ces engins, nous aurions une renommée mondiale. Nous aurions résolu le problème des O.V.N.I....

Q. Je vous posais cette question faussement naïve en réponse à celle concernant le secret, car vous semblez dire qu'actuellement on sait apparemment de quoi il s'agit?

R. Non, on ignore totalement de quoi il peut s'agir. En France, dans ce domaine, on a emboîté le pas aux États-Unis. Ainsi l'armée de l'air française, à l'image de ce pays, a créé une sorte de bureau et s'est penchée plus particulièrement sur le problème de Défense. Lorsque, en 1970, les U.S.A. ont conclu, au moment de la diffusion du rapport « Condon », à la non-existence des O.V.N.I. tout au moins en tant que menace pour le pays, l'armée de l'air de notre pays a adopté la même attitude et a cessé ses propres recherches officielles. Elle a conclu également que, n'ayant pu trouver de preuve d'agression de la part de ces engins, l'étude du problème ne la concernait plus.

Q. Que deviennent les rapports que vous recevez des brigades?

R. A partir de 1974, donc, on a systématisé la recherche du renseignement. S'est posé alors le problème de l'exploitation scientifique de ce renseignement. Finalement, nous sommes parvenus, à la suite d'un échange de correspondance entre le ministère des Armées et le ministère de la Recherche scientifique, à trouver l'organisme qui semblait le plus apte à exploiter scientifiquement ces renseignements, c'est-à-dire le Centre national d'Études spatiales à Toulouse. C'est M. Claude Pohers qui dirige et centralise cette recherche, sans moyens particuliers d'ailleurs[1], accomplissant ce travail essentiellement à titre personnel. Il est toutefois autorisé à utiliser les moyens du C.N.E.S., en particulier un ordinateur qui est l'un des plus grands d'Europe et qui lui permet de pousser très loin ses recherches.

Q. M. Claude Pohers vous tient-il au courant des

1. Ce n'est plus vrai en 1978 ! Comme on peut le lire par ailleurs, M. Pohers est aujourd'hui responsable officiel de cette recherche et dirige un groupe de réflexion comprenant une quizaine de scientifiques.

conclusions auxquelles il aboutit dans ses recherches?

R. Claude Pohers n'est pas parvenu, pour le moment, à des conclusions d'ensemble mais, bien entendu, nous restons, nos services et lui-même, en liaison permanente.

Q. Les gendarmes sont souvent témoins de phénomènes aériens mystérieux. Combien possédez-vous de rapports de ce type?

R. Sur l'ensemble des 750 P.-V., il existe plus d'une cinquantaine d'observations de gendarmes. A la gendarmerie, on est bien placé, de par le quadrillage du territoire national, pour recueillir le maximum d'informations en ce domaine. Notre mission de renseignements intéresse le C.N.E.S., mais nos P.-V. sont également transmis aux préfets, aux procureurs et aux bases aériennes, qui effectuent certains contrôles après avoir pris connaissance de ces rapports. La gendarmerie pense donc accomplir sa mission en recueillant un maximum d'informations. Ensuite, on « arrose » tous les gens qui peuvent être intéressés par ce problème.

Q. On peut trouver étonnant que, partant du « Secret confidentiel » en 1954, la gendarmerie ouvre aujourd'hui, en 1977, l'ensemble de ses dossiers O.V.N.I. aux journalistes. Ne voudrait-on pas préparer l'opinion à une reconnaissance officielle de l'existence de ces objets?

R. Je crois que le point de départ a été en 1974, lorsque nous avons demandé aux unités de recueillir le renseignement. A peu près au même moment, le ministre des Armées de l'époque, qui était M. Galley, a fait une déclaration sur France-Inter, disant qu'il fallait observer ce phénomène avec un esprit très ouvert et qu'effectivement il y avait quelque chose. C'est tout. Donc c'est également notre position qui a été confortée par celle du ministre de l'époque, ce qui nous a permis de penser, en quelque sorte, que nous avions l'aval de notre ministre. C'est peut-être là le point de départ de l'intérêt qu'a commencé à porter la gendarmerie aux O.V.N.I. Il n'y a pas d'autre motivation. Notre travail, comme je vous l'ai déjà dit, se borne à recueillir le renseignement.

On aura remarqué, à la lecture de cette interview, que la gendarmerie n'aborde ce type d'enquête que pour fournir des renseignements aux organismes scientifiques susceptibles d'exploiter une telle information. Le phénomène O.V.N.I. n'a pas d'existence juridique propre et, par voie de conséquence, puisque « ça ne brûle pas, ça ne pollue pas et ça ne porte pas préjudice aux biens des particuliers », il n'y a pas de « problème O.V.N.I. » devant la loi.

Cela soulève d'ailleurs une intéressante question de jurisprudence quant aux peines encourues en cas de faux témoignage dans ce domaine. Logiquement, il ne devrait y en avoir aucune, et cela semble bien être le cas si l'on en juge d'après les quelques histoires que je présente faisant partie des mystifications recensées par la gendarmerie. Aucune d'entre elles n'a jamais donné lieu à des poursuites, du moins à ma connaissance.

Le dossier de la gendarmerie est donc principalement composé de rapports établis à partir de 1974. L'ensemble forme un parallélépipède impressionnant mesurant près d'un mètre de haut et pesant plus de quinze kilos. Un seul volume contient la totalité des enquêtes effectuées entre 1954 et 1973. Les autres représentent chacun le résultat d'une année d'investigations, de 1974 à 1977. Pourtant, on sait aujourd'hui que 1954 et les années qui ont suivi se sont distinguées par l'importance, le nombre et la qualité des observations. À cette époque, cependant, dans les milieux de la gendarmerie, on n'était pas encore pleinement conscient de toute la valeur informative de ces témoignages. C'est pourquoi les enquêtes auxquelles ils ont donné lieu se présentent bien souvent sous la forme d'un résumé succinct omettant de fournir les particularités décrites par les observateurs. Une simple feuille contient la plupart du temps à la fois le compte rendu de l'observation et la conclusion du rapporteur fondée principalement sur une enquête de moralité occupant parfois plus de place que le témoignage lui-même.

En 1977, les choses ont changé. L'épaisseur des procès-verbaux établis par les gendarmes en dit long sur leur souci d'être précis dans la description du phénomène observé. La qualité des enquêtes est telle qu'il est possible aux scientifiques qui les lisent d'éliminer rapidement les observations ayant pour origine un phénomène naturel et d'isoler ainsi sans se tromper les cas réellement mystérieux.

Comme on va le voir, je me suis surtout attardé sur les témoignages couvrant la période allant de 1975 à 1977.

II

LES OBSERVATIONS DE 1975

La plupart des observations effectuées au cours des années 1973 et 1974 constituent l'essentiel de certains ouvrages récents. C'est la raison pour laquelle les premiers témoignages que je présente datent de 1975. Ne voulant pas surcharger ce chapitre, je n'ai retenu que dix-sept cas. Pour certains, j'ai effectué de longues recherches personnelles.

Beaucoup de ces témoignages n'ont connu aucune publicité. Seuls quelques-uns ont fait l'objet d'une courte mention dans la presse locale de la région où s'est déroulé l'événement. Afin de respecter l'anonymat des témoins, je ne donne que l'initiale de leurs noms. Sans cette petite précaution, le directeur de la Gendarmerie nationale ne m'aurait d'ailleurs pas autorisé à publier de tels rapports.

Un rapport est bien souvent composé de plusieurs déclarations qui viennent se compléter mais où l'on retrouve la même histoire répétée deux, trois, voire quatre fois. On comprendra, par conséquent, que j'aie écarté les témoignages complémentaires n'apportant aucun élément d'information nouveau.

J'ai également éliminé les préliminaires d'enquêtes lorsqu'ils n'offraient aucune information importante, ainsi que les enquêtes de moralité. Les seules que j'aie conservées concernent des cas vraiment extraordinaires où les déclarations des témoins avaient besoin d'être étayées par quelques renseignements éclairant leur personnalité.

Je n'ai pas cherché à faire de synthèse ou à tirer une quelconque conclusion allant dans le sens de telle ou telle théorie en vogue. Je me suis contenté de présenter des déclarations inédites ne relevant, de façon à peu près certaine, ni de la fraude ni du canular. Ne voulant en aucune façon altérer la portée de ces témoignages, je me suis cru obligé de respecter la forme qu'ils revêtent dans les rapports que j'ai consultés. Les témoins ne sont pas toujours des personnes habituées à manier le langage écrit. On ne sera donc pas surpris de trouver dans leurs déclarations des phrases dont la construction paraîtra peut-être, parfois, approximative. L'essentiel demeure et l'essentiel, ici, c'est l'information.

J'ai parfaitement distingué cinq ou six hublots...

Déclaration de M. F. Alain, 33 ans, demeurant à Carcès, commerçant.
Hier 10 février 1975, vers 20 h 30, alors que je circulais sur la route départementale 562, de Brignoles à Carcès, j'ai été témoin de la présence d'un O.V.N.I. dans les circonstances suivantes. J'étais seul à bord de mon véhicule, Peugeot 404, et la radio à bord fonctionnait normalement. Je roulais à la vitesse de 80 km/h, environ. Lorsque soudainement au débouché du virage précédent, j'ai aperçu à environ 200 m, dans la lueur de mes phares, une soucoupe volante. J'ai continué à

avancer dans la direction de Carcès et j'ai garé mon véhicule sur le côté gauche à hauteur du panneau de signalisation. Mon moteur a continué à rouler au ralenti, par contre la radio s'est mise à grésiller et a cessé de fonctionner. De l'endroit où je stationnais, tout en restant à bord de mon véhicule, j'ai distinctement vu à ma droite et à une quarantaine de mètres, sensiblement au-dessus du champ de blé, à une hauteur de 5 ou 6 m au-dessus du niveau du sol, en vol stationnaire, cet objet.
En gros, cet objet avait la forme arrondie d'un chapeau breton. Il mesurait environ une quinzaine de mètres dans sa plus grande longueur, et j'ai parfaitement distingué cinq ou six hublots de forme rectangulaire éclairés et séparés les uns des autres d'environ 40 cm. De l'arrière de cet objet, donc vers Brignoles, sortait une lueur orangée et, au-dessous de l'engin, une certaine clarté, ce qui fait que j'ai pu parfaitement distinguer l'objet et vous en faire le croquis suivant que je vous remets à toutes fins utiles. Je précise qu'aucun bruit ne provenait de cet engin. Je suis resté environ 2 à 3 mn en observation et à aucun moment l'objet n'a bougé ou émis de signaux ou de lueurs de plus forte intensité. Aucun véhicule n'est passé sur les lieux pendant ce temps. Aussitôt, je suis reparti en direction de Carcès et, après avoir parcouru 3 ou 400 m, ma radio s'est remise à fonctionner. J'ai continué ma route directement jusqu'à votre service afin de vous prévenir. Ce n'est qu'au retour que j'ai informé mon épouse. Dans le courant de la journée d'hier, j'ai effectué les opérations suivantes : 0 h 30 du matin, je suis parti de Carcès et je me suis rendu au marché. J'en suis revenu vers 10 h. Jusqu'à midi j'ai aidé ma femme. Après avoir déjeuné je me suis couché à 13 h 30 et, à 15 h 30, je suis reparti effectuer des

livraisons jusqu'à la nuit. C'est en regagnant Carcès que j'ai vu cet objet. Au cours de cette journée je n'ai consommé en tout et pour tout qu'un quart de vin au repas de midi et un litre et demi de lait. Je n'ai absorbé aucun médicament car je suis en parfaite santé. Je n'ai jamais été l'objet d'hallucination quelconque.
S.I.[1] Je n'ai vu aucun mouvement à l'intérieur de l'habitacle ni par les hublots. De l'endroit où je l'ai vu, cet habitacle me paraissait de forme arrondie et mesurait environ 2 m dans sa plus grande hauteur. Lors de cette apparition il faisait nuit noire mais le ciel était étoilé. Je ne vois rien d'autre à vous signaler.

Les gendarmes, aussitôt prévenus, se rendent sur les lieux et inspectent à l'aide de lampes le champ de blé ou M. F. a effectué son observation. Ils ne font aucune découverte et, le lendemain, leur enquête au petit jour ne leur permet pas de découvrir d'indice nouveau.

Voici ce qu'ils notent sur la foule de « scientifiques » qui s'est rendue sur le terrain à l'annonce du témoignage de M. F. :
Signalons également que, depuis la soirée du 10 février 1975, une trentaine de personnes, hommes et femmes, qui se disent scientifiques ou délégués d'organismes divers s'intéressant aux phénomènes extra-terrestres, sont venues à la brigade pour recueillir des renseignements. De nombreux journalistes de la région parisienne ont téléphoné pour être mis au courant de l'affaire. Plusieurs équipes de spécialistes sont venues sur le terrain dotées d'appareils spéciaux et certains nous ont déclaré avoir relevé des pourcentages de magnétisme supérieurs à la normale aussi bien sur les

1. *S.I. :* sur intervention de l'enquêteur.

piquets des vignes du champ que sur la voiture de M. F...

L'inconvénient d'une telle étude, c'est qu'elle provoque l'intérêt de chercheurs aux origines indéterminées qui effectuent relevés ou analyses pour des buts dont il est impossible de connaître la nature. Sans vouloir porter un jugement négatif sur toutes ces interventions, dont certaines sont faites avec toute la rigueur scientifique souhaitée, on peut regretter toutefois que ces enquêtes soient entreprises sans aucun souci de coordination. De plus, on ne saura probablement jamais ce qu'ont découvert ces enquêteurs qui gardent bien souvent jalousement pour eux le résultat de leurs investigations.

La question qui demeure, c'est de savoir à la faveur de quel événement ou de quelle initiative il pourra être possible de rassembler un jour tous ces efforts individuels pour constituer les bases d'une recherche solide et structurée.

Ces objets étaient immobiles et totalement silencieux.

Déclaration de M. H. Raphaël André, 64 ans, chef d'atelier, demeurant à Saint-Denis.
Le mercredi 26 février 1975, voulant faire un tour au marché du Chaudron avant de me rendre à mon travail, je me suis levé à 4 h du matin. Pour aller de la pièce où je couche à la cuisine, je suis dans l'obligation de traverser la cour. En sortant, comme je le fais habituellement, j'ai regardé le ciel. Le temps était très clair, étoilé et sans nuage, mais le jour n'était pas encore levé. J'ai eu tout de suite mon attention attirée par la présence d'un objet lumineux au-dessus de la montagne. Très

visible, il se trouvait à une altitude que j'évalue à environ 1 000 m et à un angle approximatif de 15° par rapport à l'endroit où je me tenais. Il s'agissait de trois couronnes qui pouvaient faire chacune 50 m de diamètre disposées symétriquement en triangle à une distance l'une de l'autre d'une quinzaine de mètres et d'un autre engin en forme de fer à cheval, les branches tournées vers la couronne et sensiblement de la même dimension que cette dernière. Leur couleur était d'un blanc lumineux opalisé, non éblouissant. Ces objets étaient immobiles et totalement silencieux. Je les ai observés pendant environ dix minutes et j'ai même eu l'intention de réveiller mon épouse afin qu'elle soit également témoin. Mais je me suis ravisé et suis rentré dans la cuisine pour préparer mon petit déjeuner. Dix minutes plus tard, je suis ressorti pour me raser dans la pièce qui se trouve de l'autre côté de la cour. J'ai remarqué que les engins que je viens de vous décrire étaient toujours à la même place. Je les ai, une nouvelle fois, observés, puis je suis rentré me préparer. Vers 4 h 45, lorsque je suis sorti pour monter dans ma voiture, j'ai constaté la disparition de ces engins. J'ignore si d'autres personnes que moi ont également été témoins oculaires de cette appariton. En ce qui me concerne, je suis certain de ce que j'ai vu. Je peux vous affirmer qu'il ne s'agissait pas d'une hallucination de ma part. J'étais parfaitement réveillé et j'ai donc regardé ces engins assez longtemps pour que je ne puisse pas avoir le moindre doute à ce sujet.

Enquête sur le témoin :
Au cours de notre enquête, les renseignements que nous avons obtenus discrètement décrivaient M. H. Raphaël comme une personne saine d'esprit n'ayant pas tendance à affabuler. Il est

d'ailleurs à noter que l'intéressé n'a parlé de son observation qu'à quelques amis seulement et il ne tenait pas expressément à ce que cela soit ébruité. Mentionnons que, malgré nos recherches, aucune personne susceptible d'avoir également été le témoin oculaire des engins décrits par M. H. n'a pu être découverte.

Dans un état de choc émotionnel.

Enquête

Le 28 février 1975 à 1 h M. L. Daniel nous informe téléphoniquement d'un poste de l'usine V. à Montbard qu'il vient d'être le témoin de l'apparition d'un objet volant dont il ne peut déterminer la nature. Nous l'invitons à se présenter immédiatement aux bureaux de la brigade.

Cet homme est visiblement dans un état de choc émotionnel, il tremble et paraît effrayé. Ce chauffeur nous relate qu'il circulait sur le CD 980, sens Châtillon-sur-Seine vers Montbard. Il aperçut ce phénomène à la sortie d'un bois à 2,5 km au nord de Montbard. L'engin serait apparu face à lui, venant à sa rencontre dans l'axe de la route. Il se présentait comme une masse indescriptible de couleur gris métallisé. Il occupait approximativement la largeur de la chaussée. Aux dires du conducteur, l'objet est passé à une vitesse vertigineuse en rasant la cabine du camion et, au même instant, il y aurait eu un violent éclair. L'apparition n'a duré que quelques secondes et a disparu aussitôt. Cet homme est formel. Le récit rapporté à différentes personnes n'a jamais varié et le personnel de l'hôpital de Montbard, lieu où il a passé la nuit, nous a précisé le 1er mars 1975 à 9 h que le comportement de L. Daniel était normal. Les faits relatés dans la presse locale du 2 mars 1975 n'ont pas permis d'identifier d'éventuels témoins. Nos recherches sont également restées vaines en ce sens. Seul M. L. a été témoin de cette apparition. Les lieux de l'apparition se situent au nord-est de la ville de Montbard à 500 m d'un relais radio hertzien. Le camion circulait sur la chaussée du CD allant de Montbard à Châtillon-sur-Seine. Cette route mesure 7,40 m de large et est bordée côté droit par un terrain cultivé en lisière de la forêt de Fontenay, côté gauche par le bois de la forêt de Petit Géli. Les conditions atmosphériques de la nuit du 28 février au 1er mars 1975 étaient très bonnes, nuit claire.

Audition de L. Daniel, 27 ans, demeurant à Auxonne (Côte-d'Or).
Je suis employé comme chauffeur aux Établissements B., transport, à Lamarche-sur-Saône. Je suis parti du dépôt le 26 février 1975, j'ai effectué un chargement à Pontaller-sur-Saône (Côte-d'Or) pour le transporter à Torcy-le-Grand (Aude). De là, je suis allé prendre un autre chargement à Vaujours (Seine-Saint-Denis) en destination de Montbard et Dijon. Je suis reparti de Vaujours le 27 février 1975 à 10 h. J'ai roulé jusqu'à Provins (Seine-et-Marne). Je me suis arrêté à 12 h pour manger. J'ai repris la route à 14 h. Dans l'après-midi, j'ai eu des ennuis mécaniques avec mon camion; le relais de changement de vitesse se déclenchait sans arrêt. Je me suis dépanné moi-même. A 20 h, je me suis arrêté à Châtillon-sur-Seine, où j'ai fait le plein en carburant. J'ai dîné dans un restaurant, place de la Gare. J'ai mangé un peu en buvant un quart de rouge, un café et un petit rhum. Je ne bois jamais d'alcool entre les repas. Après le repas terminé, j'ai passé un message à ma famille par l'intermédiaire de l'émission de radio « Les routiers sont sympas ». Ma fille

est malade et je voulais avoir des nouvelles. J'ai attendu mais, comme je n'ai pas eu de réponse, j'ai quitté Châtillon-sur-Seine vers 23 h. J'ai emprunté le CD 980 pour me rendre à Montbard. 4 km avant cette ville, je me suis arrêté pour passer la nuit sur un parking. A une heure du matin, le froid m'a réveillé et j'ai repris la route avec l'intention d'aller jusqu'à l'endroit où je dois décharger. A 1 km du parking que je venais de quitter et à la sortie du bois, j'ai aperçu un objet volant qui venait à ma rencontre à une vitesse vertigineuse. Cet engin se déplaçait donc sens Sud-Nord. Sa dimension était approximativement égale à la largeur de la chaussée. C'était une masse de couleur gris métallisé, mais je n'ai pu définir sa forme; il m'a semblé que l'engin descendait et qu'il allait me percuter. Au moment où il est passé au-dessus de moi, j'ai été ébloui par une lumière intense ressemblant à celle d'un énorme flash. L'objet a disparu immédiatement. Après, je n'ai entendu aucun bruit, que celui de mon moteur. Vu sa vitesse, je n'ai pu évaluer à quelle distance il se trouvait lorsque j'ai commencé de l'apercevoir. Tout ceci s'est passé en quelques secondes. Effrayé et pris de panique, j'ai accéléré pour me rendre à Montbard. J'ai vu de la lumière à un poste de garde de l'usine V. Je me suis arrêté, j'ai signalé ce phénomène au gardien, puis j'ai téléphoné à la gendarmerie de Montbard, qui m'a demandé de venir à la brigade. De nouveau, j'ai relaté les faits. Vu mon état de choc et ma grande nervosité, les gendarmes m'invitèrent à me rendre à l'hôpital afin de pouvoir prendre un calmant et me reposer la nuit.

J'ai effectué des recherches personnelles sur ce cas. J'ai commencé par écrire à M. L. Daniel. Sans résultat. Je suis alors entré en contact avec les brigades de gendarmerie qui l'ont entendu. Les ennuis personnels du témoin enlèvent, selon les enquêteurs, quelque crédit à son histoire. D'après son patron de l'époque, il est impossible de savoir exactement si M. L. Daniel a effectivement vécu ou non ce qu'il a raconté. Enfin, j'ai pu m'entretenir avec la personne de garde à l'usine V. d'où il a téléphoné à la gendarmerie immédiatement après son observation. Le gardien est affirmatif : l'émotion du témoin était réelle, au point qu'il a cru que celui-ci était ivre. Il est certainement difficile pour un observateur d'accueillir ce genre de témoignage sans scepticisme, surtout lorsque l'histoire est vécue par une seule personne et que cette dernière est si bouleversée que sa raison en paraît atteinte. Toutefois, il n'y a rien dans le récit et le comportement du témoin, bien au contraire, qui remette en cause les faits rapportés. Je pencherai donc pour la réalité de l'observation.

Deux nouveaux témoignages dans le Nord.

C'est la seule fois pour ce chapitre que j'utilise une dépêche d'agence. Celle-ci donne des précisions intéressantes sur le comportement du chien du témoin. Avec d'autres témoignages, nous aurons la possibilité de noter les réactions inaccoutumées de certains animaux familiers lors du passage d'O.V.N.I.

O.V.N.I. : DEUX NOUVEAUX TÉMOIGNAGES DANS LE NORD.
CALAIS, 5 MARS (A.F.P.) 1975.
UN O.V.N.I. A ÉTÉ OBSERVÉ DEUX FOIS EN VINGT-QUATRE HEURES DANS LE PAS-DE-CALAIS PAR DEUX TÉMOINS DISTANTS L'UN DE L'AUTRE D'UNE CENTAINE DE KILOMÈTRES. A LA CONCORDANCE DE LEURS RÉ-

cits vient s'ajouter le comportement tout à fait inhabituel d'un chien accompagnant l'un de ces témoins. Ce dernier, administrateur de société fort connu à Calais et dont la bonne foi ne saurait être mise en doute, circulait en voiture avec son chien dans la nuit de dimanche à lundi 3 mars sur une petite route de campagne au sud de la ville, lorsqu'il vit apparaitre sur sa gauche, à quelques centaines de mètres, deux points lumineux rasant le sol. Connaissant parfaitement l'endroit et sachant qu'aucun chemin carrossable ne permettait le passage, à cet endroit, d'un quelconque véhicule, il arrêta sa voiture pour observer. Les deux feux évoluèrent ainsi à travers champs, traversèrent la route devant lui à environ 5 mètres de hauteur et disparurent vers le sud-est.

Ce témoin affirme qu'étant donné le clair de lune il eut tout loisir d'observer une forme allongée et luisante, a-t-il précisé, comme la coque d'un sous-marin. Il s'aperçut alors que son chien, au lieu de manifester son exubérance coutumière à cet endroit où il a l'habitude de courir dans les dunes, était tapi dans le fond de la voiture, manifestement terrorisé. L'animal ne devait reprendre un comportement normal qu'après la disparition de l'« engin ».

Or, la veille même, un automobiliste, chef de chantier, avait déclaré à la gendarmerie de Vimy qu'il avait aperçu vers 3 heures du matin, à Saint-Laurent-Blangy, près d'Arras, un objet qui avait littéralement survolé sa voiture, à faible hauteur, durant plusieurs kilomètres. La description qu'il en a faite est en tous points semblable à celle du témoin calaisien. Dans les deux cas l'objet ne faisait aucun bruit.

CES TÉMOIGNAGES ONT ÉTÉ CONSIGNÉS PAR LA GENDARMERIE.

Monsieur Albert Ducrocq... Une lettre pour vous !

M. Jean-Marie Bur, 54 000 Nancy, à M. Albert Ducrocq, Europe n° 1, rue François-Ier, 75008 Paris, le 29 août 1975.

Monsieur,

Le 26 mai 1975, vers 19 h 45, mon fils Didier, qui vient d'avoir dix-sept ans, m'appela, affirmant qu'il venait de voir un O.V.N.I. et qu'il l'avait photographié. Son affirmation fut accueillie avec beaucoup de scepticisme par moi-même, ma femme et ma fille. Allant fermer ses volets, il vit cette « chose » et, après quelques secondes, eut le réflexe de sauter sur son appareil et de prendre un cliché. Nous n'avons plus reparlé de l'incident; ayant terminé la pellicule et n'ayant pas d'argent pour la faire développer, mon fils la mit de côté... et l'oublia jusqu'à la semaine dernière. Stupéfaction au vu de la photo que je joins à cette lettre. Voici quelques indications plus précises :

1) Date : 26 mai 1975.
2) Heure locale : environ 19 h 45.
3) Localité : 54 000 Nancy.
4) Photo prise
   a) au 2e étage de mon appartement.
   b) orientation : est.
   c) appareil : à soufflet Royer, avec objectif Berthiot de F 105. Il s'agit d'un appareil vieux de trente ans que je venais de donner à mon fils. C'était d'ailleurs la première photo qu'il prenait avec celui-ci.
   d) pellicule : Agfacolor, rapidité 80 ASA.
   e) ouverture et vitesse : 8 au 1/50.
5) Durée de l'observation : 10 à 15 secondes.

6) Mouvement apparent : vertical descendant, puis ascendant oblique vers le sud.
7) La « chose » apparaissait sombre, n'émettait aucun rayonnement coloré, ni aucun bruit perceptible.
8) Dimensions, distance, altitude : aucune idée, faute de repères suffisants, sauf le fond nuageux et, au premier plan, la fenêtre et la maison d'en face.
J'ajouterai que :
1) Mon fils n'a absolument pas les connaissances nécessaires pour avoir fait un trucage. Il était tout excité et a même avoué avoir eu un peu peur.
2) A ma souvenance, la presse locale *(Est Républicain)* n'a pas fait état de témoignages de personnes qui auraient vu cet O.V.N.I. Mais cela a pu m'échapper.
3) Bien entendu, je tiens le négatif à votre disposition au cas où vous jugeriez utile de l'examiner.
Quant à moi, je suis persuadé que mon fils a bel et bien vu et photographié un O.V.N.I. Fidèle lecteur de vos ouvrages et vous entendant souvent à l'antenne, j'apprécie vivement votre esprit scientifique (je suis moi-même licencié ès sciences) et votre enthousiasme. C'est pourquoi je me suis permis de vous adresser cette longue lettre.
Mon fils et moi essuyons déjà les ricanements et les sarcasmes de soi-disant « esprits forts ». Il est évidemment beaucoup plus facile de nier l'existence d'un problème – quand on ne le comprend pas –, plutôt que d'essayer d'y voir clair et de l'étudier, sinon de le résoudre.
Veuillez croire, Monsieur Ducrocq, à l'assurance de toute ma considération.

J'ignore si Albert Ducrocq se constitue un dossier sur les O.V.N.I., mais le témoignage de M. Bur pourrait en être, je crois, une des pièces maîtresses. On retrouve ici toutes les garanties de sérieux qui font qu'un témoignage mérite d'être retenu comme authentique. C'est par un pur hasard que j'ai été mis en relation avec le jeune témoin. Celui-ci assistait à une conférence sur les O.V.N.I. à laquelle j'étais présent. Lorsque le conférencier sollicita les témoignages des spectateurs, il se fit connaître. Il possédait sur lui le document auquel fait référence son père dans la lettre adressée au chroniqueur scientifique d'Europe n° 1.

Je pris contact avec lui pour une interview et c'est ainsi que, pour la première fois, fut révélée cette extraordinaire histoire d'appareil photo et d'O.V.N.I.

Didier Bur a raconté son aventure à ma consœur Francine Buchi, et à moi-même au cours d'une enquête sur les O.V.N.I. que je réalisais en 1976 en Lorraine pour le compte de la station FR-3 Nancy.

Q. A quelle époque avez-vous vu cet objet?

R. C'était le 26 mai 1975 à 19 h 45 au moment où je fermais les volets de ma chambre. Je l'ai vu par hasard, au moment du crépuscule.

Q. Comment avez-vous eu le réflexe de photographier l'objet que vous avez soudain entr'-aperçu?

R. Mon père venait de m'offrir récemment un vieil appareil à soufflet qui lui avait appartenu autrefois. Il y avait à l'intérieur une pellicule et l'appareil, qui se trouvait sur mon bureau, était enclenché, prêt à servir. Alors que je fermais mes volets, j'ai vu quelque chose qui descendait et, immédiatement, j'ai bondi sur mon appareil qui se trouvait tout près de moi. Sans savoir si l'objet était dans le collimateur, j'ai appuyé en visant au jugé, sans même prendre le temps de régler quoi que ce soit.

Q. Pendant combien de temps avez-vous vu cet objet?
R. Environ 10 à 15 secondes. Il descendait verticalement. Ensuite, il a disparu vers le sud. Il ressemblait à un disque noir opaque sans aucun reflet ni relief, et il évoluait sans bruit, enfin, je n'en ai pas entendu. Il faut dire qu'il y a de la circulation dans la rue d'en bas et cela peut avoir couvert un bruit éventuel.
Q. Qu'avez-vous fait après avoir pris votre photographie?
R. N'étant pas du tout sûr d'avoir réussi la photo, je l'ai oubliée totalement et, en fait, je ne l'ai fait développer que trois mois après. Le résultat m'a laissé perplexe, mais c'est surtout les réactions de mon entourage qui m'ont le plus déçu. Tout le monde me riait au nez lorsque je racontais mon histoire. Il n'y a que dans ma famille où l'on a cru à mon histoire, mais, auprès de mes amis lycéens, on se moquait ouvertement de moi.

C'est M. Jean-Marie Bur, le père de Didier, qui répond ensuite à nos questions.
Q. Le 26 mai 1975, au moment de l'apparition enregistrée par votre fils, vous vous trouviez à l'extérieur, sur le trottoir?
R. Oui, c'est ça, je me trouvais à l'extérieur de la maison, sur le trottoir, quand mon fils m'a appelé par la fenêtre, tout excité, en me disant qu'il venait de voir et de photographier un O.V.N.I. Bien sûr, sur le moment, je n'y ai pas cru du tout.
Q. Vous ne l'aviez pas vu?
R. Ah ! non, malheureusement, je n'ai rien vu. Je le regrette beaucoup d'ailleurs.
Q. Vous n'avez donc pas cru votre fils?
R. Non, sur le coup, absolument pas. On en a parlé puis, ensuite, ça m'est complètement sorti de l'idée.

Q. Et lorsque, trois mois plus tard, vous avez vu la photo, quelle a été votre réaction?
R. Eh bien ! j'ai été stupéfait, absolument stupéfait.
Q. L'entourage de Didier n'y a pas cru non plus?
R. L'entourage de Didier a commencé à croire. Ma femme et moi et mes parents également y avons cru. Mais j'ai constaté, ne serait-ce que chez les photographes ou chez les gens à qui j'en parlais, énormément d'incrédulité, c'est le moins qu'on puisse dire.
Q. Maintenant, vous, vous êtes certain de l'authenticité de la photo prise par Didier?
R. Ah ! ça, absolument. Je réponds de sa sincérité et je peux ajouter, d'ailleurs, que Didier ne possède ni le matériel nécessaire et encore moins les connaissances pour avoir opéré un trucage sur la pellicule ou le négatif que vous avez pu examiner.

J'ai pu examiner, en effet, très longuement le négatif couleur, et j'ai effectué divers tirages noir et blanc avec, chaque fois, un grossissement différent. L'information que nous fournissent ces agrandissements nous permet de visualiser un objet en forme de disque opaque comme l'a décrit Didier Bur avec, au centre, un contour moins dense ou plus clair. Sur le tirage couleur, on distingue nettement une ceinture violacée qui entoure la totalité de l'engin. La vitesse d'obturation assez lente fait ressortir une image légèrement floue de l'O.V.N.I. alors que la totalité de la photographie reste parfaitement nette. Il est difficile d'imaginer un trucage de la part du lycéen, et le temps qu'il a mis avant de chercher à connaître les résultats de sa prise de vue milite, je pense, pour la sincérité de son témoignage. Cette photographie est certainement l'un des rares documents français authentiques avec celles du gendarme Flouret de Révigny-sur-Ornain dans la Meuse. Elle n'a jamais eu les honneurs des publications spécialisées, ce qui la rend, à mes yeux, encore plus précieuse.

L'O.V.N.I. et les trois jeunes femmes.

Ce même jour, 26 mai 1975, quatre-vingt-dix minutes après le survol de la rue de Metz en plein cœur de Nancy, à Gondrecourt-le-Château, dans la Meuse, soit à quelque 70 km à l'ouest de la ville du Téméraire, trois jeunes femmes roulant en voiture font une rencontre très rapprochée avec un O.V.N.I. qui pourrait bien être celui qu'a photographié Didier Bur. La gendarmerie de Gondrecourt-le-Château a fait la synthèse de ces témoignages. J'ai fait suivre ce rapport de l'interview des trois jeunes femmes, qui évoquent pour nous cette peu banale promenade en voiture qu'elles ne sont pas près d'oublier...

Affaire de Gondrecourt-le-Château.
Conditions atmosphériques au moment de l'observation : à 21 h 15, la nuit était tombée, le ciel était clair, il n'y avait pas de nuages et le clair de lune permettait de distinguer la ligne de crête. L'observation a eu lieu le lundi 26 mai 1975 à 21 h 15. Les témoins sont sûrs de l'heure, ayant quitté Gondrecourt-le-Château à 21 h 10. Les faits se sont déroulés sur le territoire de la commune d'Amanty, à l'ouest de cette localité et à l'est de Gondrecourt-le-Château. Ces trois personnes circulaient dans une voiture automobile dans le sens Gondrecourt-le-Château (Meuse) – Neufchâteau (Vosges). Alors qu'elles se trouvaient approximativement au point kilométrique 51 000 du CD 966, elles ont vu déboucher sur leur droite

un objet qui se déplaçait perpendiculairement à la chaussée. Celui-ci se trouvait à environ 15 m d'altitude, à une distance de 100 à 150 m de la voiture. L'objet non identifié a brusquement bifurqué sur la gauche en formant un angle de 100° environ. Lors de sa première trajectoire, il se déplaçait dans l'axe Liffol-le-Grand (Vosges) – Vaucouleurs (Meuse), puis, après avoir bifurqué dans l'axe Neufchâteau – Bar-le-Duc, après avoir changé de direction, il s'est rapproché du sol. Il se déplaçait sans aucun bruit. Le calme complet régnait. Cet engin avait une forme circulaire de 4 m de diamètre environ. Lors de la première observation, il était éclairé de deux feux. Le premier, rouge, qui était fixe, et le second, orange, qui clignotait. Au moment où l'engin a bifurqué, les observatrices ont constaté qu'il était éclairé d'une quinzaine de feux rouges et jaune orange, alternés, selon elles, de jaune et de blanc. Ces feux étaient puissants et d'un diamètre de 15 cm environ. L'évolution de l'objet a été observée pendant une minute environ. Cet engin a semblé se poser à la lisière du bois d'où s'élevait une lueur jaune. Les observatrices se trouvaient dans un endroit sensiblement plat; la déclivité du terrain varie de 15 m dans cette zone. L'O.V.N.I. débouchait de la forêt domaniale de Vaux. Il se serait posé à la lisière du bois d'Amainville. Aucune route ne se situe sur la trajectoire suivie par l'engin ni dans une direction parallèle à celle-ci. Après examen des lieux indiqués par les observatrices, aucune trace n'a été relevée à l'emplacement où l'O.V.N.I. aurait pu se poser.

Interview des trois témoins :
Q. Le 26 mai 1975, vous circuliez entre Gondrecourt et Vouthon. Il était 21 h. Y avait-il d'autres voitures sur cette route?

R. Il n'y avait personne à ce moment-là, nous étions seules.
Q. Alors, qu'avez-vous vu?
R. Nous roulions dans la direction de Vouthon. Ma belle-sœur, qui était au volant, nous dit d'un coup : « Regardez dans le ciel, il y a un avion qui va atterrir à Toul. » Nous avons donc regardé l'objet et nous avons vu alors des feux qui clignotaient. Dès que l'on a regardé vers l'objet, celui-ci s'est aussitôt dirigé vers nous. Lorsqu'il s'est mis à descendre assez rapidement sur nous, nous avons pu voir qu'il était entouré d'une multitude de feux de couleur orange et rouge.
Q. Cet objet vous a-t-il paru grand?
R. Il avait à peu près la grosseur d'une voiture et demie, peut-être 4 m de diamètre.
Q. Est-ce qu'il s'est approché de vous, cet objet?
R. Il a bifurqué à angle presque droit. Il est descendu assez rapidement et s'est alors approché très près de nous. Il pouvait être au plus près à 3 m au-dessus de nous.
Q. Quelle a été alors votre réaction, à vous, qui conduisiez?
R. J'ai ralenti, ma belle-sœur voulait que l'on arrête. Moi, j'ai senti comme un danger et je ne pensais qu'à une chose, m'éloigner le plus vite possible de cet endroit. J'avais peur.
Q. Vous aussi?
R. Non, moi j'aurais bien aimé voir ce que c'était de près. De la place arrière que j'occupais, j'avais l'impression que cet objet était en train d'atterrir.
Q. Cela ne vous paraissait pas menaçant?
R. Non, il y avait des lumières tout autour. Il y en avait une sur deux qui s'allumait alternativement; une fois les orange, une fois les rouges. C'était des phares circulaires très puissants. En tout, il pouvait y en avoir une dizaine. Enfin, à l'arrière se

trouvait un feu rouge fixe, plus gros que les autres feux, et plus puissant.
Q. Pendant combien de temps avez-vous vu cet objet?
R. Moins de 2 mn certainement, peut-être 1 mn 30. Cela ressemblait exactement à une soucoupe comme on en voit dans les livres ou sur les dessins.
Q. Avez-vous pu discerner, en plus des lumières, le corps de l'engin?
R. Il avait l'air rond, d'un métal gris plutôt brillant et, au-dessus, il pouvait y avoir comme une sorte de dôme, genre petite cabine.
Q. Êtes-vous sûres que ce n'est pas un avion de la base de Toul-Rosières ou un hélicoptère?
R. Oh ! oui, absolument sûres; il n'y avait aucun bruit. Si cela avait été un avion ou un hélicoptère, nous aurions entendu un bruit. A ce moment-là, il n'y avait pas un bruit.
Q. Êtes-vous retournées sur les lieux de l'observation?
R. En revenant de notre course, pour rentrer à la maison, nous sommes repassées sur les lieux quelques heures plus tard. Il n'y avait plus rien. Le lendemain matin, avant d'en parler à la gendarmerie ou à d'autres personnes, nous avons essayé de trouver des traces de l'atterrissage; il n'y avait aucune trace, mais je pense que nous ne savions pas très exactement où se serait posé l'engin. La nuit, et en roulant, il est difficile de repérer les lieux.
Q. Quelle a été la réaction des gens à qui vous avez raconté votre histoire?
R. Les gens ont tendance à ne pas croire de telles histoires. Du fait que nous étions trois et comme nous avons toutes vu la même chose, je crois qu'on doit savoir que nous avons dit la vérité.

Q. Quelle a été votre réaction après?
R. La réaction s'est produite une demi-heure après l'observation et s'est traduite par une sensation de danger et de peur intense.

Lorsque Francine Buchi et moi avons présenté notre reportage sur les O.V.N.I. aux responsables de la station FR-3 de Nancy, afin qu'ils le visionnent avant diffusion, ceux-ci furent favorablement impressionnés par la totalité des témoignages, sauf un : celui de Gondrecourt-le-Château. Et pourtant, au moment où nous effectuâmes l'interview des trois jeunes femmes, l'équipe télé, composée de quatre personnes, avait l'impression d'écouter l'histoire la plus fantastique de toute notre enquête. L'apparente sincérité et la conviction inébranlable des témoins nous marquèrent très fortement. Certains confrères m'ont confié pourtant, après visionnage, qu'ils ne croyaient pas du tout à cette histoire. Le talent nous a peut-être fait défaut dans cette affaire et je le regrette pour la qualité de l'information, mais aussi pour les dames de Gondrecourt.

Cependant, je puis assurer pour ma part, ainsi que le feraient, je pense, toutes les personnes présentes au cours de l'interview, que nous n'avons aucune raison valable de douter de la valeur de ce témoignage. Je me suis entretenu avec un gendarme qui connaît bien les trois jeunes femmes et, pour lui, il ne fait aucun doute qu'elles ont dit la vérité. Malgré les recherches entreprises, cependant, aucune trace n'a pu être relevée et, à ma connaissance, aucune base radar n'a enregistré le passage de l'O.V.N.I. La conductrice m'a confié que si elle avait été seule à vivre cette extraordinaire aventure, elle n'aurait jamais osé la raconter.

Deux reflets violets dans les yeux.

Déclaration de M. A. François, 41 ans, cultivateur, demeurant à Saint-Tudec (Finistère).

Par temps clair, le lundi 9 juin 1975, j'ai vu, vers 23 h 45, un O.V.N.I. A ce moment-là, je revenais d'une corvée, à l'occasion d'un charroi de foin chez un voisin, M. L. André. J'étais seul lorsque je circulais sur mon tracteur, à environ 300 m de chez moi, quand j'ai aperçu dans un champ à M. L. Louis, demeurant à Saint-Tudec, situé à gauche de la chapelle dans le sens Poullaouen-Kerstephan à 100 m au nord de l'habitation de Mlle P. Louise, quelque chose de lumineux. Je voyais, en passant sur le chemin, posée bien fixe, une boule lumineuse d'un diamètre de 0,60 m environ. Cette boule était jaune très clair, un peu comme un feu de croisement de voiture, mais beaucoup plus clair, mais non éblouissant pour cela. Au départ, j'ai cru qu'il s'agissait d'un tracteur dans le champ, mais j'ai trouvé néanmoins cela un peu bizarre. J'ai donc poursuivi ma route jusqu'à mon domicile et j'ai garé mon tracteur sous le hangar. Ensuite, je suis retourné sur mes pas à pied, à 50 m de chez moi d'où, sur une butte, je voyais encore cette boule lumineuse. Dès cet instant, j'ai bien vu qu'il ne s'agissait pas d'un tracteur, mais d'un engin très bizarre. Je suis resté à regarder cette chose pendant 5 mn environ. Au bout de ce délai, voyant cette boule commencer à se soulever du sol légèrement, je suis retourné sur le chemin. Je suis venu réveiller mon épouse pour lui annoncer qu'il y avait quelque chose de curieux. Ma femme s'est levée et tous les deux nous avons repris la place que j'avais occupée auparavant, à 250 m de cet engin environ. Lorsque nous sommes arrivés, mon épouse et moi, à l'endroit pour observer cette boule, elle s'était élevée à un mètre du sol et elle montait assez doucement. Sa forme était toujours la même, mais elle était d'une teinte jaune plus terne. Tout en s'éloignant en direction de Scrignac, soit vers le nord, en tirant un peu vers l'ouest, elle avait atteint une hauteur que j'évalue entre 70 et 100 m, et sans accélération, elle s'est éloignée assez lentement. Tous les deux, nous sommes restés à regarder cet engin pendant 5 mn environ et, à notre rentrée chez nous, nous la voyions encore. Personnellement, cette chose m'intriguait. Bien que mon épouse se soit recouchée, je sortis seul à nouveau pour voir si je voyais quelque chose. Je voyais effectivement cette même boule jaune, assez loin, juste au-dessus de Scrignac, selon mon idée. Elle s'éloignait lentement, mais sans prendre d'altitude. Je me trouvais au bout de mon étable pendant que je regardais, et à peine une minute s'était écoulée que je recevais dans les yeux deux reflets violets, qui m'ont fait mal si bien que je ne voyais plus que du noir alors que le temps était clair. Du coup, ne voyant plus rien, je rentrai immédiatement chez moi pour me coucher après avoir expliqué à mon épouse l'histoire des deux reflets violets. Je pensais que ces deux reflets m'étaient destinés, et j'ai même eu assez peur. En réalité, j'ai été très impressionné par ces reflets violets qui m'ont fait mal aux yeux. Je n'ai pas entendu le moindre bruit en présence de cet engin. Je n'ai vu aucune forme humaine à l'intérieur ni à l'extérieur de cette boule.

La vieille dame et les O.V.N.I.

Déclaration de Mme Veuve R. Louis, née C. Hélène, 74 ans, retraitée de l'Éducation nationale, demeurant à Morlaix (Finistère).

Le dimanche 29 juin 1975, alors que je me trouvais dans mon jardin de Morlaix, qui fait face au viaduc sur la commune de Sainte-Ouelen, voilà ce que j'ai aperçu :
Il était 19 h 10 exactement, je taillais un rosier grimpant tourné vers la grille, donc vers le viaduc. Levant légèrement la tête, à un certain moment, alors que le calme régnait, je voyais dans un ciel très pur un objet qui attirait mon attention. A l'arrière, et un peu au-dessus de la cinquième arche du viaduc, cela filait tout en glissant sans bruit, mais très éclairé, comme luminescent, sans rayonnement, à allure très régulière. Cela avait la forme d'un cigare et, à vue, la grandeur de ma main. La direction approximative était nord-est vers le sud-ouest. J'étais estomaquée et je le fus encore plus lorsque je découvris derrière le premier engin, à peu près à distance triple de sa longueur, un deuxième en forme de soucoupe qui suivait à même allure et éclairé de même façon. Personne chez mes voisins que j'aurais tant voulu avoir comme témoins. A Morlaix, le dimanche, par si beau temps, tous sont à la plage. Je n'aurais pas pu, du reste, leur montrer le phénomène. Tout a disparu comme absorbé par le ciel clair, en une dizaine de secondes. J'ai hésité à faire connaître mon histoire pendant huit jours de peur de me faire traiter de vieille radoteuse.

De la grosseur de cinq estafettes...

Déclaration de M. F. Jean-Marc, 23 ans, étudiant, célibataire.
Lundi 30 juin 1975, je circulais sur le CD 28 en direction de Crulai (Orne). Il était environ 23 h lorsque j'ai aperçu entre les arbres des clignotants rouges. J'ai pensé sur l'instant qu'il s'agissait d'une voiture. J'ai donc continué ma route tout en me rapprochant de ces clignotants en pensant, cette fois, qu'il pouvait s'agir d'un avion faisant du rase-mottes. Mais, comme celui-ci était complètement immobile, je me suis dit qu'il ne pouvait s'agir que d'un hélicoptère. J'ai donc ralenti. Je me suis alors aperçu qu'il n'y avait aucun bruit de moteur. Tout en me rapprochant, j'ai alors constaté que l'objet en question était une masse sombre et très imposante, environ la grosseur de cinq estafettes, qui clignotait sans arrêt et qui glissait lentement au-dessus de la route. Il m'a semblé que trois clignotants étaient en triangle et que l'un d'eux était de couleur blanche. Ce phénomène me paraissait des plus étranges; j'ai continué ma route, car j'ai pris peur. L'objet se dirigeait du sud au nord.
Si j'ai tant tardé à faire cette déposition, c'est parce que je me trouvais à Alençon pour mon travail.

On comprend la crainte du témoin face à cette masse qui glisse sans bruit au ras du sol. On regrette toujours, bien sûr, ce réflexe de peur, car il nous empêche d'en savoir plus sur l'observation.

Un cigare avec un rectangle noir au centre.

Déclaration de M. V. Michel, 26 ans, chauffeur-livreur, demeurant à Authon-du-Perche (Eure-et-Loir).
Le 19 juillet 1975, en compagnie de mon épouse, je suis allé passer la soirée au domicile de mon cousin à la ferme « Les Radray », sise sur le territoire de la commune de La Bazoche-Gouet (Eure-et-Loir). Je suis reparti de cette ferme le 20 juillet 1975 vers 2 h 15 avec mon automobile pour rejoindre ma demeure à Authon-du-Perche. Sur le trajet du retour, vers 2 h 30, alors que nous circulions sur le CD 9 sur la portion de route qui se situe entre les carrefours D 9, D 338/6 et D 9 112/4, notre attention a été subitement attirée par un fait étrange. En effet, c'est ma femme qui, la première, s'est aperçue de ce phénomène. Elle m'a dit : « Regarde vers la gauche, on croirait un soleil couchant, mais c'est plutôt une ferme qui brûle, car il fait nuit. » Aussitôt, j'ai effectivement vu vers ma gauche, à une distance que je n'ai pu évaluer exactement, une demi-sphère de couleur rouge feu entourée, sur sa partie supérieure, d'une lumière de couleur blanche verdâtre qui avait une épaisseur sensiblement égale à celle de la demi-sphère, soit une dizaine de mètres. A ce moment-là, j'avais réglé ma vitesse entre 10 et 15 km/h. Je ne me suis pas arrêté car j'avais peur que l'engin immobilise ma voiture. Immédiatement sur ma gauche, j'avais une haie qui m'empêchait de bien observer. Cependant, j'ai constaté que l'appareil modifiait quelque peu sa position. Il devait naviguer vers le nord. Puis, tout à coup, il est apparu comme la forme d'un énorme cigare

d'une trentaine de mètres de longueur propulsant des gerbes d'étincelles. Ce cigare était de couleur rouge feu entouré sur sa partie supérieure d'une lumière blanche verdâtre dont l'épaisseur était deux fois plus grande que celle du cigare rouge. Au centre de celui-ci, j'ai remarqué la présence d'un rectangle rouge noir, ou c'était une partie non éclairée. Dans un premier temps, j'ai constaté que cet engin est parti lentement, puis il s'est éloigné de la position vers l'ouest à une allure de plus en plus grande. Au fur et à mesure de son éloignement, j'ai remarqué qu'il diminuait de grosseur. Je l'ai perdu de vue dans un laps de temps de 3 à 4 secondes. En tout et pour tout, j'ai été 20 secondes au plus en vue de cet engin. A 3 h, à mon domicile, je me suis mis à la fenêtre de ma chambre pour surveiller le ciel. Immédiatement après avoir ouvert les volets, une lumière intense et étrange a illuminé tout le village d'Authon-du-Perche pendant 2 secondes. Cela ressemblait à un énorme faisceau lumineux venant du ciel. Je me suis couché sur le parquet de ma chambre, car j'ai eu peur, et j'ai ressenti comme une bouffée de chaleur. Par la suite, j'ai regardé par la fenêtre de la salle de bains qui donne vers la rue et j'ai constaté que le ciel était clair et étoilé. J'ai été pris d'insomnie et je n'ai réussi à dormir que vers 4 h 30. C'est tout ce que je peux dire sur cette affaire.

C'était immense !

Déclaration de Mlle F. Patricia, 17 ans, étudiante, demeurant à Fontenay-le-Comte (Vendée). Dans la soirée du 24 juillet 1975, vers 23 h, je me trouvais chez mes parents. Nous étions tous attablés. Il y avait ma mère, une amie de ma mère, deux camarades et moi-même.

A ce moment-là, Patrick est sorti pour fermer les portières de sa voiture. Étant dehors, il nous appelait, car il avait remarqué une boule rouge qui descendait progressivement vers le sol. Nous sommes vite sortis. Effectivement, j'ai vu une petite boule qui, à ce moment, se trouvait presque au niveau de la terre derrière des arbres en direction d'Aunay. Aussitôt, nous avons décidé de monter en voiture et d'aller voir de plus près dans cette direction. Nous avons pris, en plus de nous, deux vacanciers, qui se prénommaient Tony et Franck. Après quelques centaines de mètres, 500 m sur la route en direction d'Aunay, nous avons vu une masse blanche. On la distinguait très bien. Nous l'avons tous vue. Nous nous sommes encore approchés. Nous poursuivions notre route dans la même direction. Tout à coup, j'ai vu dans un virage sur la plaine pour la plus grande partie une masse ronde dont la lueur empiétait sur la route. Au centre de cette masse lumineuse, j'ai distingué trois rectangles assez longs, qui tranchaient nettement sur la masse ronde. Ils étaient de couleur grenat avec, au centre, une teinte noire. Cet ensemble était supportable pour la vue, mais très impressionnant, surtout en raison de la grandeur. C'était immense. Notre véhicule était à l'arrêt. A ce moment, instinctivement, le conducteur avait éteint les phares. Nous avions tous très peur à ce moment... Nous avons décidé de faire marche arrière. Ce qui a été fait. Alors que nous reculions, nous avons vu cet ensemble se déplacer, du moins nous avons constaté qu'il venait de changer de place par rapport à celle qu'il occupait à l'instant plus tôt. Nous n'avons entendu aucun bruit. Nous avons décidé de venir vous prévenir. En fait, nous le regrettons, car si nous étions restés sur place, nous aurions vu le départ. En effet, lorsque nous sommes revenus avec vous, il n'y avait plus rien et aucune trace. Je suis consciente que ce que je déclare peut paraître irréel, mais je suis parfaitement formelle. C'est bien ce que j'ai vu, quoique, dans les détails, ce n'est pas facile à exprimer par écrit.

Mlle F. décrit parfaitement toute la difficulté éprouvée par les témoins lorsqu'il s'agit de raconter leur aventure.

Aucun mot ne paraît approprié pour rapporter les faits; il faudrait créer un vocabulaire spécial. Les descriptions sont faites avec des termes chaque fois différents qui sont fonction de la culture et de la profession du témoin.

De la grosseur d'une maison de quatre étages...

Déclaration de M. A. François, 20 ans, étudiant, demeurant à Chartres (28).

Je suis étudiant à l'école d'architecture de Versailles depuis deux mois. Je suis pigiste sous contrat à *L'Écho Républicain* de Chartres. Un article sur l'O.V.N.I. est paru dans *L'Écho* du 19 août 1975. Il a été rédigé par un rédacteur de *L'Écho* suivant nos indications.

Dans la nuit du 15 au 16 août 1975, entre minuit et une heure du matin, nous revenions du King Club à Saint-Prest où nous avions conduit des amis. Nous n'y avions pas séjourné. Je conduisais ma voiture et j'étais accompagné de Bruno D. demeurant rue de Rechêvre. Dans une deuxième voiture conduite par Philippe V. se trouvait D. Michel demeurant à Chartres. Je précédais la voiture de V. Alors que nous circulions sur le CD 6 de Saint-Prest en direction de Lèves et que nous approchions du hameau Le Corget, j'ai eu mon attention attirée vers l'ouest sur ma droite par une lumière que j'ai d'abord prise pour la lune. J'ai ralenti, mais je ne me suis pas arrêté. J'ai observé et j'ai pensé que cela pouvait être un O.V.N.I., en ayant précédemment entendu parler sur les ondes de la radio et de la télévision. Tout en roulant, j'ai continué à observer cette forme qui me semblait être un O.V.N.I. Il s'agissait d'une masse lumineuse orange qui se détachait sur un fond obscur noir, qui semblait être de la grosseur d'une maison de quatre étages. Le noyau central apparaissait plus lumineux et orange incandescent. Celui-ci occupait la moitié du diamètre environ de la surface éclairée. Cette masse lumineuse m'a paru immobile tout le long de notre trajet. Les glaces de la voiture étaient fermées. Je n'entendais aucun bruit venant de sa direction. Cette masse était à mon avis à 500 m de nous et au-dessus de la lisière du bois. Je tiens à préciser que cette masse présentait trois barres transversales dans sa partie inférieure à partir du centre. Je ne me suis pas arrêté pour communiquer mes remarques aux occupants de la deuxième voiture. Ils n'ont pas cherché à me joindre ou à attirer mon attention par des appels de phare ou en klaxonnant. Lorsque nous sommes entrés dans Le Corget, nous n'avons plus vu cette masse. A notre arrivée, nos camarades nous ont fait part de leurs remarques. Celles-ci se rapprochaient des miennes. J'ai pris mon appareil de photo et je suis retourné sur place; je fais erreur, nous sommes retournés sur place tous les quatre. A notre arrivée, nous n'avons plus rien vu. A nouveau de retour chez moi, j'ai pris mon appareil photo et, accompagné de Michel et de Bruno, nous sommes retournés sur place dans l'espoir de prendre une photo au cas où cet appareil se serait posé. Nous avons pris plusieurs chemins et nous

n'avons rien découvert. Nous avons cherché à atteindre un point élevé et nous nous sommes retrouvés entre la Rocade et Rechèvre. A cet endroit, nous avons été contrôlés par des occupants d'une voiture qui pouvaient être du commissariat ou de la gendarmerie. Je crois qu'il s'agissait d'un véhicule portant une bande blanche sur le côté. Nous avons fait l'objet d'un contrôle d'identité. Je ne me suis pas présenté à la gendarmerie, pensant que d'autres témoins se seraient manifestés. Je tiens à préciser que le graphique sur le journal a les bandes noires un peu trop en bas. Nous sommes retournés et, peu avant le contrôle, j'ai aperçu très loin dans le ciel une lumière jaune clignotante qui semblait avoir une trajectoire irrégulière qui se dirigeait entre Mâcon et Dreux.
Je tiens à préciser que, lors du contrôle nous avons dit aux agents ce que nous avions vu, mais ceux-ci n'ont pas voulu nous croire.

Cet engin n'était pas à plus de vingt mètres de nous.

Déclaration de R. Alain, 29 ans, demeurant à Roubaix (59).
Le 16 août 1975 vers 23 h 55, je circulais avec mon véhicule personnel de marque Peugeot en direction de Cysoing (Nord). Je venais de Roubaix et empruntais la route départementale n° 90. J'avais à bord ma fiancée, Christine E., que je conduisais à son domicile à Genech (59), lorsque je me trouvai immobilisé au carrefour de Baisieux-Sin (59). Au feu rouge, mon attention a été attirée par une lueur de forte intensité de couleur blanche comme une grosse étoile se déplaçant lentement du nord-ouest au sud-est. A ce moment-là, ma fiancée sommeillait sur le siège avant droit. Cette lueur se trouvait à hauteur de

l'autoroute. En démarrant au feu vert, j'ai continué à observer cette lueur après être passé sous le pont de l'autoroute A 27. J'ai de nouveau observé cette lueur lumineuse à gauche de la chaussée par rapport à mon sens de marche, soit Baisieux-Cysoing. En apparence, cette lueur se déplaçait vers le nord-ouest – sud-est approximativement à la vitesse d'un petit avion de tourisme. Je précise que je n'ai entendu aucun bruit caractéristique d'un avion en vol ou d'un hélicoptère. Je circulais avec les glaces baissées. J'ajoute qu'au moment précis, il pleuvait et le ciel était bouché. Aucune étoile n'était visible. Il m'est apparu très nettement qu'une lueur rouge suivait la lueur blanche à distance régulière et à même vitesse. Ces lueurs devenant de plus en plus précises, étant complétées par des lueurs orange et vert très intenses, j'ai décidé de m'arrêter afin d'écouter et d'observer plus posément. J'ai arrêté mon moteur et j'ai laissé le véhicule seulement éclairé avec les veilleuses. Je me trouvais à ce moment-là au lieu-dit « Le Cabaret de l'Arbre » sur la commune de Gruson (59). Ni ma fiancée ni moi-même ne sommes descendus de voiture. Au moment où j'arrêtai mon véhicule, les lueurs se trouvaient à ma gauche, à une distance approximative de 500 à 600 m. Je n'ai de nouveau entendu aucun bruit caractéristique d'un avion ou d'un hélicoptère en vol. Par contre, les lueurs se sont précisées de telle façon qu'il m'a été possible de donner une forme approximative à l'engin. Celui-ci m'est apparu comme un *long cigare lumineux* dont le centre *était d'un éclat blanc très intense* et les extrémités rouges. Entre le blanc et le rouge on distinguait très nettement des feux clignotants vert et orange. Cet engin pivota sur lui-même et se dirigea vers nous. Inquiet, j'ai remis le moteur en marche et j'ai repris ma route en direction de Cysoing (59). J'ai constaté que l'engin modifiait son axe de marche en fonction de mon propre déplacement dans l'intention évidente de nous rejoindre. Je roulais à ce moment-là à environ 100 km/h et j'ai regardé en direction de l'objet se trouvant à ma gauche. Il nous rejoignait à grande vitesse. J'ai pu, à ce moment-là, le distinguer très nettement et d'une façon précise qui m'a permis de reproduire le croquis que je vous remets. Accélérant mon allure pour atteindre la vitesse de 140 km/h, je désirais rejoindre Cysoing le plus rapidement possible. J'ai demandé à ma fiancée de continuer à observer l'objet par le toit ouvrant tandis que je prêtais attention à la route. Personnellement, je n'ai plus revu l'objet à hauteur du cimetière de Cysoing (59). J'évalue les dimensions de l'engin de la façon suivante : envergure : 20 m environ, longueur prise dans le sens de la marche : 5 m. L'habitacle pouvait avoir 3 m de largeur. La forme exacte de l'objet peut être comparée à celle d'un boomerang. Je suis formel en précisant que l'engin n'avait aucun fuselage. Il avait exactement la forme que j'ai reproduite sur mon croquis. Nous sommes arrivés au domicile de ma fiancée vers 0 h 15. Vers 1 heure, en entendant un bruit pouvant se rapprocher de celui d'un avion, nous avons regardé par la fenêtre et nous avons aperçu un objet identique à celui que nous avons vu juste au moment où nous avons franchi le pont de l'autoroute. C'était une lueur blanche très vive à laquelle faisait suite une lueur rouge. Il m'est cependant difficile, vu la distance, d'affirmer qu'il s'agissait du même objet.

Note sur les témoins :
Les nommés R. Alain et E. Christine sont totalement inconnus de nos services. Des rensei-

gnements recueillis auprès des brigades de leur lieu de naissance, il résulte qu'il s'agit de personnes de bonne conduite et moralité. Leur degré de crédibilité ne peut être mis en doute.
Mesures prises :
Nous avons contacté téléphoniquement les services de l'aéroport de Lille-Lesquin (59). Ces archives n'ont enregistré aucun fait anormal le 16 août 1975, vers 23 h 55; il ne nous est précisé aucun vol d'action au jour et à l'heure précités. L'objet ne s'étant pas posé, aucune constatation n'a pu être faite sur le terrain.

Déclaration de Mlle E. Christine, 21 ans, étudiante en droit.
Le 16 août 1975, vers 23 h 55, je me trouvais à bord du véhicule de marque Peugeot que conduisait mon fiancé, R. Alain. J'occupais le siège avant droit et sommeillais. Mon fiancé me conduisait à mon domicile à Genech par la route départementale 90 reliant Baisieux à Cysoing au carrefour de Baisieux-Sin (59). Mon fiancé m'a alertée et m'a fait observer une lueur d'une très grande intensité lumineuse. j'ai effectivement observé ce phénomène et je confirme formellement les faits relatés par mon fiancé. Cependant, je suis en mesure d'apporter des précisions supplémentaires sur les indications de mon fiancé, lui-même n'étant pas en mesure d'observer l'objet qu'il venait de voir de façon très précise sur le côté gauche de la voiture. Comme il se dirigeait vers celle-ci, j'ai ouvert le toit ouvrant pour mieux l'apercevoir à mon tour. J'ai été surprise de voir que l'engin en question ne poursuivait pas sa route qui devait obligatoirement couper notre axe de marche. A ce moment précis, il se trouvait à la verticale de la voiture et se déplaçait dans le même axe que nous. J'estime que l'engin devait

voler très bas sans pouvoir préciser exactement l'altitude puisqu'il embrassait tout l'espace du ciel visible par le toit ouvrant. J'ai alors vu d'une façon très nette les contours de l'engin qui correspondent exactement au croquis que nous avons établi. Selon moi, cet engin n'était pas à plus de 20 m de nous. J'ai remarqué que la partie centrale paraissait vitrée et présentait un renflement comparable à l'habitacle d'un hélicoptère. Cette partie était très éclairée par une lumière blanche très vive mais non éblouissante. Par ailleurs, les feux clignotants orange et vert ne clignotaient pas d'une façon régulière comme ceux d'un avion, comme si leur emplacement était variable. Par ailleurs, toute la partie arrière de l'engin n'était pas éclairée. Je n'ai remarqué aucune inscription sur l'engin ni aucune présence décelable à bord, malgré l'habitacle vitré vu de la voiture. Prise de panique, j'ai refermé le toit ouvrant et je n'ai plus rien vu. J'ai à nouveau ouvert le toit ouvrant quelques secondes plus tard. L'engin avait disparu.
S.I. : Je précise qu'au moment où l'engin était juste au-dessus de nous et bien visible par le toit ouvrant, je n'ai entendu aucun bruit autre que celui du moteur du véhicule.

Personnellement, je suis très impressionné par cette histoire qui est reproduite ici pour la première fois. Je crois même qu'il s'agit de la plus extraordinaire survenue au cours de l'année 1975. La sobriété de la description, l'apparente bonne foi des observateurs dont les déclarations se recoupent, les faits rapportés la rendent, en effet, fort originale. Il est intéressant de noter, je crois, la progression de l'observation qui, partant d'un point lumineux comparable à une étoile, se transforme peu à peu en un objet aux contours bien précis. La trajectoire de cet objet paraît être calquée sur le déplacement du véhicule. Si les faits rapportés sont exacts, on assiste ici à une véritable opération de reconnaissance... La description qu'en donnent les témoins fait intervenir un type d'O.V.N.I. rarement décrit jusqu'à présent, ou qui ne l'a jamais été avec autant de précision. Certes, on retrouve le terme « cigare » employé au début du rapport par M. R. Alain, mais pour aboutir à quelque chose de plus complexe comportant des détails pratiquement jamais révélés. On y parle de verrière de 3 m ressemblant à l'habitacle d'un hélicoptère, de lueur blanche très vive non éblouissante, de fuselage en forme de « boomerang ».

Le croquis réalisé par les deux témoins est extrêmement détaillé et donne une image assez proche de leur déclaration.

Il est difficile de trouver une explication pour ce fait. Si l'on croit à la bonne foi des deux jeunes gens, il paraît incontestable que l'engin décrit ne correspond à aucun type d'appareil connu. Seul, l'hélicoptère pourrait être retenu, mais les témoins sont formels pour dire qu'au moment où l'objet était le plus proche de leur voiture, ils n'ont entendu aucun bruit. On voit mal, d'ailleurs, un hélicoptère s'affranchir de la sorte des règles de la navigation aérienne pour s'amuser à survoler un véhicule.

Le mot « inconnu » ne m'a jamais semblé aussi approprié.

Mes cheveux et mes poils de bras étaient hérissés.

Déclaration de M. G. Hubert, 46 ans, assistant technique, actuellement en vacances à Manois (52).

Le *28 août 1975*, vers 20 h 55, je me promenais rue

de la Gare à Manois en compagnie de mon chien. Alors que je m'apprêtais à rentrer, j'ai aperçu au sud-ouest de Manois, au-dessus de la forêt, une énorme lueur de couleur rouge orangé. J'ai remarqué que le haut de cette lueur était horizontal, quant au dessous, il était caché par les arbres. Dix secondes après l'apparition de cette lueur, qui se trouvait encore là, *toute la rue et les alentours ont été illuminés comme en plein jour*. Je précise que cette opération s'est effectuée sans que cette lueur ne bouge. La lumière émise lors de l'illumination de la route était de couleur blanche. Ce phénomène a duré également pendant une dizaine de secondes, et toujours sans que la lueur ne bouge. La rue s'est obscurcie et la lueur est restée encore une vingtaine de secondes, puis a disparu subitement.
Je précise aussi que cette rue ne comporte pas d'éclairage public. J'ai estimé le diamètre de cette lueur à une centaine de mètres, la distance qui me séparait d'elle à 2 à 3 km. Je ne bois pas, je ne fume pas, et je suis sûr que ce phénomène que j'ai observé est anormal. Je précise également que mes cheveux et mes poils de bras étaient hérissés lorsque je suis rentré chez moi. Je ne pense pas que cela soit dû à la peur, car je ne puis pas dire que j'ai eu peur.
Mon chien n'a pas bougé au cours de cette observation.

Les couleurs se déplaçaient les unes sur les autres.

Déclaration de M. G. Bernard, 39 ans, carreleur, lieutenant des pompiers, demeurant à La Bruffière (Vendée).
Hier au soir, 10 septembre 1975, vers 21 heures, je circulais à bord de ma voiture et j'ai distingué dans le ciel un objet rond de couleur rouge brun

d'un diamètre de 80 cm environ. Cet objet ne bougeait pas et je l'apercevais en direction du sud-ouest. Je me trouvais à La Bruffière lorsque j'ai aperçu l'objet qui dégageait comme du métal en fusion de couleur jaune et orange. Je n'ai pas pu évaluer la hauteur ni la distance qui nous séparaient. Je me suis arrêté dans une maison où j'étais attendu. Je ne sais pas ce qu'est devenu cet objet. Les rayons lumineux qui se trouvaient autour de l'objet pouvaient atteindre 2 m. Alternativement, ils perdaient et retrouvaient de leur intensité. Je ne peux pas être précis sur l'heure qu'il était, car je n'ai jamais de montre sur moi.

Il s'agit certainement du même phénomène aperçu quelques instants plus tard par M. P. André, retraité, demeurant à La Boissière-de-Montaigu (Vendée).
Hier, *10 septembre 1975, vers 21 h 30,* je me trouvais dans le bourg de La Boissière-de-Montaigu (85). J'ai vu dans le ciel, en direction du sud-ouest, un engin de couleur brune, genre soleil, recouvert par un nuage de différentes couleurs superposées, soit rouge, vert, jaune et orange. L'ensemble faisait environ 2 m de haut sur 1 m de large. Ces couleurs se déplaçaient les unes sur les autres, mais je ne me souviens pas de leur ordre. Ce phénomène s'éclairait fortement et baissait d'intensité toutes les 3 ou 4 secondes. Au bout d'un quart d'heure, tout a disparu, mais j'ai eu le temps de faire appel à mon voisin, M. F., lequel a vu la fin de ce phénomène. Cette chose-là m'a fait l'effet d'une lune ronde de couleur foncée qui ne bougeait pas dans son nuage de couleur scintillante. Cette lune mesurait environ 50 cm de diamètre. Pensant qu'il s'agissait d'un Objet Volant Non Identifié, j'ai signalé le fait à la mairie qui vous l'a transmis.

Ou cet objet était très loin, ou bien il n'était pas haut, car il apparaissait juste au-dessus des toits des habitations de l'agglomération. Cet objet me paraissait peu réfléchissant en raison de l'éclairage public qui était éteint.

Un énorme disque d'environ 10 m de diamètre.

Déclaration de M. R. Jean-Michel, 27 ans, ouvrier d'usine, demeurant Clos-Saint-Michel (84), marié, un enfant.
Je suis employé en qualité d'ouvrier d'usine à l'électroréfractaire à Le Pontet (84). Le *17 octobre 1975 à 3 h 50,* j'ai quitté mon travail à Le Pontet et, au volant de mon véhicule, j'ai rejoint mon domicile, route de Châteauneuf-du-Pape à Sorgues. A 4 heures, alors que je me dirigeais vers Châteauneuf-du-Pape pour rejoindre ma maison, à environ 500 m de mon domicile, soudain, sur ma gauche, au-dessus des vignobles, j'ai vu une grande lueur. J'ai ralenti et j'ai éteint les phares de mon véhicule. A ce moment, j'ai vu de mes propres yeux, comme je vous vois, un O.V.N.I. Il s'agissait d'un *énorme disque d'environ 10 m de diamètre* de couleur orange qui se déplaçait au-dessus des vignobles en suivant mon véhicule. Sous cette sphère, il y avait un important éclairage de couleur blanche qui éclairait le sol. *La puissance de cet éclairage correspond approximativement à l'éclairage d'un stade en nocturne.* J'ai eu très peur et j'ai accéléré pour rejoindre mon domicile. Cet engin m'a suivi et, lorsque je suis arrivé chez moi, l'O.V.N.I. s'est stabilisé à environ 150 m de la maison. A ce moment-là, il était à environ 25 à 30 m de hauteur. L'O.V.N.I. ne faisait aucun bruit. Il n'y avait pas de déplacement d'air lorsque l'engin avançait. Lorsqu'il était stabilisé,

l'éclairage qui se trouvait sous l'appareil continuait de fonctionner. Je suis descendu de mon véhicule et j'ai frappé à la fenêtre de la chambre à coucher de mon épouse pour la réveiller. Mon épouse est sortie de la maison et a vu comme moi l'appareil immobilisé au-dessus du sol à 150 m de mon domicile. Je n'ai avisé personne de ces faits car j'ai pensé qu'on se moquerait de moi. J'en ai toutefois parlé à quelques amis qui m'ont conseillé de venir vous voir. Je suis sain de corps et d'esprit. Je puis vous affirmer que j'ai vu cet engin ainsi que mon épouse, hier matin, lorsque je rentrais de mon travail.
S.I. Cet O.V.N.I. a environ 10 m de diamètre, couleur orange tirant sur le rouge. Il a la forme d'un disque avec un contour bosselé sur le dessus. A aucun moment je ne l'ai vu se poser sur le sol. Il est dommage que je n'avais pas mon appareil photo sur moi, car j'aurais aimé prendre ces prises de vue.
S.I. C'est la première fois que je vois de mes propres yeux un tel engin. En tout, cette apparition a duré un quart d'heure. Puis cet engin, qui, toujours, se déplaçait sans bruit, *est monté vers le ciel,* l'appareil restant allumé de sa couleur orange, et l'éclairage qui se trouvait sous l'O.V.N.I. s'est éteint.

C'est la classique description de l'O.V.N.I., plus connue dans ce cas sous le nom de « soucoupe volante », que l'on retrouve dans les films et les bandes dessinées de science-fiction. La réalité serait-elle, en fin de compte, plus extraordinaire que la fiction? Pour les témoins de cette fantastique apparition, cela ne fait plus aucun doute...

Quelques mots sur les O.P.N.I..

Après la série de témoignages que nous venons de lire, et avant d'aborder 1976, une année particulièrement fertile en événements, comme nous le verrons, j'ai cru bon d'examiner en quelques pages un aspect peu connu mais tout à fait stupéfiant du phénomène O.V.N.I. : les Objets *Plongeants* Non Identifiés (ou O.P.N.I.). Que l'on se rassure, cependant, je n'ai nullement l'intention d'ajouter un nouveau chapitre à la légende du Triangle des Bermudes ! La tradition littéraire actuelle veut que se déroulent sur cette partie de l'océan Atlantique d'inexplicables disparitions de bateaux et d'avions. En outre, on y signalerait, selon la rumeur maritime (invérifiable, bien entendu), un nombre impressionnant d'O.V.N.I. qui surgiraient ou pénétreraient dans les flots de l'océan. La légende va jusqu'à dire que l'on pourrait bien un jour y découvrir des bases sous-marines de soucoupes volantes ! Le plus extraordinaire, c'est que ces légendes ont finalement un fond de vérité. Des O.V.N.I. pénétrant dans les mers ou les océans, cela se produit effectivement : les observations sont relativement rares, mais elles existent et ne peuvent en aucun cas être négligées par le chercheur. Les comptes rendus appartenant à cette catégorie que je suis parvenu à rassembler ont trait aux années 1975-1976. Ils consistent en dépêches de l'Agence France-Presse et en rapports de gendarmerie en provenance, principalement, des territoires d'outre-mer...

O.V.N.I. amphibie dans le détroit de Gibraltar.

CEUTA, 17 AVRIL (AFP) 1975
DES O.V.N.I. AMPHIBIES AURAIENT ÉTÉ APERÇUS AU LARGE D'ALGÉSIRAS, TRAVERSANT LE DÉTROIT DE GIBRALTAR, ANNONCE MERCREDI LE QUOTIDIEN ESPAGNOL *El Faro de Ceuta.* LE JOURNAL ÉCRIT QU'UN MYSTÉRIEUX OBJET PROJETANT UNE FORTE LUMIÈRE A ÉTÉ OBSERVÉ PAR DES VOYAGEURS FAISANT LA TRAVERSÉE ENTRE L'EUROPE ET L'AFRIQUE. L'O.V.N.I. SERAIT SORTI DE L'EAU, AURAIT PARCOURU UNE LONGUE DISTANCE AU-DESSUS DES FLOTS AVANT DE REPLONGER. LE PHÉNOMÈNE A ÉTÉ OBSERVÉ À DEUX REPRISES. AFP.

Une observation d'O.P.N.I. en Italie en 1976.

O.V.N.I. aperçu sur les bords de l'Adriatique.
Ascoli Piceno (Italie), 31 mars 1976, AFP.
UN RADIO AMATEUR ET PLUSIEURS PÊCHEURS DE LA RÉGION D'ASCOLI PICENO, DANS LES MARCHES SUR LA CÔTE ADRIATIQUE, ONT DÉCLARÉ MARDI AVOIR APERÇU DANS LA NUIT DE LUNDI À MARDI UN OBJET VOLANT NON IDENTIFIÉ. SELON LES TÉMOINS, L'OBJET BRILLANT ET DE FORME OBLONGUE SE DIRIGEAIT VERS LE NORD. L'O.V.N.I., QUI A PU ÊTRE OBSERVÉ PENDANT QUELQUES SECONDES SEULEMENT, SEMBLAIT ÊTRE SORTI DE LA MER, RACONTENT LES PÊCHEURS. AFP.

Un O.V.N.I. posé sur le sable.

Le jeudi 4 décembre 1975 à 8 heures au bureau de notre brigade, nous sommes avisés téléphoniquement par M. P., domicilié à Rue (Somme), représentant local du journal *Le Courrier Picard,* qu'il vient d'effectuer un reportage à Quend-Plage

(Somme) dans le terrain de camping « Le Bois dormant », propriété de M. V. Jacques où des traces suspectes ont été découvertes. Il nous est précisé que M. V. fait une relation entre les traces et un Objet Volant Non Identifié remarqué dans le ciel à proximité de la plage le lundi 20 octobre 1975 par plusieurs personnes. Immédiatement, nous nous rendons sur les lieux pour effectuer notre enquête et entendre les témoins.
Le lundi 20 octobre 1975 vers 4 h, MM. M. Georges et C. Joseph se trouvaient à pied sur la plage de Quend (Somme) pour les nécessités de leurs fonctions et auraient constaté la présence d'un objet de forme ovale, de couleur rouge et lumineux d'une longueur environ de 1 m vu à une hauteur approximative de 300 m.
D'après les dires des intéressés, cet objet se trouvait dans le ciel à environ 300 m d'altitude au-dessus de la mer, venant de l'ouest, et se dirigeait à très vive allure vers l'est en direction de l'agglomération en suivant l'avenue de la plage. Cette apparition a duré une dizaine de secondes puis, environ 30 secondes après avoir disparu, une forte détonation s'est produite en direction du terrain de camping « Le Bois dormant ». Le terrain plat permet, dans cette région, une parfaite visibilité et, au cours de la nuit considérée, le temps était brumeux avec présence de stratocumulus à 800 m d'altitude. Il faisait pleine lune. Ces renseignements ont été recueillis auprès de la station de météo d'Abbeville. La vitesse du vent atteignait 61 km/h.
Le mardi 2 décembre 1975 à 12 h., V. M. Jacques, propriétaire du camping « Le Bois dormant » à Quend, constate la présence de traces circulaires sur le sable d'un petit lotissement individuel au lieu-dit « La Plaine des Faisans » dans sa

propriété. Le camping « Le Bois dormant » sis à l'agglomération Quend-Plage-les-Pins, au nord-est de la localité, en bordure de l'avenue de la plage, est constitué par un vaste terrain boisé. Les traces remarquées se situent dans une clairière de 150 m de largeur et de 200 m de longueur, endroit où le terrain sableux est divisé en lotissements individuels de 10 m sur 10 m pour le camping en période estivale. Dans les différents lotissements, la surface du sable est plane à l'exception de celle du lotissement n° 209 où nous constatons la présence de traces circulaires. Ces traces se composent de deux cercles concentriques de 0,50 m de diamètre; le cercle extérieur profond de 20 cm dans le sable et le cercle intérieur constitué d'un monticule avec une cuvette centrale de 2 m de diamètre. Le tout représentant un total de 4 m de diamètre d'une géométrie parfaite. Aucun objet particulier n'a été remarqué par les habitants de Quend au cours de la nuit du 2 décembre 1975. Toutefois, il apparaît que ces traces étaient fraîches, la crête du monticule étant effilée au moment où M. V. a fait cette découverte alors que le surlendemain, le vent avait altéré quelque peu la netteté de cette crête.
Cette propriété, loin de toute habitation, isolée sur tout le périmètre, n'a reçu aucun campeur depuis fin septembre 1975 et ces traces n'existaient pas lors du dernier contrôle effectué par le propriétaire le 1er octobre 1975 après le départ de ses derniers clients. Une vue photographique de ces traces a été prise par nos soins. Le contrôle effectué au-dessus de ces traces à l'aide de notre boussole n'a donné lieu à aucune manifestation spéciale de l'aiguille aimantée et aucune réaction ne s'est produite à proximité des objets métalliques susceptibles d'établir la présence d'une certaine rémanence.

Déclaration de M. V. Jacques, 52 ans, demeurant à Quend (Somme).

Je suis propriétaire d'un terrain de camping sis à Quend-Plage-les-Pins dénommé « Le Bois dormant », situé sur la parcelle cadastrale la « Grande Flaque ». Le mardi 2 décembre 1975 à midi, j'ai remarqué la présence dans le sable d'une auréole avec un nid central d'un diamètre total de 4 m et d'une profondeur de 40 cm au lieu-dit « Plaine des Faisans ». J'ai immédiatement fait un rapprochement avec les apparitions mystérieuses qui se manifestent dans la région depuis quelques semaines. Quant à l'engin susceptible d'avoir laissé ces traces, je ne puis fournir aucun renseignement. Toutefois, je précise qu'il s'agit d'un endroit bien à l'abri de toute observation éventuelle. Je ne m'étais pas rendu à cet endroit depuis le 1er octobre de cette année, date à laquelle ces traces n'existaient pas, et je précise qu'il n'y a personne dans mon camp depuis le 1er octobre. Par conséquent, j'accepte que ces renseignements soient portés à la connaissance des autorités supérieures. Je ne sais rien de plus.

Déclaration de M. C. Joseph, 55 ans, garde-chasse, demeurant à Saint-Quentin-en-Tourmont (Somme).

Le lundi 20 octobre 1975 vers 4 h, je me trouvais sur la plage de Quend (Somme) en bordure de mer, lorsque j'ai constaté la présence d'un objet lumineux multicolore, allant du rouge au violet, et de forme ovale, dans le ciel. Cet objet venait de la direction de la mer à une altitude que j'estime 300 m environ et se déplaçait très vite en silence, se dirigeant vers l'agglomération de Quend en direction du camping « Le Bois dormant ».

S.I. Vu de cette altitude, l'objet m'a paru long d'un mètre environ et large de 30 cm. Cette apparition a duré quelques secondes. Puis, alors que je ne voyais plus rien, au bout d'une trentaine de secondes, une forte détonation s'est produite. Je ne puis vous dire rien de plus si ce n'est que j'ai eu peur.

Additif à l'enquête de gendarmerie :
Nous avons effectué un contrôle auprès de la base aérienne de Doullens (Somme) qui n'a détecté aucun engin suspect et aucun écho imprévu dans la zone considérée tant dans la nuit du 19 au 20 octobre 1975 que celle du 2 décembre 1975. Le centre météo d'Abbeville n'a procédé à aucun lâcher de ballons à ces dates. Enfin, les services de l'EDF n'ont constaté aucune chute de tension à ces dates pour les secteurs considérés.

L'île de la Réunion est le département d'outre-mer où l'on compte le plus grand nombre d'observations d'O.V.N.I. pour l'ensemble des DOM-TOM.
Voici deux cas ayant trait à des objets plongeants non identifiés qui se sont déroulés dans l'île, à moins d'une année d'intervalle.

L'objet en feu se déplaçait sur l'eau.

Le 1er avril 1976 à 17 h 45 à notre brigade, nous sommes avisés téléphoniquement par M. C. Léovil, demeurant aux Canaux, commune d'Étang Salé (Réunion), des faits suivants :
Ce même jour, à 17 h 20, alors qu'il se trouvait dans la cour de son domicile, il a aperçu, ainsi que ses voisins, un objet tomber en mer. L'objet

en cause, de forme bien précise, aurait laissé une traînée dans le ciel avant de toucher l'eau. Il aurait flotté tout en dégageant une fumée importante durant plus de 10 minutes avant de sombrer. Ces faits auraient eu lieu dans l'océan face à la commune d'Étang Salé au lieu-dit « Le Gouffre » et l'étang du Gol, et à 2 ou 3 km de la côte. A la réception de cette information, nous nous sommes livrés aux opérations suivantes : A 18 h, nous prenons contact avec les services de l'aéroport de Gilotte-Saint-Denis à la tour de contrôle et nous apprenons qu'aucun aéronef n'était en vol après 17 h.
Le 1er avril 1976, en raison de la nuit, nous ne pouvons effectuer d'autres investigations. Le 2 avril 1976, dès 5 h 30, nous effectuons des recherches sur tout le littoral de notre circonscription, mais aucun objet ou débris quelconque n'est découvert. Par message en date du 1er avril 1976 adressé par l'intermédiaire de notre commandant de compagnie, les diverses autorités intéressées ont été informées de cette chute.

Déclaration de M. D. Jean-Claude, âgé de 36 ans, marié, trois enfants, employé à l'usine du Gol, domicilié cité du Gol à Saint-Louis :
Le 1er avril 1976, vers 17 h 15-17 h 20, je me trouvais sur la R.N. près de l'usine du Gol à Saint-Louis, plus précisément devant la boutique du Chinois Marcel. Je discutais avec un camarade, C. Lucet, et nous étions tournés face à la mer. Soudain, nous avons vu une traînée de fumée blanche comme celle laissée par les avions à réaction. Cette traînée dans le ciel a plongé dans la mer. A l'extrémité de cette traînée, sur la mer même, se trouvait une masse de fumée grise. Cette masse de fumée se déplaçait vers la terre, comme poussée par le courant. Elle devait couvrir un espace d'au

moins 50 m de côté et l'eau tout autour bouillonnait. Il semblait que c'était un objet en feu qui se déplaçait sur l'eau. Nous avons vu cela durant une dizaine de minutes peut-être. Puis, comme cette masse s'avançait toujours vers la terre, elle a disparu à nos yeux cachée par la végétation du littoral. Cela s'est passé en face de l'étang du Gol et assez loin en mer, peut-être à 2 ou 3 km. J'ai pensé que cela pouvait être un avion qui venait de tomber en mer et j'ai avisé la gendarmerie. Voilà ce que j'ai vu. Je précise que plusieurs personnes de Saint-Louis ont également été témoins.

Une flèche descendait vers la mer.

Nous recevons à notre brigade de Saint-Benoît, groupement de la Réunion, M. C. Marcel, instituteur domicilié à Saint-Pierre, commune de Saint-Benoît, qui nous déclare que son épouse, son employée de maison et lui-même viennent de voir un phénomène insolite à hauteur de Butor, au-dessus de la mer. Ils ont vu une colonne de fumée ou de vapeur comme sortant d'un nuage et à l'extrémité, au niveau de l'eau, une masse blanchâtre laissant supposer qu'un objet est tombé dans la mer. Ils ont aperçu ce phénomène de leur domicile de Pierre-Saint-Benoît.
Nous nous mettons en contact respectivement avec les services de la base aérienne militaire et l'aéronautique civile à Ginot (Réunion). Aucune disparition ou chute d'avion ne nous est signalée. Après des recherches effectuées sur tout le territoire de la circonscription, notamment à La Pierre-Butor et à Beaufond, aucun autre témoin n'a été découvert. Le point exact final de la chute s'avère difficile à déterminer en raison de l'empla-

cement des témoins. Aucune recherche n'a été entreprise.

Déclaration de M. C. Marcel, instituteur, 28 ans, demeurant à Saint-Pierre, commune de Saint-Benoît (Réunion).

Le lundi 24 janvier 1977 à 8 h 17, mon épouse, la femme de ménage et moi, nous nous trouvons sur le balcon de notre habitation qui donne sur la mer. Il faisait beau et le ciel était bien dégagé. On apercevait nettement la mer. Soudain, ma femme me dit : « Quelque chose vient de tomber dans la mer. » J'ai aussitôt dirigé mon regard dans la même direction qu'elle. Là, j'ai pu observer une sorte de colonne de fumée ou de vapeur en forme de flèche, la pointe dirigée vers la mer. Au-dessous de cette flèche, mon épouse, la femme de ménage et moi avons pu observer une sorte de nappe blanche, vraisemblablement de l'écume, à la suite de l'objet tombé. J'ai regardé encore pendant 2 mn et je me suis rendu à la gendarmerie pendant que ma femme continuait à observer ce phénomène. Je n'ai entendu aucun bruit. La colonne de fumée ou de vapeur a disparu assez rapidement, au bout de 2 mn environ, tandis que la tache d'écume a été visible durant un bon moment. D'après ce que j'ai vu, il semble qu'un objet lumineux soit tombé dans la mer à 4 km du rivage, soit environ à 8 ou 10 km de mon domicile. Je puis dire que cette flèche semblait sortir d'un nuage. Il faisait beau, mais il y avait quelques nuages épars. Mon épouse et la femme de ménage, qui ont également été témoins de ce phénomène pourront vous fournir de plus amples renseignements.

Déclaration de Mme C. Jacqueline, institutrice, demeurant à Saint-Pierre, commune de Saint-Benoît (Réunion).
Le 24 janvier 1977 à 8 h 17, me trouvant sur le balcon de notre habitation en compagnie de mon mari et de ma femme de ménage, j'ai vu une colonne blanche en forme de flèche descendant vers la mer. Aussitôt, j'ai attiré l'attention de mon mari. Au point d'impact où eut lieu le contact avec l'eau, j'ai vu une sorte de tache blanche. Au-dessus de celle-ci, un jet de vapeur blanche faisant penser à un volcan en activité. Ce jet de vapeur retombait sur cette masse blanche.
A vrai dire, je n'ai pas vu d'objet tomber car, au moment où j'ai aperçu ce phénomène, c'était déjà en contact avec l'eau. J'ai continué à observer ce qui se passait tandis que mon mari s'est rendu aussitôt à la gendarmerie. Pendant 5 minutes après son départ, cette masse blanchâtre était encore visible. Elle était immobile, elle disparaissait peu à peu. Cette masse se détachait bien de l'horizon. Le point d'impact ou de contact devait se situer à 3 ou 4 km du rivage. Nous n'avons entendu aucun bruit ni vu de lueur.

III

LES OBSERVATIONS DE 1976

DIX-SEPT observations retenues pour 1975, plus de quarante pour 1976.

Pourquoi une telle différence alors que le nombre des rapports annuels, d'après les gendarmes, reste relativement constant depuis 1974?

Dans ce chapitre, je ne me suis pas contenté de reproduire les témoignages recueillis par la gendarmerie ou la police, même s'ils en constituent encore la part la plus importante. S'y ajoutent des enquêtes personnelles qui, bien souvent, viennent compléter et enrichir les déclarations officielles. On y trouvera également une série d'informations en provenance de la presse.

Nous allons voir se dessiner le profil d'une année à forte densité de témoignages. Je me suis attardé plus longuement sur cette période très proche de nous, car elle n'a encore fait l'objet d'aucune véritable analyse.

Le premier des rapports que j'ai retenus date du 17 janvier 1976. Les événements qui le concernent se sont déroulés dans la Somme...

Un phare très puissant s'est allumé, balayant la plaine.

Le 21 janvier 1976 à 16 h, en visite à la commune de Neuville-Saint-Vaast (62), nous sommes interpellés par M. A. Ulysse, âgé de 57 ans, cultivateur demeurant à Neuville-Saint-Vaast (62), qui nous relate les faits suivants :
Le samedi 17 janvier 1976 vers 18 h-18 h 30, alors qu'il revenait des champs avec son tracteur agricole, circulant sur le CD 55 nommé Grand-Rue à Neuville-Saint-Vaast, il a remarqué, venant de la direction nord-est, une lumière assez intense de couleur jaunâtre. Presque aussitôt, il a constaté que cette lumière était émise par un engin volant non identifié se déplaçant très lentement au-dessus du bois de Vimy au lieu-dit « Zone canadienne ». L'engin a été observé par le témoin pendant une minute environ. Il était à 500 m environ de l'observateur, puis, voulant le faire constater à son fils Didier, il est allé le chercher. Le trajet a duré approximativement 30 secondes et au moment où il est revenu avec son garçon, l'engin a disparu. Le témoin précise qu'il n'a pas vu atterrir ou décoller l'engin qui présentait les caractéristiques suivantes : il avait la forme d'un cigare mesurant approximativement 5 m de longueur et d'une hauteur de 1 m 50 non surmonté de coupole ni équipé de train d'atterrissage ou pied. Il n'a pas pu constater s'il y avait des personnes à bord. L'engin était de couleur jaunâtre, l'une des extrémités était rougeâtre. Puis, après quelque temps d'observation, un phare très puissant s'est allumé balayant la plaine. Ensuite, le faisceau s'est dirigé vers la commune de Neuville-Saint-Vaast. M. A. Ulysse, d'après ses dires, a été ébloui par ce projecteur qui avait une dimension assez grande : environ 50 à 60 cm de diamètre. Cet

engin n'avait pas de partie saillante, il n'émettait aucun bruit ou fumée et ne provoquait pas de déplacement d'air ou d'autre phénomène. L'engin ne s'étant pas posé, aucune constatation n'a pu être faite sur le terrain.

Renseignements sur le témoin.
M. A. Ulysse réside depuis toujours à Neuville-Saint-Vaast où il exerce la profession de cultivateur. Il n'a jamais donné lieu à des remarques défavorables. Il est bien considéré des autorités locales. Aucun antécédent judiciaire ou autre ne lui est connu. Il est de bonne conduite et de bonne moralité. Au cours de nos différents services à Neuville-Saint-Vaast nous avons contacté plusieurs cultivateurs et, notamment, le maire de la commune, le garde champêtre et le secrétaire de mairie, afin de connaître d'autres témoins des faits. Mais aucun d'entre eux n'a pu donner le moindre renseignement supplémentaire.

Un disque en position verticale.

Déclaration de M. M. Albert, 76 ans, retraité, demeurant à Duc, commune de Lassouts, Aveyron.
Le 19 janvier 1976, vers 21 h 30, je suis sorti pour satisfaire un besoin naturel. J'ai vu, à 1 km environ à vol d'oiseau, une espèce de disque en position verticale de couleur orange fluorescent. A première vue, j'ai cru que c'était un camion, mais en regardant mieux, cela ne bougeait pas et l'éclairage ne correspondait pas à celui d'un camion. Ceci a duré quelques secondes, puis l'objet s'est dirigé vers un point situé à 400 m de moi environ, mais en contrebas dans la vallée, puis je ne l'ai plus revu pendant quelques secondes. Pendant ce déplacement, qui s'est

produit très rapidement, une sorte de queue s'est formée à l'arrière du disque. Elle avait la même couleur que l'objet et mesurait 4 ou 5 m de long. Pour préciser la couleur, elle correspondait à celle d'un morceau de fer chauffé à blanc.
S.I. L'engin mesurait apparemment 2,50 m de hauteur.
Les quelques secondes passées, l'appareil a surgi de la vallée, à la verticale, sa queue en dessous, et, à l'angle droit, il a repris son vol à l'horizontale; sa queue s'est également mise à l'horizontale. A ce moment, il volait juste au-dessus des arbres, en suivant la vallée sur sa gauche. Puis il a disparu derrière la maison et je ne l'ai plus vu.
Durant tout ce temps, je n'ai entendu aucun bruit, cependant, je suis un peu sourd et si le bruit était faible, je ne l'ai peut-être pas entendu. Le soir des faits, il faisait clair de lune, le ciel était dégagé et il ne faisait pas de vent.
S.I. Je pense que le fait a duré 3 mn au plus.
S.I. Je suis formel, ce n'est pas un effet d'optique car j'ai bien eu le temps d'observer l'engin. J'ignore de quelle matière il est composé.
S.I. J'y vois très bien, je ne mets des lunettes que pour lire.
S.I. Je ne connais personne dans la région qui ait vu ce phénomène.
S.I. Je ne peux pas dire si, au moment où je l'ai vu, il venait de se produire ou si cela faisait longtemps qu'il se manifestait.

De l'Agence France-Presse :
Cigare lumineux dans le ciel de la Drôme.

Saint-Jean-en-Royans (Drôme), 23 mars 1976. Un ouvrier de 29 ans, M. Jean Robert, de La Baume-d'Hostun (Drôme), a observé dimanche

soir un curieux phénomène lumineux alors qu'il circulait en voiture à Sainte-Eulalie-en-Royans (Drôme), dans le Vercors.
Il était 21 h 10 lorsque, sur la RN 518, à proximité de Sainte-Eulalie, il fut ébloui, a-t-il dit, par « une sorte de cigare lumineux, haut de 1,20 m environ ». S'arrêtant et coupant le contact, M. Robert a observé dans le ciel « un objet ovale avec deux sortes de hublots rouge foncé sur la bordure desquels s'échappaient des lumières très vives ». Le témoin ajoute qu'il a eu soudain très peur, une peur comme il n'en avait jamais ressentie auparavant. L'objet étant aveuglant, M. Robert a protégé ses yeux avec ses mains. Lorsqu'il a regardé de nouveau, la « chose » avait disparu. M. Robert affirme enfin qu'il n'avait jamais vu quelque chose d'aussi brillant.
Avant de regagner son domicile, l'automobiliste a fait une déposition à la gendarmerie de Saint-Jean-en-Royans. Les gendarmes ont confirmé « l'état de choc » dans lequel il se trouvait.

Un demi-dôme et deux traits de lumière.

Ce cas m'a été signalé par un collègue qui se trouve être parent avec le témoin. Il n'a pas fait l'objet d'un rapport ni même d'une mention dans la presse. Ils sont nombreux les témoignages qui restent ainsi totalement inconnus; la crainte du ridicule empêche, en effet, bien souvent les gens de parler. Une statistique voudrait que l'on ne connaisse que 10 % des faits de cette nature...

Cette observation s'est déroulée le 9 avril 1976 dans les faubourgs de la ville de Nancy, à Vandœuvre.

Mme Fourtier, 54 ans, ayant du mal à trouver le sommeil, jouait aux cartes. Vers 1 h 45, avant de se mettre au lit, elle se décida à sortir la poubelle. Le ciel était totalement dégagé, on y voyait briller les étoiles ainsi que la lune.

Soudain elle aperçut, volant à une altitude indéterminée mais sans doute assez élevée, une demi-coupole d'un blanc brillant prolongée par deux bordures blanchâtres ressemblant à un jet de vapeur ou à des milliers de fines étoiles accolées. Cet engin sans aucun rapport avec la lune, selon l'observatrice, se déplaçait à allure régulière et lente. Mme Fourtier devait préciser, en outre, que l'engin émettait un bruit continu ressemblant à un vrombissement sourd, qui resta très présent même lorsqu'il se fut enfoncé dans le lointain. L'observation ne semble pas avoir dépassé la minute. Le témoin était seul au moment du passage; pourtant, le quartier où il réside compte de nombreuses habitations. Mme Fourtier n'a pas eu le temps de réveiller un parent qui dormait chez elle et se trouve donc être la seule à avoir remarqué cet objet.

Je me suis longuement entretenu avec elle, et cette personne me paraît digne de foi. L'objet qu'elle a vu ne correspond, selon elle, à rien de connu, et ce qui semble l'avoir le plus frappée, ce sont les deux traînées prolongeant la demi-coupole. Elle n'eut pas l'impression qu'il s'agissait de protubérances mais d'effets lumineux particuliers, très difficiles à décrire, quoique fort beaux. Cela aurait pu ressembler à une pluie d'étoiles très serrées suivant en permanence le demi-cercle.

Cette observation, effectuée en avril 1976, ouvre une longue série de témoignages en Lorraine, qui a pris fin en août, avec un temps fort pour le mois de juillet dans la périphérie de Nancy, et qui débute par un rapport de police :

Un objet en forme de cône.

Le 10 avril 1976, à 5 h 45, les nommés Pierre D. et Roger C., employés aux Établissements Marchal, filature et tissage, se présentaient au service et déclaraient avoir constaté, en compagnie de trois autres ouvriers de l'usine, le même jour, à 3 h 55, la présence d'un objet insolite, au-dessus du massif de la Madeleine, commune de Saint-Dié (Vosges).

D'après les dires de ces cinq personnes, consultées tour à tour, il s'agissait d'un objet en forme de cône, pointe en haut, aussi large que haut, base légèrement convexe, très forte luminosité sans projection de lumière, rouge intense avec bords plus clairs et fluorescents, contours très bien délimités.

Un témoin déclare que la hauteur de l'engin, qui pouvait se trouver à l'aplomb du sommet du massif de la Madeleine, soit à une distance de 1,5 km à vol d'oiseau, correspondait sensiblement à la hauteur d'une fenêtre de dimension courante située à une vingtaine de mètres de lui.

Après être resté immobile pendant une minute environ, l'objet s'est mis en mouvement et a disparu en 10 ou 15 secondes en direction de l'ouest. A ce moment-là, la silhouette d'un sapin s'est découpée sur la masse lumineuse qui débordait de chaque côté de cette silhouette. (Chose qui a fait dire à l'un des témoins, quand il s'est présenté au commissariat, qu'il y avait deux objets.) Aucun bruit n'a été entendu, à aucun moment.

La présence de l'objet a d'abord été constatée par M. R. Serge, contremaître, qui a appelé ses collègues de travail. Ces personnes ont tout de suite pensé qu'il s'agissait d'un feu de forêt en raison de la couleur identique et en ce qui concerne la luminosité. L'âge des gens ayant observé le phénomène varie approximativement de 30 à 55 ans. Il s'agit de :

– R. Serge, contremaître, demeurant à Saint-Dié, Saint-Roch;
– C. Roger, ouvrier, demeurant à Saint-Dié, Saint-Roch;
– G. René, ouvrier, demeurant à Saint-Dié;
– B. Roland, ouvrier, demeurant à Ban-de-Laveline;
– D. Pierre, ouvrier, demeurant à Saint-Dié.

La lumière avait la taille d'une maison.
Rambervillers (Vosges) :

Le mercredi 9 juin 1976, en soirée, nous recevions quelques amis. Vers 23 heures, au moment de nous séparer, nous avons aperçu, entre le CES et le COSEC, un faisceau d'une lumière vive blanche et bleue. La surface lumineuse avait *grosso modo* la taille d'une maison.
Ébahis, nous avons observé le phénomène pendant plusieurs minutes.
Soudain tout a disparu, et, quelques secondes plus tard, une sphère brillante s'est échappée vers le ciel.
Les six personnes qui étaient près de nous, m'a précisé M. Paul Grandemange, retraité de la gendarmerie, pourraient vous confirmer les faits.

Les témoins décrivent ici une immense lueur qui les a beaucoup impressionnés sans qu'ils aient, apparemment, constaté la présence d'un objet.
Ils m'ont avoué qu'aucun d'entre eux n'osait repartir par crainte de passer à proximité du phénomène. Ils l'ont vu se transformer en une

sphère brillante beaucoup plus petite que la lueur d'origine, de la taille apparente d'une balle de tennis. Puis, la voyant disparaître, ils ont quitté les lieux à leur tour. Ces témoins se refusent à interpréter leur vision, évitant d'employer le mot O.V.N.I., qui paraît étranger à leur vocabulaire.

Sur le dessus de l'appareil, une lumière jaune clignotait.

Mlle Lips Christiane est étudiante aux Beaux-Arts à Épinal (88). A la déclaration qu'elle a faite au commissariat de cette ville, elle a joint un impressionnant dessin représentant la plus classique des « soucoupes volantes ». Farce d'étudiant ou véritable manifestation d'O.V.N.I.? Le témoin a pour lui d'avoir fait, sur sa propre initiative, une déclaration à un service officiel, déclaration d'où sont extraites les lignes suivantes :
Mlle Lips Christiane, née le 4 mai 1959 à Épinal, étudiante en première année aux Beaux-Arts d'Épinal, et domiciliée 21, rue Charles-Pinot à Épinal, nous déclare :
Le 16 juin 1976, je me trouvais dans les appartements du directeur des Beaux-Arts, et je gardais leurs enfants.
J'avais beaucoup bu de café et je n'arrivais pas à dormir.
Il était 2 h 30 du matin, lorsque mon attention a été attirée par un objet curieux qui se trouvait dans le ciel, et je pense le situer approximativement à 50 m au-dessus de moi. Je me trouvais alors couchée sur le canapé, près de la fenêtre qui était entrouverte.
L'engin est passé au-dessus de l'école Notre-Dame et je n'ai entendu aucun bruit provenant de cet appareil. Il allait à une vitesse très réduite.

Sur le dessus de l'appareil, une lumière jaune clignotait et, sur la partie inférieure, il y avait un reflet orange.
J'ai suivi cet appareil pendant trente secondes environ, et ensuite, je l'ai perdu de vue, car un arbre m'empêchait de le suivre des yeux. Je ne peux pas vous dire dans quelle direction il est parti.
Sur le moment, j'ai eu un petit peu peur, mais je peux vous affirmer que ce que je viens de vous dire n'est pas le fruit de mon imagination et que j'étais parfaitement saine de corps et d'esprit.
Je vous remets un croquis de l'appareil non identifié que j'ai aperçu. Je ne peux pas vous donner une dimension exacte de cet appareil, mais je suppose qu'il avait une circonférence de deux mètres environ.
Je fais cette déclaration à toutes fins utiles.
Après lecture, faite par elle-même, persiste et signe.

J'ai pu m'entretenir avec Mlle Lips. Il m'est impossible de dire s'il s'agit ou non d'un canular. Les responsables des Beaux-Arts soulignent le sérieux de l'étudiante qui, en dépit de sa décontraction, n'aurait jamais osé, selon eux, monter un tel « bateau ». Ses camarades ne mettent pas en doute ses paroles. Personnellement, j'ai cru déceler une réelle sincérité chez Mlle Lips lors de notre rencontre. Son dessin, enfin, si on le considère comme authentique, ne peut pas être interprété selon des hypothèses courantes : ballon-sonde, avion, météore, etc.

J'entendis un bruit assourdissant.

Toujours des Vosges; extrait du journal *La Liberté de l'Est.* Il était une heure, dans la nuit de mardi à mercredi 23 juin 1976. Tous les jours, c'est l'heure à laquelle M. André Florentin, demeurant à Poussay (Vosges), se lève pour aller prendre son travail aux Établissements Solprim à Mirecourt. Je venais de m'habiller lorsque j'entendis un bruit anormal, non pas assourdissant, mais lourd. J'ouvris prestement mes volets pour voir juste en face, c'est-à-dire au-dessus de la ferme Colnet, une boule jaune orange de deux mètres de diamètre environ qui se déplaçait à vitesse relativement réduite, au point que j'eus le temps d'appeler ma femme avant qu'elle ne disparaisse en direction d'Ambacourt.

Mme Florentin est formelle : elle aussi a eu le temps de voir cet objet circulaire. Il ne s'agit donc pas de vision irréelle...

Pendant trois nuits un bruit anormal...

Déclaration de M. B. Jacques, 51 ans, cultivateur, demeurant au lieu-dit Le Breuil, commune de La Guiche (Saône-et-Loire).
J'exploite une ferme au lieu-dit Le Breuil, commune de La Guiche, avec mon épouse et mon fils Pascal, âgé de 20 ans. Cette exploitation est isolée du bourg de La Guiche situé à une distance de 1,9 km. Elle est à une distance de 250 m de la ferme exploitée par M. L. René et à une distance de 300 m de la ferme exploitée par M. L. Une voie communale reliant les localités de La Guiche à Saint-Bonnet-de-Joux passe à proximité. Cet axe est goudronné. Il est assez fréquenté. Les abords de ma ferme sont dégagés. Elle est implantée et bordée sur quatre faces. Ma chambre à coucher est située au rez-de-chaussée de la maison d'habitation face sud-ouest. Cette chambre est éclairée par une fenêtre orientée au sud-ouest. La voie communale située à l'ouest

du bâtiment passe à une dizaine de mètres de la chambre à coucher et de la croisée. La fenêtre se situe à 1,20 m par rapport au niveau du sol.
Dans la nuit du jeudi 24 au vendredi 25 juin 1976, à 1 h 50, j'ai été subitement réveillé par un bruit anormal suivi immédiatement d'un éclair d'une très forte puissance. Ce dernier illumina entièrement ma chambre avec une clarté telle que j'ai aussitôt bondi du lit et je me suis précipité à la fenêtre, laquelle était ouverte ainsi que les volets, ceci pour me rendre compte de ce qui venait de se produire. De cet endroit, j'ai vu une lumière en forme de parapluie ouvert de couleur rouge orangé.
S.I. Il m'est impossible de vous préciser l'importance et le diamètre de cette lumière étrange mais, d'après mon évaluation, elle pouvait avoir un diamètre de 10 à 12 m et une hauteur de 4 à 5 m.
Au moment où j'ai aperçu ce phénomène inhabituel, il était fixe et est resté dans cette position une dizaine de secondes environ. Cette lumière était au sol et derrière une haie de 4 à 5 m de hauteur, à une distance de 350 m au sud-ouest de mon habitation que je surplombais parfaitement depuis la fenêtre de ma chambre.
S.I. Je n'ai pas entendu de bruit de moteur ou autre à cet instant.
S.I. J'ai aperçu cette lumière pendant une dizaine de secondes au sol ou à proximité du niveau du sol.
J'ai bien vu cette lumière s'élever subitement à la verticale à allure lente à une trentaine de mètres de hauteur par rapport au niveau du sol, puis prendre lentement, sur 100 m environ, la direction du sud-ouest et s'éloigner subitcment dans cette direction à très vive allure, sans prendre beaucoup d'altitude. Toutefois, il est

possible que je n'aie pas apprécié avec précision l'altitude et la distance exactes. La nuit, il est très difficile de le faire.
S.I. Au moment où cette lumière s'est élevée du sol, elle a projeté une lumière blanche en forme de faisceaux au-dessous de la lumière rouge orangé, laquelle a disparu aussitôt. Cette lumière blanche, extrêmement puissante, m'a d'ailleurs beaucoup frappé. Je la compare à la lumière solaire au moment de midi. Lorsque ce phénomène s'est déplacé à allure lente sur une centaine de mètres, le faisceau lumineux blanc éclairait le sol comme en plein jour sur une trentaine de mètres de diamètre, formant ainsi un grand cercle.
S.I. Je n'ai entendu aucun bruit depuis le moment où la lumière s'est élevée jusqu'à son éloignement total et sa disparition de la ligne d'horizon.
S.I. A l'instant où j'ai été réveillé par ce bruit anormal suivi d'un jet de lumière puissant, je compare le son perçu à celui d'un avion à réaction, mais avec une intensité dix fois plus faible environ. Ce bruit s'est arrêté net.
S.I. Selon la disposition de la fenêtre de ma chambre à coucher, aucun véhicule circulant sur la voie communale ne projette de jet de lumière à l'intérieur de cette pièce. Vous pouvez en faire la vérification vous-même le cas échéant.
Je tiens à préciser qu'au moment des faits le ciel était dégagé et étoilé, aucune trace ou menace d'orage n'était dans l'atmosphère. La force du vent était nulle. Aucune ligne électrique à haute tension ne passe à proximité de ma ferme. Comme je vous l'ai déjà dit, j'ai été frappé par ce phénomène étrange qui, d'ailleurs, s'est reproduit deux autres nuits. Je n'aurais peut-être pas révélé ces faits si d'autres témoins que moi n'avaient remarqué le même phénomène. Je précise

également que les jours suivants j'ai eu l'idée de me rendre dans le pâturage à proximité de la haie où j'avais situé l'emplacement présumé de cette lumière au cours de la nuit du 24 au 25 juin 1976. J'ai constaté à cet endroit, et ceci malgré la sécheresse qui sévit actuellement, sur le terrain fraîchement fauché, une circonférence d'un diamètre de 4 m environ se dessiner à cet endroit, la racine de l'arbre étant plus jaunie qu'ailleurs.
(...) Dans la nuit du vendredi 25 au samedi 26 juin 1976, vers 2 h 40, mon épouse a entendu ce bruit anormal. Quant à moi, je dormais (...). La même nuit, à 3 h 10, mon épouse a été réveillée de nouveau par ce bruit anormal. A ce moment-là, elle s'est inquiétée et m'a réveillé aussitôt en disant : « Voilà l'engin qui revient. » Nous avons discuté un instant, puis nous nous sommes rendormis. Ces deux premières fois, elle n'avait pas prêté une attention particulière, aucune lumière n'avait été remarquée. La même nuit, à 3 h 40, j'ai entendu ce bruit anormal. Je me suis immédiatement levé et, sans prendre le temps de passer un vêtement, j'ai couru à la fenêtre de notre chambre où j'ai aperçu avec la plus grande netteté une lumière blanche extrêmement puissante. Cette lumière projetait un faisceau en forme de cône en direction du sol. Je n'ai pu déterminer la hauteur par rapport au sol de cette lumière, mais je pense qu'il y avait au minimum 100 m. Cette lumière, d'après mon évaluation, éclairait sur un diamètre de 30 m environ une forme de cercle. Lorsque je l'ai aperçue, cette lumière se déplaçait à très vive allure toujours en direction du sud-ouest. Je précise également que, me trouvant à 400 m environ du lieu présumé, je voyais avec une très grande netteté la partie du sol qui était éclairée par ce phénomène.
S.I. Cette fois, je n'ai pas aperçu de lumière

rose orangé. Ma femme, qui s'était levée précipitamment en même temps que moi, a pu constater ces faits. J'ai pu en faire la déduction suivante : le phénomène a été remarqué à 30 mn d'intervalle. Je n'ai pas d'autre précision à vous apporter pour cette même nuit. Toutefois, j'en ai parlé avec mon voisin L. le lendemain matin et ses enfants m'ont confirmé qu'alors qu'ils circulaient en véhicule, ils avaient eux-mêmes constaté dans la nuit du 27 au 28 juin 1976 une lumière blanche extrêmement puissante se déplaçant au-dessus de la chaussée. De même que dans la nuit du 24 au 25 juin 1976, Mme V. avait entendu ce drôle de bruit. Dans la nuit du 26 au 27 juin 1976, j'ai décidé de faire une surveillance approfondie en guettant à l'extérieur de ma ferme afin de mieux me rendre compte de ce qui se passait, et surtout par curiosité. Cette nuit-là, je n'ai rien remarqué.
Dans la nuit du dimanche 27 au lundi 28 juin 1976, à 0 h 20, j'ai entendu pendant 5 secondes environ ce bruit anormal qui venait de la direction du nord-est se dirigeant dans la direction du sud-ouest. Je n'ai pas vu de lumière, mais le bruit perçu était nettement plus bruyant que les autres fois, et plus prolongé. Je le compare à un bruit de fusée pare-grêle que j'ai vu lancer, mais ce bruit était tout de même nettement plus prononcé. Cet objet se déplaçait à une très grande allure d'après ce que j'ai pu constater. Je ne m'explique absolument pas ce phénomène inhabituel. Je montre une très grande prudence, mais je pense que ce n'est pas un phénomène atmosphérique. Il ne fait aucun doute pour ma part qu'il s'agit d'un Objet Volant Non Identifié.

Comme dans le cas précédent, qui s'est déroulé à Poussay dans les Vosges, c'est le bruit qui a attiré l'attention des témoins de cette impressionnante histoire. Ces bruits ne sont pas rares dans les manifestations d'O.V.N.I., contrairement à ce que l'on pense, et ils précèdent parfois l'apparition de l'objet. Pour le cas présent, on assiste à une véritable polarisation sur un lieu donné pendant plusieurs nuits consécutives. Ce n'est pas non plus la première fois que se produisent de tels phénomènes. Lorsque l'on a affaire à des observations de ce type, il est indispensable de connaître le degré de crédibilité des témoins. Ici, je ne me souviens pas d'avoir lu sur le rapport officiel d'enquête de moralité. Je ne peux donc porter aucune appréciation sur la véracité des faits décrits. Le nombre important de témoins porte à croire, cependant, que le phénomène a bien eu lieu.

On aurait dit une assiette à soupe renversée.

M. Serge Vallar était âgé de 24 ans à l'époque de son aventure. Il travaillait à la scierie de son oncle depuis un an et, comme tous les matins, ce 10 juin 1976 à 4 h 30, il se trouvait sur la route qui le mène de Padoux à Sercœur dans le département des Vosges pour se rendre à son travail qu'il prend à 5 heures.

Il m'a raconté son aventure au téléphone :
A 7 km de Padoux, je vis une lueur s'élever au-dessus de la forêt. Je pensai tout d'abord à un feu. Quelques instants plus tard, quelle ne fut pas ma surprise quand je vis cette lueur s'avancer au-dessus de moi.
Q. Quelle était la forme de cette lueur?
R. On aurait dit une assiette à soupe renversée. Je roulais à 90 km/h et cet engin me précédait.
Stupéfait par ce spectacle, j'eus le réflexe d'arrêter immédiatement ma voiture en laissant

tourner le moteur et en éteignant les phares. Alors, l'engin a fait marche arrière et s'est dirigé vers moi. C'est ainsi que j'ai remarqué qu'il avait de 4 à 5 m de long environ et entre 1,50 m et 2 m de hauteur. La partie supérieure de même couleur clignotait. Cela ressemblait à une cabine qui clignotait.

Q. De quelle forme était cette cabine?

R. Ronde.

Q. Que voyait-on à l'intérieur?

R. On ne voyait rien, ça clignotait, puis ça s'éteignait. On ne voyait rien d'autre, mais c'était éblouissant.

Q. Ce n'était pas un hélicoptère ou un avion?

R. Ah ! non !

Q. La forme était-elle bien définie?

R. C'était un peu trouble.

Q. Qu'a fait alors cet engin?

R. Eh bien ! il sortait d'un bois. Il a survolé la route. Je ne sais pas si c'est à cause de mes phares, mais il a viré vers ma voiture et il a commencé à la suivre. J'ai même eu l'impression, à un moment où j'ai stoppé, que l'engin fonçait directement sur la voiture. J'étais alors à une centaine de mètres de l'objet.

Q. Qu'avez-vous fait à ce moment?

R. J'ai éteint les phares pour voir ce que c'était. Quand j'ai vu l'objet foncer vers moi, comme j'étais seul, j'ai eu la trouille. J'ai rallumé les phares et hop ! la machine est remontée vers le haut légèrement en biais.

Q. Est-ce qu'il y avait du bruit?

R. Non, non.

Q. Avez-vous distingué des détails?

R. Non, pas précisément, à part la forme générale et la bande noire qui séparait la cabine du reste de l'engin. C'était surtout très brillant. Lorsque je suis reparti, l'engin a continué à me suivre jusqu'au prochain village, Sercœur, situé à 1 km à peine. Cela a duré 5 mn environ. Je pensais m'arrêter au village mais, vu l'heure matinale, je n'ai pas voulu déranger quelqu'un car je ne savais pas quelles auraient été les réactions et, comme c'était un samedi, aucune maison n'était éclairée.

Q. Vous avez dit que la cabine de l'engin clignotait et qu'il lui arrivait même de s'éteindre. A ce moment, comment vous apparaissait l'engin?

R. Quand la lumière de la cabine s'éteignait, le reste de l'engin ressemblait à un cigare, oui, c'était comme un cigare, assez gros.

Q. Est-ce qu'il faisait encore très nuit à ce moment?

R. Oui, c'était la pleine nuit.

Q. Quelle impression ressentiez-vous?

R. J'avais peur...

Q. Vous n'avez pas eu de problème avec votre moteur?

R. Non, pas du tout. Les gendarmes m'ont demandé la même chose, d'ailleurs. Non, je n'ai rien remarqué d'anormal.

Q. De quelle manière s'est terminée votre aventure?

R. Eh bien ! l'engin a disparu d'un coup, comme une lumière que l'on éteint. J'ai tout de suite raconté mon histoire à mon frère, qui travaille à la même scierie que moi, et ensuite, à mes camarades de travail. J'étais tout blanc et tremblais encore. Puis, je me suis rendu à la gendarmerie de Rambervillers. J'ai raconté ma mésaventure; les gendarmes m'ont demandé si je n'étais pas fou, puis, quand je leur ai raconté mon histoire en détails, ils m'ont finalement cru.

Ce témoignage est le résumé d'une conversation téléphonique complétée par le récit manuscrit du jeune employé.

Je me suis renseigné auprès de différentes personnes sur l'honorabilité du témoin. On peut à coup sûr croire son histoire, mais c'est surtout par l'effet produit sur lui que ses camarades de travail ou ses proches ont le mieux ressenti son aventure. Pendant trois jours il parut complètement hébété, fut agité par des tremblements et n'arriva pas à trouver le sommeil. Il était la proie d'une véritable peur panique. Tous ceux qui l'ont approché vous diront que l'on peut croire à son histoire. L'enregistrement sur bande magnétique restitue d'ailleurs assez bien la personnalité de ce garçon, un jeune homme paisible, plutôt timide, encore stupéfait de ce qui lui est arrivé.

Qu'a donc vu Serge Vallar? Ici le mot O.V.N.I. ne paraît pas très approprié. Certes, l'engin entrevu ne peut être défini, mais il possède une structure propre et un comportement particulier qui paraît dépendre des réactions du témoin, et pourtant il n'est pas pensable, raisonnablement, de l'assimiler à un astronef conventionnel. Ce témoignage est très instructif car il se rapporte à une structure volante dont les manœuvres et les formes, accompagnées d'une absence totale de bruit, excluent automatiquement toute relation avec des appareils connus. Le détail concernant la cabine qui clignote et s'éteint pour laisser place à un objet affectant la forme d'un cigare, est très intéressant et fournit un début d'explication sur ces changements de formes apparemment incompréhensibles caractérisant assez souvent ces objets. Enfin, il ne fait guère de doute que le comportement de cet engin est directement lié aux évolutions de la voiture de M. Vallar. Ce fut d'ailleurs sans doute ce qui troubla le plus le témoin. Il ne songeait qu'à une chose en cet instant : mettre le plus de distance entre lui et son étrange compagnon de route.

Lorraine : en passant par les O.V.N.I.

En 1976, c'est dans l'est de la France que l'on a enregistré le plus grand nombre de témoignages au cours de l'été. Du 13 juillet au 8 août, on ne trouve pas moins d'une observation par jour, et ceci vaut surtout pour la région lorraine. Pour ma part, j'ai recensé dix cas s'étant déroulés dans cette région au cours de cette période. Parmi ceux-ci, cinq ont eu lieu à Nancy ou dans sa proche banlieue. Je tiens à préciser, toutefois, que je n'ai nullement l'intention de démontrer que Nancy, ville où est écrit ce livre, est un lieu privilégié pour les observations d'O.V.N.I. dans notre pays. On rencontre parfois, chez certains auteurs, ce réflexe consistant à montrer, d'une manière ou d'une autre, qu'ils résident dans un secteur particulièrement bien « visité »... Cela fait toujours plaisir de se dire l'élu des dieux. Il reste que, pour des raisons que nous ne connaîtrons peut-être jamais, une région d'un pays devient souvent, pour une période plus ou moins longue, une zone où se déroulent un nombre impressionnant de phénomènes inexplicables. Puis, soudain, sans que l'on sache pourquoi, tout retombe dans le calme : les témoins se demandent s'ils n'ont pas rêvé et les habitants en viennent à penser qu'ils ont été victimes d'une campagne d'intoxication. Il n'y a que les services d'enquête officiels pour conserver les traces écrites des phénomènes mystérieux qui, pendant quelque temps, se sont abattus sur la région...

Une forme de couleur blanche.

Le récit que vous allez lire débute le 13 juillet. Ce jour-là, vers 22 h 30, Mme Demolon s'apprêtait à fermer les volets de son appartement au quatrième étage d'une résidence du Champ-le-Bœuf à Nancy. Son regard fut immédiatement attiré par une lueur rouge très brillante au-dessus de la forêt de Haye sur laquelle donne la façade de son immeuble. Mme Demolon fut alors rejointe par M. Patrick Chauvelot qui, de la rue, avait lui aussi été intrigué par cette lumière au ras des arbres. Ils restèrent près d'une demi-heure à la fenêtre. Pendant tout ce temps, en effet, plusieurs sphères de couleur rouge se livrèrent à un curieux manège : « Cela montait et descendait comme si ça tournait constamment autour d'un point. » Les engins qui devaient se trouver approximativement à 2 km apparurent aux témoins « gros comme un lampadaire qui éclaire la rue en contrebas ». La lumière blanche qu'ils dégageaient à l'arrêt était à ce point aveuglante que Mme Demolon et M. Chauvelot durent détourner les yeux à plusieurs reprises. « On pouvait voir la cime des arbres en découpe sur l'horizon. » Puis la lueur s'évanouit dans le bois. M. Chauvelot resta une demi-heure à scruter le ciel dans l'espoir que le spectacle extraordinaire auquel il venait d'assister se renouvellerait.

Deux jours plus tard, le 15 juillet, beaucoup plus au nord, dans les Ardennes (il ne s'agit plus de la Lorraine ici mais cette observation ne peut être dissociée de ce qui devait se produire quelques jours plus tard dans cette région), tous les habitants d'un groupe de HLM purent contempler durant une vingtaine de minutes « une forme de couleur blanche » qui stationnait à la verticale de l'antenne de l'émetteur de télévision. Les faits furent ainsi décrits à la gendarmerie de Revin.

Déclaration de B. Serge, 23 ans, demeurant Bloc Pierre-Roux à Revin (Ardennes) :

Jeudi 15 juillet 1976, à 23 h 10, j'étais dehors en compagnie de voisins. Nous avons vu passer une forme de couleur blanche qui se déplaçait à très grande vitesse et silencieusement. Elle a effectué un arrêt d'une vingtaine de minutes à la verticale de l'antenne émetteur de la télévision. On distinguait nettement cet engin par moments. Les couleurs changeaient. Elles apparaissaient tantôt vertes tantôt rouges. J'ai regardé cette forme à l'aide de jumelles. C'est de cette manière que j'ai remarqué que cet engin effectuait un mouvement de bascule et se remettait à la verticale. Cela a duré jusqu'à minuit environ, ensuite, cette forme a disparu au-dessus du mont Malgré-Tout.
S.I. Cet engin n'émettait aucune fumée ni trace lors de son passage au-dessus de nous.

Déclaration de B. Danielle, épouse Morer, 36 ans, sans profession demeurant à Revin (Ardennes) :
Le 15 juillet 1976 à 23 h 30, j'étais sur un banc près du bloc où j'habite. Soudain, j'ai aperçu une forme de couleur rouge et verte très brillante qui bougeait à la verticale de l'antenne émetteur de la télévision. J'ai emprunté des jumelles à un voisin et j'ai vu très nettement que cet engin se déplaçait de haut en bas. Ce n'était pas un avion, je pense plutôt à un phénomène. Il était totalement silencieux et n'émettait aucune fumée et brillait très fort. Je l'ai observé durant 10 minutes ou un quart d'heure et, ensuite, il a disparu derrière le mont Malgré-Tout.

A l'époque j'ai cherché à savoir si ce survol avait provoqué quelques perturbations enregistrées par l'émetteur de télévision de Revin. Les techniciens de Télé-Diffusion de France me dirent n'avoir rien noté de particulier au cours de cette nuit.

L'actualité mettant de nouveau la région en rapport avec le problème des mystérieux objets célestes, le rédacteur en chef de la station FR-3 Nancy me proposa de rediffuser un reportage en trois volets que j'avais préparé quelques mois plus tôt. Nous présentâmes ainsi, durant trois soirées, notre grande enquête. Au cours de la nuit qui suivit la diffusion de la dernière partie, il se passa un événement pour le moins étonnant : un O.V.N.I. s'arrêta pendant 2 minutes au-dessus de la station ! Voici le récit de cet incroyable événement par le gardien, M. Batt Antoine, 56 ans, qui était de permanence à ce moment-là, tel qu'il l'a fait aux gendarmes de Nancy.

Je suis employé en qualité de surveillant contrôleur à la station FR-3 de Nancy depuis trois ans environ.
Le 21 juillet 1976, à 20 h, j'ai pris mon service de surveillance, service que j'assure seul jusqu'à 8 h le lendemain.
A 3 h 25, je recevais un appel téléphonique émanant du veilleur de nuit de la station-service implantée en bordure du boulevard Bartou à Vandœuvre. Celui-ci m'a déclaré textuellement : « Une soucoupe volante survole présentement la station-service et le cimetière du sud. » Je peux vous préciser que la voix qui me parlait paraissait très embrouillée et je ne croyais pas en sa sincérité, à tel point que je lui ai répondu que j'avais autre chose à faire que d'écouter de semblables bêtises. J'ai même pris la précaution d'enregistrer cette conversation sur la bande enregistreuse équipant mon appareil téléphonique. Je me suis tout de même précipité sur le parking pour vérifier si j'avais affaire à un plaisantin ou si cette conversation était sérieuse.
Une fois devant le bâtiment, j'ai scruté le ciel en

face de la station-service où je n'ai rien vu. Je me suis alors rendu à l'autre bout des bâtiments et là, j'ai remarqué dans le ciel en direction de Laneuville-devant-Nancy, un disque lumineux de couleur rouge orangé.

S.I. Il était exactement 3 h 30, le 22 juillet 1976.

S.I. Je regardais dans la direction de Laneuville-devant-Nancy.

S.I. Je n'ai remarqué qu'un seul disque de couleur rouge orangé immobile dans le ciel, plafond du ciel bas et nuageux noir. Son inclination était d'environ 45°. Je ne l'ai pas vu arriver. Lorsque je l'ai vu, il était immobile. Cette apparition a duré environ 2 mn au terme desquelles l'objet est parti à grande vitesse en direction d'Essey-lès-Nancy à une allure fulgurante, sans aucun bruit, aucune trace ou traînée. Lorsque ce disque est parti, il m'a donné l'impression de se résorber quant à sa surface et de s'allonger sans que la couleur ne change.

S.I. Le plafond nuageux était très bas, sans aucune étoile ni lune.

S.I. Cet objet présentait une forme ronde de couleur constante dont je ne pourrais estimer les dimensions. Cet objet était à une altitude d'environ 300 m.

S.I. Ce même objet a dû arriver à l'endroit où je l'ai aperçu entre 3 h, heure à laquelle j'ai effectué une ronde autour de l'établissement et au cours de laquelle je n'ai rien remarqué, et 3 h 25, heure à laquelle le veilleur de nuit de la station-service m'a téléphoné.

Maintenant, voici le témoignage du veilleur de nuit de la station-service qui a réveillé M. Batt. Ces deux personnes ne se sont jamais rencontrées avant l'observation, pas plus qu'après, d'ailleurs.

Déclaration de M. Belcacemi Jean-Claude, 22 ans, veilleur de nuit à la station-service boulevard Bartou à Vandœuvre.

Le 21 juillet 1976, j'ai pris mon service de surveillance à la station essence service à 20 h.

Au cours de celui-ci, et à 3 h 25, le 22 juillet 1976, j'ai remarqué une lumière très vive au-dessus de la station FR-3 de Vandœuvre distante de moi d'environ 300 m.

S.I. Après quelques secondes d'observation, j'ai remarqué que cette lumière très vive matérialisait un objet qui volait. Cet objet se trouvait juste au-dessus de la station FR-3 à environ 300 m du sol, juste sous le plafond du ciel nuageux qui était très bas. Sa forme était ovoïde et, de l'endroit d'où je l'observais, la longueur pouvait atteindre 60 cm sur 20 cm de hauteur. Sa couleur était composée des teintes suivantes : rouge, vert et jaune. A aucun moment cette couleur n'a changé. Par rapport aux bâtiments, il se trouvait à la verticale et oscillait sur lui-même à un rythme très lent en restant sur place. Cette première observation a duré environ 3 minutes au terme desquelles l'objet s'est déplacé en décrivant un cercle au-dessus de la station FR-3 et du cimetière du sud, puis a disparu dans les nuages, lentement, en semblant gravir des marches d'escalier invisibles. C'est cette impression que j'ai eue. Comme je vous l'ai déclaré ci-dessus, le ciel était nuageux et, de ce fait, aucune étoile n'était visible, pas plus que la lune. Cet objet n'émettait aucun bruit tant dans sa position immobile que lors de son déplacement qui se faisait très lentement à allure régulière. On peut, je crois, le comparer à la forme d'un cigare dont les extrémités sont pointues. Dès que cet objet a disparu j'ai téléphoné au veilleur de nuit de la station FR-3 pour lui signaler ces faits.

Celui-ci m'a répondu qu'il allait regarder aussi. J'ignore s'il a pu l'observer.

Quand j'ai été mis au courant de cette histoire, comme la plupart des membres du personnel de la station FR-3 de Nancy, j'ai cru qu'il s'agissait d'une mauvaise blague. De par ma qualité de « spécialiste » je fus chargé de l'enquête et il ne me fallut pas longtemps pour m'apercevoir qu'effectivement, il s'était bien passé quelque chose d'anormal. L'interview des deux témoins me permit d'exclure aussitôt une éventuelle complicité et la sincérité de leurs propos me parut évidente. Toutefois, le pauvre M. Batt se heurta à la quasi-incrédulité de ses collègues. Il en va encore de même aujourd'hui d'ailleurs, d'autant qu'il a eu le tort de préciser dans une interview accordée aux journaux locaux qu'il avait aperçu deux autres lumières vertes dans une tour de la station. Ce fait lui avait paru en rapport avec son observation, car il ne se souvenait pas de les avoir vues auparavant. Son souci du détail lui valut le sourire sarcastique des techniciens qui, eux, savaient qu'il s'agissait, en fait, de deux voyants ayant toujours existé. Personne ne songea à ce moment-là que M. Batt, en donnant cette précision, prouvait au moins qu'il avait effectivement décrit l'environnement correspondant à l'état des lieux au cours de cette fameuse nuit. Il faut dire à la décharge des sceptiques que la coïncidence de l'observation et de la diffusion quelques heures avant d'une émission sur les O.V.N.I. peut paraître difficile à admettre. Le gardien m'a expliqué qu'il ignorait totalement que le journal télévisé régional avait présenté un tel reportage la veille de sa garde. En prenant son service à 20 h, en effet, il lui est pratiquement impossible de regarder les informations régionales à la télévision qui débutent à 19 h 20 et prennent fin à 19 h 40. Enfin, n'oublions pas que M. Batt n'est pas le seul à voir l'O.V.N.I.; il a été prévenu par une personne qu'il ne connaissait pas et sa première réaction, comme on peut le lire dans sa déposition, fut de croire que l'on se moquait de lui. Il est donc difficile, à mon avis, d'invoquer une quelconque suggestion qui aurait eu pour origine l'émission télévisée de la veille...

Les événements qui se sont déroulés sept jours plus tard dans le ciel de Nancy ont constitué comme une sorte d'escalade dans le domaine de l'étrange et ont fourni à la presse locale et nationale le prétexte à de nombreux gros titres. L'époque était celle des congés, bien sûr, et la tradition veut que le serpent de mer et les soucoupes volantes alimentent les maigres rubriques des vacances. Ce ne fut pas le cas pour une fois, et l'importance des observations n'a échappé ni à *l'Est Républicain,* ni au *Républicain Lorrain* qui y ont consacré de volumineux articles. Dans le but d'éviter les répétitions journalistiques, c'est le compte rendu officiel de la gendarmerie que je présente. Les vedettes de ce fait divers sont des chauffeurs de taxi de la ville de Nancy et le scénario paraît tiré d'un film de science-fiction...

Le 28 juillet 1976, à 8 h 15, en service de la commune de Vandœuvre, nous sommes interpellés par un chauffeur de taxi, lequel nous informe qu'un de ses collègues, M. G. Bernard, étant de service de nuit, a observé, vers 0 h 15, au-dessus du territoire de la commune de Houdemont, des objets volants non identifiés.
Enquête :
Nous nous transportons sur les lieux. Nous invitons, par l'intermédiaire du planton de service

de la brigade, M. G. Bernard à nous rejoindre sur les lieux.
Audition des témoins :
M. G. Bernard, chauffeur de taxi, demeurant à Essey-lès-Nancy, nous déclare qu'étant de service de nuit le 28 juillet 1976 et conduisant une cliente à Houdemont, il a observé vers 0 h 15, au-dessus du lotissement de La Behaie à Houdemont, deux objets volants qu'il n'a pu identifier.
Audition de Mlle R. Danièle, fille de salle, demeurant à Nancy. Cette personne nous déclare que, dans la nuit du 28 juillet 1976, vers 0 h 15, se trouvant comme cliente dans le taxi de M. G. Bernard, elle a été le témoin du passage de deux O.V.N.I.
Poursuivant notre enquête, nous nous rendons à la station météorologique d'Essey-lès-Nancy où il est porté à notre connaissance que durant la nuit du 28 juillet 1976, le temps était au beau, le ciel dégagé, et les étoiles visibles. De même, il nous a été précisé que rien d'anormal n'a été ressenti ou enregistré par les appareils de détection et d'enregistrement dont est dotée cette station. Des ballons-sondes sont lâchés, mais seulement dans la journée, entre 7 h et 13 h. Nous nous sommes rendus ensuite à la base aérienne d'Essey-lès-Nancy où nous prenons contact avec la vigie qui était de service à la tour de contrôle dans la nuit du 28 juillet 1976, lequel nous déclare verbalement qu'il n'a rien remarqué d'anormal sur les radars et que le trafic n'a pas été perturbé par quoi que ce soit. Nous avons pris contact également avec la base d'Ochey (54), où il a été porté à notre connaissance que dans la nuit du 28 juillet il n'y a pas eu de vol de nuit et que, de ce fait, les radars ne fonctionnaient pas.

Déclaration de M. G. Bernard, 22 ans, chauffeur de taxi, demeurant à Essey-lès-Nancy.
Hier, 27 juillet 1976, j'ai pris mon service à Nancy à 13 h. Le 28 juillet 1976, vers 0 h 15, j'ai conduit une cliente à Houdemont (54). Au cours du trajet j'ai remarqué dans le ciel six ou sept couleurs blanches d'une lumière très vive qui apparaissaient, disparaissaient. Ces apparitions se faisaient très vite. Voyant cela, j'ai ralenti et, roulant presque au pas, j'ai vu, à ma grande surprise, un objet stationner au-dessus du lotissement de La Behaie à Houdemont.
S.I. Le ciel était dégagé, on y voyait des étoiles. Cet objet avait une forme demi sphérique. On ne voyait que la partie inférieure d'une boule. Je vous établirai un croquis. Cette demi-boule était de couleur grise ou noire, en tout cas foncée, mate. Il y avait deux lumières très vives, une de chaque côté de couleur orange, et une autre sur la partie centrale de couleur rouge, très vive également. Cet objet pouvait être à une altitude de 50 m environ; au-dessous se trouvaient les pavillons de La Behaie. Je ne peux vous donner les dimensions de cet objet. Il est difficile de les apprécier de nuit. Je le répète, il s'agissait d'une demi-boule, partie inférieure sur laquelle apparaissaient trois lumières. Mon observation a duré à peu près 1 mn à 1 mn 30. Lorsque j'ai pu l'observer, cet objet se trouvait immobile dans le ciel. Il s'inclinait de temps à autre vers l'avant. Il m'a semblé que ce mouvement était destiné à une éventuelle observation. Puis, après une minute d'observation, à ma grande stupéfaction, j'ai vu arriver un second objet en tous points semblable au premier. Celui-ci s'est immobilisé à hauteur du premier. Cette opération s'est faite en deux temps.
En un premier temps, j'ai vu arriver le second

objet à très vive allure et, en un deuxième moment, ce second objet s'est immobilisé auprès du premier à allure moins vive, mais assez rapide quand même. Au cours de ces déplacements, je n'ai remarqué aucune traînée, aucun bruit, pas plus que lorsque les deux objets se trouvaient immobilisés. Stupéfait par cette observation insolite, j'ai saisi la radio et j'ai lancé un appel à mes collègues. L'un d'eux est venu me retrouver. Le temps de lui expliquer ces faits, l'objet avait disparu. Toutefois, la cliente qui se trouvait dans mon taxi et qui, comme moi, observait ces objets, pourra vous faire part de ce qu'elle a vu.

Déclaration de R. Danièle, 27 ans, fille de salle. Le 28 juillet 1976, vers 0 h 15, je me trouvais comme cliente à bord du taxi conduit par M. G. Bernard. Nous nous trouvions à Houdemont, près du lotissement La Behaie lorsque, tout à coup, j'ai aperçu dans le ciel plusieurs lumières de couleur jaune ou orange très pâle qui apparaissaient puis disparaissaient dans le ciel. Il m'a semblé entendre un bruit et, un peu plus tard, M. G. m'a dit de regarder au-dessus des toits des maisons du lotissement précité. Là, j'ai vu dans le ciel, immobile, un objet très près du toit d'une maison, à environ 50 m de nous. Il était de forme allongée, semblable à une soucoupe, de couleur plus claire que le ciel sur lequel il se détachait très nettement. Sa forme était ovoïde; au milieu, me semble-t-il, une bande paraissait le séparer sur laquelle brillaient deux lumières de couleur orange plus une troisième de couleur rouge. D'où je me trouvais, cet objet me paraissait plus grand que le toit de la maison sur laquelle je le voyais. Je peux vous préciser que, cette nuit-là, le ciel était dégagé et l'on y voyait des étoiles. Tout au long de l'observation, cet objet n'a pas bougé, aucun bruit n'a été entendu. Cette observation a duré environ 1 minute au terme de laquelle j'ai vu un second objet arriver assez vite et s'immobiliser aux côtés du premier. Il était en tous points semblable à celui-ci, de même qu'aucun bruit n'a été entendu et aucune trace ne signalait son arrivée. Nous avons observé ces deux objets pendant environ 30 secondes, puis nous sommes partis. M. G. a lancé un appel aux autres chauffeurs de taxis pour que ceux-ci viennent observer ces deux objets. Lorsqu'une voiture est arrivée, nous nous sommes rendus de nouveau sur les lieux de notre observation. Mais, à notre grande déception, les deux objets avaient disparu.

J'ai mentionné l'intervention des journaux régionaux dans cette affaire. Voici quelques-uns des titres que l'on pouvait trouver en tête des articles s'y rapportant :

Phénomènes étranges dans le ciel de Nancy. – O.V.N.I. : encore et toujours à Nancy. – C'était comme dans un rêve : des chauffeurs de taxi et leurs clientes témoins de phénomènes mystérieux.

Dans le feu de l'action, les rédacteurs signalèrent la présence de trois objets. Il s'agit d'une erreur et, dans les dépositions, les témoins sont unanimes pour parler de deux objets seulement.

Il paraît difficile de fournir une explication rationnelle à cette manifestation. D'aucuns invoqueront peut-être un phénomène de type plasma mais, pour admettre une telle hypothèse, il faut ignorer les détails concernant les évolutions des objets.

L'un de ceux-ci aurait fait une nouvelle apparition, selon un de mes informateurs, dans la nuit du 29 au 30 juillet. Deux CRS en patrouille sur la route conduisant de Nancy à Neufchâteau auraient aperçu au-dessus du Chu de Brabois, près de Nancy, un O.V.N.I. en tous points semblable à ceux décrits l'avant-veille par les chauffeurs de taxi. Je donne cette information sous réserve d'une confirmation car je ne l'ai trouvée mentionnée nulle part.

Ballet de cigares et effets de lumière.

En juillet 1976, les nuits en Lorraine semblent avoir toutes un point commun : à chaque fois, on signale la présence d'engins bizarres dans le ciel. Après le survol de Nancy, la Meuse est à son tour visitée par l'étrange. C'est à un véritable ballet que se livrent devant les yeux médusés d'une campeuse cinq objets en forme de cigare. Cette histoire n'a fait l'objet d'aucune insertion dans la presse et d'aucune enquête de la part des gendarmes. Les faits se sont déroulés dans la nuit du samedi 31 juillet au 1er août 1976, à 2 h 30 du matin, à Boncourt, un petit village situé au nord de Commercy dans la Meuse. Mme D. Colette, âgée de 43 ans, secrétaire, demeurant près de Nancy, faisait du camping avec des amis. Cette nuit-là, elle sortit pour assouvir un besoin naturel. Il faisait très beau, le ciel était totalement dégagé et les étoiles apparentes. La personne ne se souvient pas d'avoir remarqué la lune. Au moment où elle quitta sa tente, son regard fut immédiatement attiré par cinq lumières oblongues affectant la forme de cigares qui tournaient autour d'un axe invisible, « comme un manège de la foire », selon sa propre expression. Ces objets très lumineux de couleur jaunâtre lui semblèrent distants au plus de 1 km.

Leur taille aurait pu être comparée à celle d'une grosse voiture. Ils ne faisaient aucun bruit. Intriguée et fascinée, Mme D. regarda ce ballet nullement effrayée. Soudain, tout prit fin comme si ce spectacle s'était « éteint ». Cette manifestation avait duré cinq bonnes minutes. Le témoin, ne pouvant se résoudre à retourner se coucher, continua à scruter le ciel. Quelques minutes à peine s'étaient écoulées que les cigares resurgirent mais, cette fois, leurs évolutions se déroulaient au-dessus de la cime des arbres et le mouvement était un va-et-vient continuel de la gauche vers la droite et vice versa. Le témoin eut cette fois l'impression de faire un mauvais rêve et tenta alors de réveiller ses amis qui dormaient quelques mètres plus loin dans une caravane. Elle n'y parvint pas et dut se résoudre à poursuivre seule son observation. C'est alors qu'elle s'aperçut qu'un de ces objets semblait « planté » là, à quelque 500 m dans le champ qui lui faisait face. Se retournant, elle en aperçut un autre dans la même position, plus proche semblait-il, à environ 200 m. Prise de panique, elle se précipita une nouvelle fois vers la caravane de ses amis qu'elle réveilla à grands cris.

J'avais la sensation d'être encerclée par les O.V.N.I., m'a-t-elle confié, et pourtant, je ne suis pas de nature froussarde. Au début, je trouvais cette aventure très intéressante; je me disais : regarde bien, tu n'auras pas l'occasion de revoir ce phénomène. Mais, au fur et à mesure que ces choses se « rapprochaient », j'ai senti une panique folle m'envahir. Je n'ai pas tenté d'aller voir de plus près à quoi ressemblaient ces lueurs, ce que j'ai d'ailleurs regretté le lendemain, bien sûr. Lorsque mes amis m'ont ouvert, nous avons continué à regarder tous ensemble cet extraordinaire spectacle. Les deux cigares plantés ou posés sur le sol me paraissaient avoir une hauteur de 1,50 m sur un diamètre de 50 cm. Ils ne bougeaient absolument pas et émettaient une lumière constante et me semblaient plus lumineux que les autres. Leurs formes me paraissaient plus rectangulaires que rondes. Pendant ce temps, les autres objets continuaient leur incessant va-et-vient. Nous regardions, mes amis et moi, médusés, installés dans la caravane, les fenêtres ouvertes. Puis, comme la première fois, d'un coup, tout a disparu, comme une lumière qui s'éteint. L'ensemble de l'observation a duré près de 40 minutes.

Personne ne s'est rendu sur les lieux où les deux objets ont été vus ni le lendemain ni les jours suivants. C'est bien dommage; on aurait pu y trouver des traces intéressantes. Cela n'est pas certain, cependant, car on ignore si ces masses lumineuses touchaient effectivement le sol.

Comment peut-on interpréter ce genre de phénomène?

Il est difficile de le dire car on ignore à quoi le rattacher. Qui plus est, ces lueurs semblaient n'avoir aucun support matériel; pendant toute l'observation, elles ont gardé cet aspect évanescent et leurs exhibitions font plus penser à un vol d'insectes qu'à celui d'engins pilotés avec la volonté consciente d'exécuter une mission précise. Cette constatation se retrouve assez souvent, d'ailleurs, pour cette catégorie d'apparitions.

Cette observation peut être rapprochée d'une seconde qui, elle aussi, est pratiquement inconnue du public. Elle n'a donné lieu, à ma connaissance, qu'à un court entrefilet dans la presse, ce qui explique les difficultés que l'on rencontre pour obtenir des informations la concernant. Cela n'a rien d'étonnant puisque ce cas fait intervenir, en plus des principaux témoins, des militaires de garde. L'affaire s'est déroulée dans le Toulois.

Mme D., à qui l'on doit l'observation de la Meuse, précise que celle-ci a duré près de 40 minutes. Selon ses dires, c'est aux environs de 2 h 30 qu'elle est sortie de sa tente; les objets auraient donc disparu après 3 h 10. A moins d'une centaine de kilomètres de là, à 3 h 45, un militaire de garde dans un dépôt de munitions de la région de Toul notait sur son registre les faits suivants : « Feuillet 47, journée du 31 juillet 1976, nuit du 31 juillet 1976 au 1er août 1976, à 3 h 45, appel du poste 3 me signalant des effets de lumières lui semblant se rapprocher. » Des effets de lumières peuvent avoir des milliers de causes différentes ne faisant pas intervenir nécessairement les O.V.N.I. Ici, pourtant, comme on va le constater en lisant le long rapport qui a été rédigé sur cette affaire, il paraît difficile de fournir une explication rationnelle. Pour le lecteur de la presse locale, cependant, cette information revêt les apparences du secret. Voici comment elle a été publiée dans la rubrique régionale de *l'Est Républicain* :

O.V.N.I. dans le ciel toulois?

Toul – En dépit de la grande discrétion observée par les principaux intéressés, il semble que les O.V.N.I. aient fait leur apparition à deux reprises dans le ciel de Choloy-Ménillot, près de Toul (54). Une première fois dimanche soir, 1er août 1976, vers 23 h; le lendemain, trois quarts d'heure plus tôt. Les témoins, deux jeunes gens, puis leurs parents, ont raconté avoir vu deux engins de forme ronde entourés d'un halo de lumière et dont l'un clignotait. Les gendarmes qui ont été avertis observent à ce sujet une certaine discrétion, en attendant les premières conclusions de leur enquête.

On le voit, l'information est maigre et l'on aimerait bien en savoir plus. Mais les lecteurs sont restés sur leur faim car aucun article n'est venu compléter cet entrefilet. L'enquête de gendarmerie va cependant nous fournir quelques renseignements supplémentaires :
Le 3 août 1976 à 16 h, M. R. Georges, 46 ans, gérant du magasin « La Source » à Foug (54), est amené à effectuer une livraison chez un ménage de l'unité de gendarmerie. Durant les conversations qui suivent, il nous fait connaître que les membres de la famille B. André, d'Écouvres (54), ont, au cours des nuits du 1er au 2 et du 2 au 3 août 1976, aperçu des objets lumineux dans le ciel à Choloy-Ménillot (54). M. R. étant connu favorablement de nos services, nous prenons au sérieux ses paroles et nous nous rendons aux fonderies de Pont-à-Mousson à Foug où travaillent M. B. André et son fils Michel, témoins des faits.
Les diverses évolutions de ces objets lumineux ont été constatées devant l'habitation de M. G. Jean sise au numéro 17 de la rue du Guet à Choloy-Ménillot (54).

Constatations et mesures.
La première nuit, deux personnes ont assisté au fait. Il s'agit de M. B. Michel et de sa fiancée Mlle G. Roxanne. Vers 23 h, ces deux jeunes gens étaient assis dans une voiture particulière devant la maison de M. G. L'évolution de l'objet ayant lieu devant eux, ils se sont alors rapprochés avec leur véhicule. Il leur a semblé que l'engin se posait, car il est resté à la même place jusqu'à 1 h 30, moment où il a quitté sa position pour disparaître sur la droite dans la direction de Vaucouleurs (Meuse). Lorsque l'appareil s'est éloigné, le poste auto-radio qui fonctionnait dans l'automo-

bile a eu le son interrompu et un sifflement mystérieux l'a remplacé sur les ondes jusqu'à ce que l'objet ait disparu complètement. Nous nous rendons ensuite dans la zone indiquée par les deux témoins. Nos recherches n'amènent aucune découverte, aussi bien sur le sol que sur les arbres, qui laisserait supposer qu'effectivement l'objet lumineux s'est posé. Toutefois, il nous semble impossible qu'un engin, même de petite taille, ait pu se poser dans la surface indiquée, car la forêt est très épaisse à cet endroit. D'autres apparitions ont été constatées par les membres des familles de ces deux jeunes gens dans la nuit du 2 au 3 août 1976, vers 22 h 30 et toujours dans la même direction, ainsi que depuis le devant du domicile de M. G.
Aucun bruit n'a été entendu à chaque évolution de ces engins lumineux, ce qui exclut donc la possibilité de vols d'avions dans la région touloise où deux bases aériennes sont implantées. Nous nous renseignons auprès des bases aériennes précitées afin de vérifier si les radars ont capté des engins inconnus dans les nuits énoncées précédemment. Les réponses sont négatives. Le fort de Domgermain (54), qui sert de dépôt à munitions, étant placé sous la surveillance de militaires, nous prenons contact avec l'adjudant-chef G., responsable de cette fortification. Ce gradé nous apprend qu'effectivement des effets lumineux ont été constatés par ses hommes le 1er août 1976 à 3 h 45 et le 3 août 1976 à 21 h 45. Ces renseignements sont portés sur le cahier registre d'événements du dépôt de munitions à Domgermain sur lequel nous constatons les reports suivants :
Feuillet 47, journée du 31 juillet 1976, nuit du 31 juillet au 1er août 1976, à 3 h 45 : appel du poste 3 me signalant des effets de lumière rouge, jaune et d'une couleur qu'il ne peut déterminer. Ces

effets de lumière lui semblent se rapprocher. Feuillet 50, journée du 3 août 1976, 21 h 45, retour du chef de poste : vu après Toul une grande lumière jaune avec des lumières rouge et verte de chaque côté poste 1. Ces effets lumineux ont été constatés depuis le fort dans la direction nord-est entre la côte Barine et celle du mont Saint-Michel.

Déclaration de M. B. Michel, 21 ans, mouleur, demeurant à Toul (54200) :
Dimanche 1er août 1976, vers 23 h, je me trouvais dans mon véhicule Ami-6 en compagnie de ma fiancée G. Roxanne. Ma voiture était stationnée dans un chemin communal, l'avant dans la direction du fort de Domgermain. A cette heure j'ai vu un engin qui clignotait de plusieurs lumières longer le bois qui se trouvait en face de nous. Cet objet de forme ronde s'est, semble-t-il, déposé dans le bois. Là, nous avons vu clignoter des couleurs jaune, orange et rouge. Il est resté à son emplacement jusqu'à 1 h 30. J'ai vu repartir l'engin vers la droite. Il a éclairé toute la forêt. Le poste à transistors qui est dans ma voiture et qui fonctionnait a eu au même moment le son coupé. J'ai entendu un sifflement dans l'appareil. Ensuite, je n'ai plus rien vu. D'ailleurs, ma fiancée, qui était avec moi, a également aperçu cet objet et vous confirmera ma déclaration.
Hier, 2 août 1976, j'ai appris cet état de choses à mes parents et le soir, vers 21 h 30, je me suis rendu chez ma fiancée à Choloy-Ménillot en compagnie de mon père et de ma mère. A 22 h 35, je suis sorti en compagnie de mes deux futurs beaux-frères âgés respectivement de 11 et 10 ans. Nous avons vu de nouveau un engin dans le ciel, identique à celui de la veille, et qui émettait une couleur de plus dans les clignotements : le vert.

Cet objet a disparu par-derrière le fort et à grande vitesse. Ensuite, toutes les deux familles étant rassemblées, nous avons vu un nouvel engin de couleur blanche qui s'est éteint tout doucement et il a disparu. Ensuite, nous n'avons plus rien vu.
S.I. Aucun être n'a été aperçu, aucun bruit n'a pu être entendu à part celui fait dans le poste à transistors dimanche soir. Je signale que, lors des trois apparitions, les objets avaient tous la même taille, environ la grosseur d'un gros bol ayant un diamètre de 15 cm. Je ne peux rien ajouter d'autre.

Déclaration de G. Roxanne, 17 ans, lycéenne, demeurant à Choloy-Ménillot.
Le 1er août 1976, j'étais avec mon fiancé devant notre domicile. Nous étions dans la voiture lorsque, vers 23 h 20, mon fiancé Michel a aperçu une boule de feu de couleurs variées telles que le jaune, l'orange, le blanc, qui tournaient et qui clignotaient. A ce moment, j'ai également remarqué cette étrange chose qui était petite. Presque aussitôt, ce fait a disparu et nous a laissés perplexes. Environ deux minutes plus tard, cet objet volant est réapparu. Il est descendu à la verticale dans les bois. Durant tout ce temps, l'autoradio du véhicule fonctionnait normalement. Mon fiancé a alors desserré le frein à main du véhicule pour le laisser descendre plus bas et plus près de l'engin. Évidemment, il n'a pas mis son moteur en marche ni allumé ses phares. A ce nouvel endroit, nous sommes restés à peu près un quart d'heure et nous n'avons rien remarqué. Nous sommes alors revenus à notre point initial. A cet endroit, l'engin volant nous réapparut. Il montait et descendait à une vitesse très rapide. A 1 h 30, mon fiancé a remarqué comme un éclair immense qui éclairait le bois et me l'a fait remarquer aussi.

Personnellement, j'ai vu l'éclair sous une surface moindre. Je précise que, également, c'est à cet instant que l'auto-radio a émis un sifflement mystérieux et prolongé qui a brouillé l'émission. Cet engin volant est monté verticalement et s'est dirigé à droite de notre position. Lorsque cet objet fut totalement hors de notre vue, l'auto-radio a fonctionné de nouveau correctement. Le lendemain matin, j'ai prévenu mes parents de ces faits. Le lundi soir, c'est-à-dire le 2 août 1976, alors que je me trouvais dans notre domicile avec mes parents et futurs beaux-parents, mon fiancé et mes deux petits frères qui étaient à l'extérieur nous ont appelés pour nous signaler une nouvelle apparition dans le ciel. A 22 h 25, alors que les deux familles étaient dehors, nous avons remarqué un engin blanc qui circulait tout doucement en sens opposé à cet appareil. Un second engin est arrivé. Ce deuxième engin était de nuances tirant plus particulièrement sur l'orange et il clignotait. Ensuite, nous n'avons plus rien vu.
S.I. Nous étions à environ 1 km à vol d'oiseau de ces appareils quand ces deux derniers étaient, comme je le suppose, à ras du sol. Les deux soirs de ces apparitions, nous n'avons entendu aucun bruit sourd ni particulier. Je signale également que l'engin aperçu dimanche soir 1er août 1976 paraissait plus gros que les deux objets vus lundi soir 2 août 1976. Je n'ai rien d'autre à ajouter ou à préciser sur cette affaire.

Déclaration de D. Pierre, 20 ans, militaire de carrière au 8e R.A. à Commercy (Meuse).
Je suis engagé volontaire au 8e régiment d'artillerie de Commercy (55). J'ai le grade de maréchal des logis et, depuis vendredi 30 juillet 1976 à 8 h 30, je suis de garde au fort Domgermain (54).

J'ai sous mes ordres deux brigadiers-chefs et treize hommes du rang.
Le 1er août 1976 à 3 h 45, j'ai été appelé par le poste n° 3 tenu par le canonnier Eudeline qui me signalait des effets lumineux rouge, jaune et de couleurs qu'il ne pouvait déterminer. Ces effets de lumières lui semblaient se rapprocher. Je me suis immédiatement rendu à son mirador et là, j'ai constaté qu'effectivement des effets de lumière jaune se produisaient sur une longueur de 3 à 4 cm pour moi. J'avais l'impression que cela était un lampadaire. De retour au poste, j'ai pensé à regarder ma carte et là, j'ai vu que les lumières apparaissaient entre la côte Barine et le mont Saint-Michel. Lorsque je regardais ces lumières, je n'ai entendu aucun bruit et elles se sont interrompues vers 4 h. Je n'avais pas l'impression que ces lumières se déplaçaient. Depuis cette nuit-là les effets lumineux ont été vus toutes les nuits, sauf hier au soir.
Avant-hier au soir à 21 h 45, le poste 1 m'a signalé qu'une grande lumière jaune était apparente dans la direction de Toul, et que, de chaque côté, se trouvaient des lumières rouge et verte. Elles étaient même alignées. J'ai vu ces dernières qui sont restées apparentes une bonne partie de la nuit. Elles se trouvaient sur une longueur de 2 à 3 cm. Là aussi, aucun bruit n'était perçu et j'avais l'impression que cela se passait à une dizaine de kilomètres. Je signale que, dans cette nuit, la lumière jaune a diminué de volume et elle est devenue orange. Je n'ai rien d'autre à ajouter.

Les militaires de garde ont signalé que les lueurs étaient également apparues dans la soirée du 3 août 1976. Ce même jour, une nouvelle fois en plein cœur de Nancy, vers 7 h 30 du matin, un phénomène lumineux attira l'attention d'un ingénieur en retraite. Selon M. Delaunay, ancien observateur aérien dans l'artillerie, pour qui l'observation est donc une seconde nature, son épouse et lui-même ont vu une lumière argentée fort brillante et éblouissante de forme ovale et très large, à gauche de laquelle on pouvait percevoir l'amorce d'un arc-en-ciel. Ce phénomène, qu'il situe à l'horizon en direction de Tomblaine, a disparu ensuite comme il était apparu : subitement. Cependant, M. Delaunay et son épouse ressentirent pendant une dizaine de minutes les effets de cet éblouissement.

Sa couleur était celle de l'aluminium.

Quelques heures plus tard, dans les Vosges, à Anglemont, plusieurs personnes signalèrent à la gendarmerie le vol d'un objet ressemblant à une « soucoupe ».

Le 3 août 1976, à 17 h, en service à Anglemont, nous sommes avisés par plusieurs personnes qu'elles viennent d'être témoins du déplacement d'un objet volant comparable à une soucoupe, laquelle se déplaçait à faible allure au-dessus du village de Doncières (88), distant de quelques kilomètres. Suite à ces renseignements, nous invitons l'un des témoins à nous fournir des détails précis et procédons à une enquête.

Déclaration de M. Robert, 25 ans, demeurant à Anglemont :
Le 3 août 1976, alors que j'étais occupé à travailler dans un champ à proximité du chemin départemental 435, sur le territoire de la commune d'Anglemont, mon attention a été attirée par un objet volant se déplaçant au-dessus du village de Doncières. Les faits se sont déroulés vers 11 h 45

et je me trouvais en compagnie de plusieurs personnes de la localité.

L'appareil était de forme cylindrique et avait les deux extrémités légèrement pointues. Sa couleur était celle de l'aluminium et brillait constamment, ceci en raison du soleil. Lorsque j'ai vu cet engin, je me trouvais à une distance d'environ 5 à 6 km. Il semblait avoir une assez grande longueur comprise entre 1,50 et 3 m, le diamètre étant de 1 m environ. Le déplacement de cet appareil était très lent, l'appareil semblait même flotter lors de son déplacement, pouvant se situer à une hauteur que j'estime entre 400 et 500 m. J'ai vu cet engin durant 30 minutes environ, puis il a disparu à l'horizon. Je ne peux pas vous fournir de renseignements plus précis relatifs à cette affaire. C'est la première fois que je suis témoin d'un tel spectacle. Je n'ai rien d'autre à ajouter.

Une sorte de boule rouge.

Un répit allait s'installer jusqu'au 7 août. La vague d'observations en Lorraine touchait à sa fin. On se souvient que c'est la région des Vosges qui enregistra en avril les premières manifestations d'O.V.N.I. La boucle allait se refermer puisque c'est dans cette région de Lorraine que s'est achevée cette mini-vague.

La déclaration qui suit est le récit fidèle de la rencontre d'un habitant d'un petit village vosgien avec une impressionnante boule de lumière alors qu'il circulait en voiture dans la nuit du 7 au 8 août 1976.

L'émotion de M. B. Roger, 51 ans, menuisier à Uriménil dans les Vosges, me semble transparaître clairement au travers du récit de son aventure qu'il m'a fait quelques jours plus tard.

Cela s'est produit dans la nuit du vendredi 7 au samedi 8 août 1976 et, plus précisément, entre 3 h et 3 h 30. Je sortais de chez des amis avec lesquels j'avais joué aux cartes. Je roulais sur la route qui mène à la maison quand, soudain, j'ai vu une sorte de boule rouge que j'ai pris d'abord pour la lune. Arrivé dans la ligne droite des Quatre-Vents, j'ai vu un phénomène curieux loin et haut dans le ciel. Il me donnait l'impression de planer, et ce rond, ou cet objet, était de couleur rouge. Tout d'un coup, j'ai vu ce phénomène pratiquement devant mes yeux, à une hauteur certainement très basse car j'ai immédiatement freiné pour ne pas rentrer dedans. L'objet n'était pas posé sur la route, mais il me semblait, pour autant que la lueur aveuglante m'a permis de l'évaluer, à une dizaine de mètres de hauteur. Il est très difficile de donner une distance, mais, à mon avis, ce n'était pas haut. J'avais l'impression de ne pas pouvoir passer dessous. C'était parfaitement rond et tout rouge.
L'objet émettait une lumière très vive, rouge, sans pulsation. Le diamètre de cette boule était au moins de 2,50 m. Elle m'a donné l'impression, lorsque je la regardais, de la voir osciller légèrement. Je me demande s'il n'y avait pas une face éclairée et l'autre obscure.
Lorsque cette boule a surgi devant moi, j'ai tenté de chercher un passage et, presque aussitôt, j'ai reculé, car il n'était pas question de pouvoir passer. La route ne fait pas plus de 3 m de large et je ne pouvais pas franchir cette barrière de lumière qui, littéralement, obstruait le passage. J'ai donc reculé d'une vingtaine de mètres. Je ne peux pas dire à combien de mètres j'ai été au plus près de l'objet. Je n'ai pas de points de repère et ne connaissant pas le diamètre réel de l'engin ni de quoi il s'agissait réellement, il m'est impossible

de donner une approximation de cette distance. Ce qui m'a surtout forcé à m'arrêter, c'est la lumière qui m'éblouissait littéralement. Il m'était impossible de continuer à avancer, face à cette lumière incandescente. Je n'ai pas eu de sensation de chaleur et mon moteur a continué de tourner très normalement pendant toute cette observation. On m'a d'ailleurs posé la question plusieurs fois à ce sujet. La radio ne fonctionnait pas à ce moment-là, et je n'ai pas eu la présence d'esprit de l'allumer. Après avoir reculé et m'être arrêté à proximité d'une petite maison, j'ai regardé encore cette boule pendant quelques minutes. J'aurais bien essayé d'alerter les propriétaires de la maison, mais il n'y avait personne et, plus tard, j'ai appris que ces gens étaient partis en vacances. A ce moment-là, je me suis dit que si j'étais seul à raconter mon histoire, on ne voudrait pas me croire. C'est alors que j'ai décidé de repartir à Épinal pour alerter le commissariat, distant d'une douzaine de kilomètres. J'ai roulé très vite vers Épinal et, un quart d'heure à vingt minutes plus tard, je revenais accompagné d'agents du commissariat d'Épinal. La boule était encore là et tout le monde a pu la voir. Elle avait changé de place et se trouvait un peu plus loin de l'endroit où je l'avais laissée. Ce n'était plus la même vision. Les agents ont pu constater que je leur avais dit la vérité puisque eux-mêmes pouvaient à leur tour voir la boule qui, cette fois, se trouvait dans le ciel. Elle avançait à petite vitesse et les agents l'ont vue à nouveau sur le chemin du retour. Il n'est pas question de confondre cette boule avec un quelconque ballon, à mon avis, et encore moins avec la foudre. Je suis affirmatif sur ce point. La première chose que j'ai faite lorsque je suis arrivé chez moi, ça a été de raconter par téléphone aux amis que je venais de quitter l'aventure qui venait de se produire. Chose étonnante; mes amis s'apprêtaient également à m'appeler pour me raconter qu'ils venaient de voir la même chose à quelques minutes d'intervalle. Je peux vous préciser que lorsque j'ai raconté mon histoire à mon épouse, j'étais, paraît-il, blanc comme un linge et je tremblais de tous mes membres. Ma femme a eu peur que je sois victime d'un malaise cardiaque. Enfin, après cette observation, j'ai gardé pendant quelques heures les yeux rouges, comme si j'avais une irritation autour des paupières. Je n'ai jamais eu si peur de ma vie, et pourtant, j'ai fait la guerre !

J'ai pu obtenir la confirmation des agents alertés par M. B. qui ont mentionné leur intervention dans le procès-verbal suivant :

Le brigadier B. Michel et les sous-brigadiers C. Jean-Claude et D. André à M. le Commissaire de police, chef de la circonscription de police.
Objet : O.V.N.I.
Identité : B. Roger, demeurant à Uriménil.
Nous avons l'honneur de vous rendre compte des faits suivants :
Ce jour, à 3 h 15, se présente M. B. Roger, lequel nous déclare :
Je venais de chez moi pour me diriger vers Épinal par les Quatre-Vents; en bas de la côte, j'ai vu un objet non identifié devant mon véhicule au ras de la route, j'ai pris peur et j'ai effectué une marche arrière sur deux cents mètres. C'était une boule rouge d'un diamètre d'environ 1,50 m. Je ne peux préciser exactement à quelle distance je me trouvais de l'objet, mais je peux préciser qu'il se déplaçait lentement. Je suis venu immédiatement vous prévenir.
Rendus immédiatement sur la route des Quatre-Vents, nous avons effectivement constaté à deux

reprises en montant vers l'auberge la présence d'une boule rouge orangé, ressemblant à un coucher de soleil, longeant la montagne.
Au retour, à deux cents mètres de l'auberge, nous avons vu l'objet une trentaine de secondes à moitié caché par la forêt. Ensuite, nous avons perdu de vue cet objet.
Rapport transmis à titre de compte rendu.
Le brigadier (signature de celui-ci).

Comme le soleil couchant.

La journée du 8 août s'acheva et ce fut la ville de Saint-Dié qui enregistra le dernier O.V.N.I. connu ayant survolé, pour cette période de 1976, le ciel lorrain. On se souvient que le premier objet signalé l'avait été également à Saint-Dié le 10 avril 1976. C'est *La Liberté de l'Est,* journal des Vosges, qui nous fournit cette dernière information :

Saint-Dié. – Un objet volant non identifié a été aperçu, samedi 8 août 1976 au soir vers 20 h 15, par deux personnes qui devisaient place de Lorraine à Saint-Dié.
Deux chauffeurs de cars, Mme Christiane Aubry et M. Jacky Morel, parlaient métier après avoir fini leur journée. Soudain Mme Aubry vit une chose insolite apparaître dans le ciel.
« Regardez cette boule rouge », dit-elle à son collègue, qui, lui aussi, fut très surpris de ce qu'il voyait également distinctement.
C'était une boule rouge « comme le soleil couchant » qui se déplaçait très rapidement sur une ligne approximative, du côté du Sapin-Sec, entre la Vanne-de-Pierre et Robache.
Les deux témoins, qui regardaient de tous leurs yeux, eurent l'impression, disent-ils, que « quelque chose de blanc se détachait de la boule

et tombait à la verticale, mais tout a disparu très vite ».

Quittons la Lorraine afin de reprendre la lecture des rapports qui ont été rédigés pour l'ensemble du territoire français au cours de cette année 1976.

Une boule incandescente de deux mètres qui fait du bruit.

Déclaration de M. S. François, âgé de 24 ans, agriculteur, demeurant au lieu-dit Malakoff :
Ce jour, 19 août 1976, vers 6 h 30, je me trouvais dans ma chambre en compagnie de ma femme et de ma fille âgée de 10 mois. Tout à coup, j'ai entendu du bruit. On aurait dit un camion diesel émettant un fort bruit de ferraille. Cela venait de la direction du chemin qui conduit à la ferme. Ma femme s'est levée et s'est mise à pousser des cris. Je me suis aperçu qu'une lueur de grande intensité pénétrait dans la chambre par la fenêtre.
Je me suis également levé et j'ai vu que c'était une grosse boule d'un diamètre approximatif de deux mètres ayant l'air de tourner sur elle-même et qui était la cause de tout cela. Elle se déplaçait à, peut-être, deux mètres au-dessus des rangs de vigne, parallèlement à notre chemin qui mène à notre maison, et venait droit sur nous. J'estime qu'elle pouvait se déplacer à 30 km/h environ. Le centre de cette boule était moins lumineux que le pourtour. La lumière produite était très forte et je ne connais rien de comparable. Je dois dire qu'elle n'éblouissait pas les yeux et cela m'a beaucoup étonné du fait de l'intensité émise. Devant la fenêtre de notre chambre, il y a une haie de lauriers de hauteur d'homme et je pouvais voir parfaitement la boule comme si la haie n'avait pas

existé. Soudainement, elle a disparu sans que je puisse remarquer la direction prise. La disparition a été instantanée et le bruit a cessé en même temps. Il me semble avoir vu la boule pendant au moins trente secondes. Nous possédons un poulailler de poules pondeuses; ces dernières ont été apeurées pendant au moins quinze minutes par la suite. La dernière fois que je les ai vues aussi effrayées remonte à au moins deux ans, lors d'une tornade. Par contre, les chiens n'ont pas aboyé, mais ils avaient l'allure de bêtes que l'on vient de battre. En compagnie de mes parents, je suis allé sur les lieux de l'apparition, nous n'avons relevé aucune trace. Bien qu'il y ait plusieurs lignes à haute tension qui passent à proximité de la maison, je ne pense pas que ces faits soient dus à l'électricité. Je rappelle que cette boule émettait une lueur très intense et produisait un bruit phénoménal. D'ailleurs, le bruit a été entendu dans les hameaux environnants.

Déclaration de R. Marie-Joseph, épouse S. âgée de 20 ans, demeurant au lieu-dit Malakoff.
Ce jour 19 août 1976, vers 6 h 30, je m'étais levée pour donner à manger à ma fille. Je me trouvais dans ma chambre en compagnie de mon mari. Soudainement, j'ai vu une lueur anormale pénétrer dans la chambre et entendu un bruit immense. J'ai eu l'impression qu'il s'agissait d'un camion très bruyant qui venait à la ferme. Je me suis précipitée à la fenêtre et j'ai vu une boule lumineuse venir en direction de notre maison. J'ai eu très peur et je me suis mise à crier. Mon mari s'est levé. La boule avait un diamètre de deux mètres environ; elle tournait sur elle-même et émettait une luminosité très intense. Je ne peux pas estimer la vitesse à laquelle elle se déplaçait. J'ai été très surprise car je pouvais la regarder

sans être aveuglée. Ce phénomène a duré environ 30 secondes et la boule et le bruit ont disparu instantanément. Je n'ai pas remarqué ou vu la direction prise par cette boule. Lorsque les faits se sont produits, il faisait jour et cette boule éclairait bien plus que la lumière solaire. Par la suite, nous nous sommes rendus sur les lieux où nous l'avions vue, mais nous n'avons rien remarqué d'anormal. Je peux vous dire que les poules de notre poulailler ont été apeurées. Par contre, les chiens n'ont pas aboyé et ils avaient l'air malheureux comme s'ils venaient de se faire corriger.

Déclaration de R. Jean, manutentionnaire, 48 ans, demeurant à Vernouillet (28).
Je loge actuellement chez M. S. A 6 h 30, le 19 août 1976, j'ai été réveillé par un bruit anormal qui ressemblait à un bruit très fort de moteur. Par la suite, j'ai entendu mes cousins S. qui discutaient. Je me suis levé et ils m'ont raconté ce qui était arrivé.

Déclaration de M. B. Jean, âgé de 46 ans, demeurant commune de Birac (16), ouvrier agricole.
Ce matin, j'ai été réveillé vers 6 h 30 par un bruit anormal tel un grondement. Il était très fort. Il venait de la direction du lieu-dit Malakoff. Je l'ai entendu pendant quelques secondes, mais je ne peux vous donner de renseignements complémentaires.

Tout semble indiquer qu'un incident anormal s'est produit près de la ferme de M. S. François. Sa femme effrayée, les poules apeurées, pendant 15 mn, le manutentionnaire et l'ouvrier agricole qui ont entendu le bruit... C'est justement ce bruit, assez rare dans les observations, qui permet, pour

une fois, de réunir un nombre de témoins supérieur à deux !!!
Des *Dernières Nouvelles d'Alsace* : un O.V.N.I. aux formes changeantes.

Strasbourg. – Plusieurs personnes, dont deux gendarmes, ont aperçu un objet volant non identifié (O.V.N.I.), qui a survolé la région de Bouxwiller (Bas-Rhin) dans la nuit de samedi 21 au dimanche 22 août 1976.
Deux jeunes automobilistes ont affirmé que, vers 1 h, un objet, entouré d'anneaux multicolores, s'est approché de leur voiture, à quatre ou cinq mètres du sol, et les a suivis lorsqu'ils ont fait demi-tour. Se déplaçant silencieusement, ajoutent-ils, l'O.V.N.I. changeait de forme, variant de « l'œuf » au « cigare allongé », et devenait éblouissant.
Selon le rapport de deux gendarmes de Bouxwiller, alertés par les jeunes gens, « des jets lumineux » s'échappaient de l'objet, de forme triangulaire, lorsqu'il se déplaçait. Les gendarmes ont observé l'O.V.N.I. à la jumelle à partir de 4 h du matin.
Enfin, on indique à la gendarmerie de Saverne (Bas-Rhin) que des habitants de la région ont également aperçu l'O.V.N.I. avant qu'il ne disparaisse avec le lever du jour vers 6 h du matin.

J'ai entendu un bruit de moteur électrique très aigu.

Déclaration de M. B. Christian, 22 ans, cuisinier, domicilié à Saint-Geniès-des-Mourgues (34) : Je suis employé en qualité de cuisinier à l'hôtel-restaurant « La Camargue » à Aigues-Mortes. Je termine mon service à peu près tous les soirs aux environs de 23 h.

Le lundi 23 août 1976, vers 23 h, j'ai terminé mon service et je suis parti sur mon cyclomoteur pour rejoindre mon domicile se trouvant à Saint-Geniès-des-Mourgues (Hérault). J'ai emprunté la route en direction de Saint-Geniès via Lunel et Lunel-Viel. Il pouvait être environ 23 h 30 lorsque, me trouvant à ce moment-là entre le village de Lunel-Viel et de Saint- Geniès, mon attention a été attirée par un objet lumineux qui se déplaçait à mon avis aux environs du mas de Missargues.
S.I. Je ne voyais qu'une lumière rouge vif qui se déplaçait sur ma droite et dans la direction sud-ouest. Ayant déjà aperçu des phénomènes de ce genre aux environs de Castries (34), et n'en ayant jamais fait la déclaration aux services officiels par peur du ridicule, je n'ai pas été troublé par cette constatation.
Arrivé à mon domicile à Saint-Geniès, j'ai mis ma machine à laver en route afin de trouver le lendemain mon linge lavé.
S.I. Je fais cela plusieurs fois par semaine et le matin il ne me reste plus qu'à étendre le linge propre dont je fais une importante consommation eu égard à ma profession de cuisinier, et aussi parce que le prix du courant est inférieur à partir de 22 h.
Ma machine était en train de tourner lorsque j'ai entendu distinctement un bruit de moteur électrique très aigu, mais qui n'oppressait pas les oreilles. J'ai tout de suite pensé que ma machine à laver avait des difficultés. J'ai donc arrêté celle-ci et j'ai constaté que le bruit entendu continuait. Il provenait de l'extérieur. J'ai ouvert la porte et, alors que je me trouvais devant la maison, j'ai constaté la présence d'un objet lumineux d'une forme ovoïde qui se dirigeait vers le nord-ouest en passant entre ma maison et la voie ferrée qui existe à cet endroit. Cet objet, qui se trouvait

approximativement à une quinzaine de mètres de moi, émettait sur son pourtour une lumière rouge qui me semblait tourner rapidement. De chaque côté, dans le sens de la largeur, j'ai aperçu nettement deux phares blancs qui émettaient une lumière blanche avec une alternance de l'intensité.

S.I. J'évalue à 15 mètres environ la longueur de cet engin qui faisait toujours le bruit d'un moteur électrique que j'avais entendu dans la maison.

Le dessous de l'appareil m'a semblé de couleur grise avec au centre un endroit de couleur plus foncée que j'assimile à une plaque de sortie. Cet engin se déplaçait à ce moment à la vitesse d'un homme qui marche et j'ai emprunté le chemin situé sur ma gauche et vers lequel se dirigeait l'engin. Après avoir parcouru 80 mètres environ, l'engin s'est stabilisé 10 secondes environ. Il est monté d'un coup sec à une cinquantaine de mètres puis, prenant le cap sud-ouest, il s'est élevé cette fois à une vitesse importante que j'évalue à cinq à six fois celle d'un avion de type à réaction et a disparu de ma vue en empruntant une trajectoire de 25° environ.

S.I. Pendant que je me trouvais le plus près de cet appareil, je n'ai enregistré aucune manifestation de chaleur ou de déplacement d'air.

Je vous ai déclaré que lorsque cet appareil est parti rapidement, il amorçait une certaine trajectoire. Je vous précise également qu'il a disparu de ma vue à une distance que j'évalue à 200 mètres environ et qu'il m'a semblé, alors qu'il était en oblique, qu'une tige émergeait du dessus de l'appareil.

S.I. Les faits que je viens de vous relater se sont produits lundi soir. Mardi matin, en me rendant à mon travail, toujours avec ma mobylette, je suis repassé par le chemin de la veille et au-dessus duquel avait tourné l'engin. Je n'ai constaté aucune modification tant du sol que de la végétation. Je vous précise également, comme je l'ai fait précédemment, que, compte tenu de mon travail, je suis amené à finir celui-ci fort tard tous les jours et que, circulant de nuit dans cette région, j'ai été plusieurs fois témoin de la circulation de sources lumineuses, mais qui étaient de loin moins importantes que celles constatées lundi soir. C'est tout ce que j'ai à déclarer sur cette affaire.

Encore un bruit de moteur électrique.

Déclaration de M. C. Ernest, 24 ans, restaurateur, domicilié à Montpellier.
Le 31 août 1976, à 22 h 20, me trouvant chez Mlle C., chemin de Moularès au Belvédère, j'ai été avisé par celle-ci d'une lumière blanche dans le ciel. Cette lumière a ensuite viré au rouge. Alors qu'elle m'appelait, je me suis rendu sur le balcon. Là, j'ai vu une lumière blanche fixe. Est apparu de suite un faisceau. Le temps d'aller chercher l'appareil photo et de revenir sur le balcon, un second faisceau était apparu juste à côté du premier. Je dois préciser que, dans l'espace, l'engin se déplaçait d'une allure régulière. J'ai eu l'impression qu'il s'agissait d'un véhicule d'exploration. A ce moment-là, j'ai pris un cliché qui représentait, me semble-t-il, l'avant de l'O.V.N.I. Jusqu'à cet instant, je n'ai entendu aucun bruit. L'O.V.N.I. se trouvait à 50 mètres du sol et à la même distance de moi. A ce moment, j'ai distingué l'arrière de l'engin qui ressemblait à l'arrière d'un fuselage d'avion, sans les ailerons. Il y avait sur cette partie, en haut, une lumière bleue et sur la partie basse extrême de l'arrière une lumière verte. L'O.V.N.I. est alors passé derrière

le bâtiment et a disparu de ma visibilité. Je suis alors allé dans la salle de bains qui donne sur le côté de ce bâtiment. J'ai entendu à ce moment-là un bruit de moteur électrique très court. Aussitôt, en un éclair, l'O.V.N.I. a disparu. Je suis descendu à l'extérieur pour regarder le ciel, mais rien n'était visible.
Nous sommes allés au *Midi libre*, qui a téléphoné à l'aérodrome local où aucun trafic n'était signalé. Je possède un négatif couleur qui représente les faisceaux partie avant de l'engin. Mlle C. ici présente confirme ma déposition.

En parcourant les rapports, j'ai lu à plusieurs reprises que les témoins avaient réussi à photographier le phénomène observé. J'ai compulsé plus de deux cents dossiers et, pour une dizaine au moins, on mentionnait l'existence de photos. A part un ou deux, je n'ai jamais vu ces clichés joints au rapport d'observation. Les témoins les conservent jalousement, pensant peut-être en tirer un quelconque profit. La photo d'O.V.N.I. étant, par essence, suspecte ou, tout au moins, d'une lecture difficile, je défie quiconque de trouver de nos jours un généreux acquéreur. Aussi, de nombreux documents, qui attendent on ne sait quel heureux événement, s'entassent dans les tiroirs pendant que la science refuse de les prendre en considération, faute de preuves de leur authenticité !

Mon regard a été attiré par une chose lumineuse.

Déclaration de M. P. Jean-Marie, 27 ans, maquettiste, demeurant, commune de Montamisé (Vienne).
Le 8 septembre 1976, à 20 h 50 exactement, je revenais de la forêt de Moulières et, avant de

pénétrer chez moi, mon regard a été attiré par une chose lumineuse que j'ai d'abord prise pour la lune entre deux nuages. En fait, je me suis aperçu que cette dernière était plus haute. J'ai regardé cette chose lumineuse avec plus d'attention. Celle-ci était de forme ovoïde couleur jaune-vert pâle, très terne. Elle était située au nord-est, sensiblement au cœur de la forêt de Moulières. Cet O.V.N.I. était de contours très nets, sans halo de lumière autour. Il se déplaçait très faiblement vers l'est en laissant derrière lui une fine traînée de couleur jaune pâle. Cet O.V.N.I. se situait à la hauteur des arbres. Deux minutes après le début de l'apparition, cet O.V.N.I. a changé de couleur. Il s'est mis à briller intensément, à peu près comme une ampoule de 100 W située à deux ou trois mètres de l'œil. Cette lumière est devenue très intense et blanche. A ce moment, l'objet s'est immobilisé après s'être placé horizontalement. A cet instant, j'ai appelé ma femme qui a constaté comme moi le phénomène. Lorsque ma femme est sortie, l'objet brillait toujours; 30 secondes après, il a disparu d'une façon très rapide, toujours à la manière d'une ampoule que l'on éteint. L'O.V.N.I. a disparu en modulant sa lumière. Je peux dire qu'en prenant le principe du bras tendu, l'O.V.N.I. mesurait environ 5 centimètres. Aucun son n'était perceptible, aucune odeur, aucune incidence sur le bétail. J'évalue l'apparition du phénomène à 5 minutes. Le ciel était légèrement couvert au moment des faits. Je puis dire qu'avant l'apparition de l'O.V.N.I., je n'étais pas au courant qu'une personne avait constaté par deux fois ce genre de phénomène. J'habite un lieu très isolé, je ne possède pas de poste de télévision et je ne lis pas les journaux. Ces faits m'ont été rapportés par des amis qui sont venus à mon domicile le soir même. Je peux dire que, si les faits précédents ne m'avaient pas été rapportés, je n'aurais pas fait de déclaration publique sur l'.O.V.N.I. Je ne l'ai faite que pour confirmer les dires de M. Mazelier (précédent témoin), personne que je ne connais pas. C'est tout ce que je puis dire sur cette affaire.

Deux lumières blanches en forme d'œil.

Déclaration de M. K. Erick, 18 ans, serveur, demeurant à Oppy (Pas-de-Calais).
Le lundi 13 septembre 1976, vers 21 h 10, je me trouvais seul sur le perron de l'établissement où je suis employé. Je prenais le frais en attendant l'arrivée des clients. A un certain moment, j'ai regardé en direction du bois de Frène-lès-Montauban distant de 800 mètres environ. J'ai constaté deux lumières blanches en forme d'œil qui se dirigeaient vers mon établissement. La luminosité n'était pas importante.
Intrigué, sans quitter mon observation, j'ai appelé mes camarades de travail. Ils sont arrivés immédiatement. En leur compagnie, j'ai remarqué que ces deux lumières avançaient toujours vers nous. Par la suite, ces lumières se sont stabilisées dans le ciel. Quelques secondes après, elles ont perdu progressivement de leur luminosité sans toutefois s'éteindre. Observant toujours, j'ai remarqué également que, derrière ces lueurs, se trouvait un engin de forme circulaire que j'évalue à 2 mètres de diamètre et plutôt plat, genre disque. Après quelques minutes, 5 à 10, pendant lesquelles il ne s'est rien passé, les lumières ont repris de leur importance. Immédiatement après, cet engin est parti sans émettre de bruit à une vitesse vertigineuse en laissant derrière lui un nuage de couleur bleuâtre. Je précise que ce nuage suivait l'engin, il épousait la forme arrière. Cet engin venait sensi-

blement du sud et se dirigeait vers le nord. Il n'y a eu aucun changement de direction, seule la vitesse, ainsi que l'altitude, ont changé. Le temps était légèrement nuageux. Pendant toute la durée de cette observation, cet O.V.N.I. est resté dans le ciel. Lors de sa stabilisation il se trouvait selon moi à mi-chemin du bois et de notre établissement à une hauteur de 25 à 30 mètres à compter du point d'observation.

Il s'est mis alors à claquer des dents...

Le 15 septembre 1976 à 21 h 30, nous sommes avisés par téléphone au bureau de notre brigade par Mme G. demeurant Le Barré-la-Maladierre à Saint-Vérand (38), qu'elle avait été témoin d'un phénomène lumineux étrange dans la soirée du 12 septembre 1976, vers 22 h 50, depuis son domicile. Ce phénomène a débuté par une sorte de panne d'image à la télévision. L'écran est devenu tout noir et n'apparaissait qu'une sinusoïde qui balayait l'écran horizontalement et se terminait par un point. Le chat, qui dormait sur les genoux du fils G., s'est brusquement réveillé et, comme effrayé, s'est réfugié sur Mme G. Sur la demande de son fils, Mme G. est allée chercher le deuxième chat qui se trouvait dehors. En ouvrant la porte, elle était suffoquée par une lueur intense qui régnait autour de son domicile. Son attention était alors attirée par une forme elliptique de forte intensité lumineuse d'une blancheur incandescente difficile à supporter. Cette chose lumineuse se trouvait au centre d'un halo lumineux qui descendait doucement vers le sol et derrière les arbres. Son fils, qui était présent lui aussi, est allé chercher son père. A son arrivée, M. G. a été surpris par la forte chaleur qui régnait dehors. Il évalue cette chaleur à environ 30°. Cette chose lumineuse était comme posée sur le sol et son éclat lumineux était toujours aussi intense. Il n'a rien vu qu'un arc de cercle lumineux à travers les arbres. Ce phénomène a duré environ deux minutes et, après sa disparition, il est resté une luminosité dans le quartier et, environ une demi-heure après, un violent orage a éclaté. Ce phénomène s'est terminé comme si cette lumière s'était éteinte. Un voisin, M. H. Antonio, a, lui, entendu une sorte de bang supersonique, comme un coup de tonnerre, et la lumière a manqué pendant quelques minutes. Il n'a rien vu du phénomène lumineux.

Déclaration de Mme G., 31 ans.
Le dimanche 12 septembre 1976, j'ai été témoin d'un phénomène étrange. Je me trouvais devant mon récepteur de télévision. D'un seul coup, l'image a disparu. J'ai vu apparaître un balayage horizontal de l'écran. L'écran de la télé est devenu tout noir. Le chat, qui dormait sur les genoux de mon fils Jean-Christophe, s'est réveillé, brusquement effrayé, et m'a sauté dessus comme pour se réfugier. C'est à ce moment que je suis sortie à la demande de mon fils pour aller chercher le deuxième chat qui se trouvait encore dehors. Lorsque j'ai ouvert la porte j'ai été suffoquée par une chaleur intense et mon attention a été attirée par une forme elliptique d'une luminosité d'un blanc incandescent assez difficile à supporter. Cette forme se trouvait au centre d'un halo lumineux et au ras de la cime des arbres. Ce phénomène s'est déroulé à environ 300 mètres de mon domicile et à environ 10 mètres du sol. Lorsque je suis sortie, j'ai remarqué que ce phénomène descendait doucement vers le sol et s'est immobilisé derrière les arbres. C'est à ce moment-là que mon mari est sorti. Par la

luminosité de cette chose, nous pouvions distinguer parfaitement le spectre des arbres. Mon fils a eu très peur et m'a dit : « Maman, c'est un O.V.N.I. » Il s'est mis alors à claquer des dents et, pendant quelques jours, il a été traumatisé d'avoir vu ce phénomène et nous essayons de le lui faire oublier, et c'est pour cela que je voudrais qu'il ne soit plus interrogé là-dessus. Je reconnais que, pour ma part, j'ai eu peur et, lorsque j'y repense, je suis encore très effrayée. C'est tout ce que j'ai à dire sur ce phénomène.

Une télévision en panne, un chat effrayé, les témoins apparemment sincères; c'est une observation qui s'accompagne, en outre, d'une production de chaleur liée, à n'en pas douter, à la présence de l'O.V.N.I. On a un peu l'impression de revivre un épisode de *La Guerre des Mondes* de Wells...

Un peu comme un bruit d'orage.

Déclaration de Mlle G. Antoinette, 18 ans, ouvrière d'usine, demeurant au bourg de Conflans-sur-Anille (Sarthe).
Le 23 octobre 1976, je me trouvais en compagnie de R. Patrice, de R. Philippe et de M. Nadine. Cette dernière habite Conflans-sur-Anille, les deux garçons sont de Saint-Calet.
Le 24 octobre 1976, vers 3 h, alors que nous revenions d'un bal, R. Patrice nous ramenait à Conflans-sur-Anille avec son véhicule Simca 1 000. Il est allé jusqu'au chemin de Bournaix pour faire demi-tour.
Arrivée dans ce chemin, j'ai aperçu un objet très lumineux de différentes couleurs. Cet engin m'a semblé être à environ 300 mètres de nous. J'ai cru qu'il y avait le feu à la ferme tellement la lumière

était puissante. Devant ces feux, je n'étais pas trop rassurée, puis j'ai remarqué que l'objet se déplaçait. Il m'est impossible de donner une grandeur de l'objet ni la distance exacte où il se trouvait de nous. Nous avons fait demi-tour et, arrivée en face de chez mes parents, je suis descendue du véhicule. De nouveau, j'ai aperçu l'objet lumineux qui revenait vers nous. Aussitôt, je suis rentrée dans le véhicule et j'ai demandé à Patrice qu'il me raccompagne chez moi. La première fois que j'ai vu l'engin lumineux, je peux vous préciser qu'il prenait de la hauteur assez lentement, puis s'est stabilisé pour ensuite partir très rapidement vers le nord-est. Je ne peux vous décrire sa forme exactement car c'était une lumière très puissante, mais ça devait être rond. Lorsque je suis descendue du véhicule face à mon domicile, que j'ai vu l'engin, il faisait du bruit en se déplaçant, un peu comme un bruit d'orage et en pétillant. Personnellement, j'ai pu observer cet engin quelques minutes, qui parfois s'éteignait et se déplaçait parfois lentement et parfois très rapidement. Ni moi ni mes camarades n'avons voulu parler de cette affaire, craignant d'être ridiculisés.

J'ai vu l'engin me suivre à la même vitesse que je roulais.

Déclaration de M. L. Roméo, 28 ans, opérateur de machine, demeurant à Hobling, commune de Chemery (Moselle) :
Le 24 octobre 1976, vers 22 h 30, je circulais sur le chemin vicinal reliant Hestroff à Hobling, au volant de mon véhicule. Ma fille Manuella, âgée de 4 ans, dormait sur la banquette arrière. Avant d'arriver à l'étang appartenant au directeur de la banque Sogénal de Bouzonville, j'ai aperçu, à 800 mètres sur la côte, une lumière. Je n'y ai pas prêté

très attention car, au premier abord, je croyais qu'il s'agissait des feux d'un véhicule en stationnement. J'ai donc continué la route dans cette direction. En raison de la configuration du terrain, j'ai perdu de vue cette lumière.
Ce n'est qu'en remontant la côte que je l'ai revue et que je me suis rendu compte qu'il y avait là un phénomène anormal que je voyais pour la première fois. Imaginez quelle a été ma surprise d'apercevoir un engin immobile à 100 mètres environ du sol et distant de 150 mètres du chemin. En arrivant à sa hauteur, furtivement, j'ai regardé dans sa direction. A ce moment, je n'ai pas pu me rendre compte de sa forme et de sa grandeur. J'ai uniquement remarqué beaucoup de lumières jaunes, bleues ou rouges espacées mais ne formant pas de projecteur. J'ai été pris d'une très grande frayeur, ainsi que ma fille qui venait de se réveiller. Je n'ai pensé qu'une chose : rejoindre le plus rapidement possible mon domicile, lorsque j'ai vu l'engin me suivre à la même vitesse que je roulais. A plusieurs reprises, j'ai ralenti ou accéléré et, à chaque fois, l'engin effectuait la même manœuvre. En arrivant à l'entrée de la forêt à la hauteur des ouvrages fortifiés de la ligne Maginot, j'ai ralenti et je me suis senti plus rassuré car j'ai pensé que l'engin ne pourrait pas atterrir à cause des arbres. Arrivé à la sortie du bois, j'ai dû me rendre à l'évidence que j'étais toujours surveillé. L'engin s'est approché de la route et m'a dépassé tout en perdant de l'altitude. A cet instant, j'ai cru qu'il voulait atterrir sur la route pour bloquer mon véhicule. J'étais, à ce moment, terrorisé et, pour toute réaction, je me suis mis à faire des appels répétés code-phare et je me suis mis à rouler très vite. Lorsque je suis arrivé à l'entrée de Hobling, l'engin a continué sa trajectoire dans l'axe de la

route, alors que moi, j'ai viré à droite pour me rendre à mon domicile. J'ai poussé un soupir de soulagement pensant en être débarrassé définitivement. J'ai arrêté la voiture devant la porte du garage. Je n'étais pas plus tôt descendu que j'ai entendu derrière moi un bruit assez fort et sourd, qui ne ressemblait en rien à celui que peut faire un avion ni un hélicoptère. Levant la tête, j'ai aperçu à 100 mètres au-dessus de mon garage la lumière qui venait de me suivre quelques instants auparavant. J'ai montré ce phénomène à mon épouse qui était sortie pour m'ouvrir la porte du garage et je lui demandai d'aller chercher une paire de jumelles afin de mieux observer. Pendant ce temps-là, j'ai pu me rendre compte qu'il s'agissait d'un engin de forme allongée d'une longueur de 15 mètres environ. Il m'a semblé que les deux extrémités paraissaient plus grosses que le reste. Le maximum de lumière de couleur jaune se trouvait au milieu. Les autres, espacées, étaient de couleur jaune, bleue, rouge, et en forme de boules réparties sur toute la longueur et sur la partie inférieure. Elles n'avaient pas d'intensité. De temps à autre, quelques lumières jaunes clignotaient. Ma femme a également observé ce phénomène avec moi. L'engin est resté immobile pendant deux ou trois minutes. Lorsque avec les jumelles j'ai voulu l'observer, toutes les lumières se sont éteintes. L'engin s'est déplacé de quelques mètres et, quelques secondes après, il est parti en direction de Hedling tous feux éteints, et le bruit a disparu très vite.

S.I. Le bruit de l'engin était plus fort lorsqu'il était immobile que lorsqu'il est reparti.

S.I. Je n'ai entendu le bruit que lorsque je suis descendu de mon véhicule devant mon garage.

S.I. Lorsque l'engin se trouvait à la sortie du

bois, il m'a semblé qu'il était penché vers l'avant.
S.I. Pendant qu'il me suivait, le moteur de ma voiture fonctionnait normalement.
S.I. Il ne dégageait aucune odeur particulière.
S.I. Je n'ai ressenti aucune paralysie de mes membres.

En lisant ce genre de récit, on se demande parfois pour quelle raison le témoin ne cherche pas à « entrer en contact » puisque, apparemment, les « occupants » de l'objet paraissent s'intéresser à lui. Nous avons même vu des personnes regretter, après coup, de ne pas être parvenues à surmonter leurs craintes pour aller voir de plus près. Je crois, et cette impression m'a été confirmée par les nombreux témoins que j'ai interviewés au cours de mes enquêtes, que, lorsqu'une observation a lieu, surtout lorsqu'il s'agit d'une rencontre nettement « personnalisée » comme c'est ici le cas, l'observateur est saisi par une peur panique qui lui coupe tout désir d'en savoir plus. Je pense qu'il y a une intéressante étude psychologique à entreprendre sur cette réaction de panique qui s'empare aussi bien des animaux que de l'homme. Quelle que soit la curiosité du témoin, il arrive un moment où il devient urgent pour lui de s'éloigner au plus vite de l'O.V.N.I. Si le phénomène a une origine extraterrestre, on peut imaginer que les observateurs sont victimes d'un moyen très efficace pour les tenir écartés. Ce n'est qu'une hypothèse, bien sûr, et qui sent plus le soufre que la science...

Les CRS, l'automobile en panne et l'O.V.N.I...

Tous les automobilistes redoutent de tomber un jour en panne d'essence sur une autoroute. Aux inconvénients que cela entraîne s'ajoute l'angoisse de voir surgir des représentants de la maréchaussée qui considèrent cette malchance comme une véritable infraction et la verbalisent sévèrement.

Le 8 novembre 1976, Mme Ferry Huguette, une habitante de Nancy âgée de 41 ans, économe dans un établissement pour enfants inadaptés, se trouvait dans cette position inconfortable, attendant près de sa voiture en panne sèche sur l'autoroute A 33 le retour d'un ami parti à la recherche d'une station-service. C'est alors que survinrent deux motards CRS qui sillonnent en permanence ce secteur. Elle pensa qu'elle allait devoir acquitter une forte amende pour sa négligence. Pendant que son compagnon se garait sur le bord de la chaussée, l'un des motards s'approcha d'elle et lui posa alors la plus surprenante des questions : « Voyez-vous le point lumineux qui se trouve là-bas, madame? » Intriguée, Mme Ferry porta son regard dans la direction indiquée et constata, en effet, la présence d'une très grosse étoile, formant une véritable boule d'un diamètre toutefois inférieur à celui de la pleine lune. L'objet était de couleur bleue, et ne scintillait pas comme le font les autres corps célestes. La conductrice pensa alors qu'il s'agissait d'une lampe ou d'un projecteur car cet endroit compte de nombreuses usines. Mais les deux CRS lui apprirent qu'ils suivaient cette boule depuis Metz et qu'elle venait de s'arrêter ainsi quelque 30 kilomètres plus loin, entre Pont-à-Mousson et Nancy. Tout le monde continua à observer le point qui, soudain, du bleu se mit à virer en quelques secondes au rouge, de plus en plus foncé, puis au noir, pour disparaître ensuite. Ce point lumineux volatilisé, les CRS reprirent leur route, trop impressionnés par leur aventure pour chercher à verbaliser. Dans l'intention de rendre compte de leur observation, les deux représentants de la loi demandèrent toutefois à la conductrice et à ses passagers de bien vouloir décliner leur identité et de prêter leur témoignage pour leur rapport d'enquête. Mme Ferry se souviendra certainement longtemps de cet O.V.N.I. qui sut si bien la mettre hors la loi pour quelques instants. Je n'ai pu découvrir chez les gendarmes de rapport concernant cette affaire. Je pense que les CRS se confectionnent leur propre fichier car nulle déclaration émanant d'eux n'est contenue dans le dossier de la Gendarmerie nationale à Paris.

De drôles d'engins lumineux aperçus par plusieurs Audois dans le ciel de Caux-et-Sauzens.

L'article suivant est paru dans *Le Midi Libre* et c'est un rédacteur de ce journal qui me l'a fait parvenir.

Carcassonne. – Quatre personnes au moins, demeurant à Caux-et-Sauzens, à une dizaine de kilomètres à l'ouest de Carcassonne, assurent qu'elles ont été témoins, les 9 et 11 novembre 1976, et presque à la même heure (17 h 50), d'étranges phénomènes lumineux dans le ciel au-dessus et aux alentours de leur village. C'est d'abord Mme Julie Roquefort, une verte septuagénaire, qui, de retour d'Albi le mardi, aperçut sur la route nationale, non loin de Montréal, « une drôle de boule rouge avec des feux clignotants ».
Le surlendemain, Mme Annie Casaban, institutrice au village, Mlles Clarisse Pupato et Josiane Pauly, esthéticienne, étaient témoins de ce même phénomène. La maison de Mme Casaban, située sur un promontoire, était alors éclairée « comme s'il y avait eu un gros feu de bengale, une sorte de fusée », ajoute-t-elle.

Les habitants de Caux-et-Sauzens affirment que ce genre de phénomène n'est pas exceptionnel dans le secteur. En février 1974, par exemple, à quelques kilomètres de là, huit personnes dignes de foi, ainsi que les gendarmes de Montréal eux-mêmes, avaient observé les mêmes « engins ». Et, chose troublante, les témoignages des gens que nous avons rencontrés hier sont presque identiques...

De l'AFP : O.V.N.I. en Haute-Loire.

BRIOUDE, 12 NOVEMBRE 1976.
UN O.V.N.I. AURAIT ÉTÉ APERÇU JEUDI 11 NOVEMBRE 1976 VERS 18 H 30 PAR TROIS HABITANTS DE VILLENEUVE-D'ALLIER (HAUTE-LOIRE).
CES TROIS PERSONNES AFFIRMENT AVOIR OBSERVÉ, PENDANT UNE QUINZAINE DE MINUTES, UNE SPHÈRE DE LA TAILLE D'UN BALLON DE HAND-BALL, ÉMETTANT UNE INTENSE LUMIÈRE, QUI A TRAVERSÉ, « SANS BRUIT NI FUMÉE », LE CIEL DE LA HAUTE VALLÉE DE L'ALLIER D'EST EN OUEST, À FAIBLE VITESSE ET À 150 MÈTRES ENVIRON AU-DESSUS DE LA LIGNE D'HORIZON.
LES GENDARMES DE LAVOÛTE-CHILHAC, QUI MÈNENT UNE ENQUÊTE, RAPPELLENT QU'UNE VINGTAINE DE PERSONNES DE LA RÉGION AURAIENT OBSERVÉ UN PHÉNOMÈNE IDENTIQUE AU DÉBUT DU MOIS D'AOÛT DERNIER.

Le même O.V.N.I. aperçu deux fois.

Les deux petits articles qui suivent sont parus dans un journal des Vosges et décrivent certainement le même O.V.N.I.

Contrexéville. – Un étrange phénomène s'est manifesté hier soir, 18 novembre 1976, vers 18 h 40, dans le ciel de Contrexéville, durant une quinzaine de secondes.

Une boule rougeoyante d'une trentaine de centimètres de diamètre est apparue fugitivement, se déplaçant lentement dans le sens nord-sud plein ciel entre ligne d'horizon et zénith.
S'agit-il là d'un incident d'aéronef ou de quelque O.V.N.I. en maraude? Les témoins sont nombreux et, parmi eux, MM. Devèze, de la rue de Nancy, président de la Société de chasse, et Gérard, du bar de l'Esplanade, connus pour avoir la tête sur les épaules, ne sauraient être taxés de berlue collective.

Nouvel O.V.N.I. dans le ciel vosgien? C'est du moins ce que croient avoir aperçu MM. Gaston Bontemps et Jacky Clerc, de Thaon. Jeudi soir, 18 novembre 1976, vers 18 h 30, les deux Thaonnais aperçurent, en effet, une boule de couleur rouge-orange, de la grosseur d'une assiette, qui naviguait entre ciel et terre, venant de la direction d'Igney et se dirigeant vers Chantraine. Au bout de quelques secondes, la boule disparut.
Peut-être faut-il rapprocher cette vision de celle qui s'est déroulée dans le ciel de Contrexéville et dont nous avons rapporté les détails hier.

Une foule de témoins à Commercy pour suivre deux O.V.N.I.

Article paru dans *L'Est Républicain* du dimanche 21 novembre 1976.
Commercy. – Durant plus d'une heure, deux « Objets Volants Non Identifiés » se sont baladés, le samedi 20 novembre 1976, dans le ciel de Commercy devant une foule de témoins. Un magasinier, M. Pornot, le premier, aperçut les deux points lumineux : « Ça montait très vite, c'était suivi par une traînée lumineuse, puis il y en a eu deux. » Ces espèces d'étoiles qui circu-

laient et s'arrêtaient dans le ciel commercien ont semé un certain émoi dans toute la ville, et sur les trottoirs, chacun suivait avec inquiétude ou amusement les pérégrinations de l'O.V.N.I.
La gendarmerie a été alertée.

Ces informations sont maigres et comportent peu de précisions. Je les ai reproduites car ce mois de novembre 1976 paraît avoir connu un regain d'activité sur le plan des observations. Mises bout à bout, elles pourraient fournir une image d'ensemble dont l'étude permettrait d'utiles déductions. A la fin de ce mois, les descriptions se firent plus précises comme vont nous le montrer les trois rapports suivants :

Je ne me suis pas affolé, étant armé.

Compte rendu de M. C. Louis, 56 ans, cultivateur, demeurant à Saint-Étienne-de-Saint-Geoirs (Isère) au lieu-dit Le Maté :
Ce jour 25 novembre 1976, aux environs de 6 h 45, j'ai quitté mon domicile. Je conduisais mon véhicule sur la route de Saint-Marcellin, puis le CD 518, puis j'ai pris le CD 130 en direction de Saint-Pierre-de-Bressieux (38). Au lieu-dit Les Arprennières, j'ai laissé mon véhicule en stationnement sur l'accotement herbeux à gauche par rapport à mon sens de marche. Je connais la région car je viens souvent chasser. Ce matin, je cherchais un endroit pour me mettre à l'affût. Mon chien de chasse était enfermé dans le coffre de ma voiture. Je suis sorti de la voiture et je me suis tenu près de la porte. J'explorais le coin. Le temps était légèrement brumeux, mais il y avait une bonne visibilité car je voyais les coteaux de Saint-Michel-de-Saint-Geoirs (38). Le jour ne devait pas tarder à se lever. Il devait être 7 h ou

7 h 10, car à ce moment j'ai entendu la caravelle vol régulier quitter l'aéroport de Saint-Étienne-de-Saint-Geoirs.
C'est en regardant les coteaux de Saint-Michel-de-Saint-Geoirs que j'ai cru voir un feu de cheminée aux environs de cette agglomération. J'ai vu une lueur rouge qui scintillait avec des étincelles. Étant loin de toute agglomération, je ne pouvais pas faire appel aux pompiers. Le jour se levant, je me suis dit en moi-même que ce feu avait dû être localisé par un habitant de cette commune et que le nécessaire avait été fait. J'ai pris mon fusil de chasse dans mon véhicule, j'ai jeté un coup d'œil et le feu de cheminée avait disparu. Cela a duré quelques secondes. De par ma position, je dominais le chemin départemental 130 B qui descendait vers le CD 518. De nouveau, j'ai été attiré par une lumière qui scintillait, genre phare tournant des véhicules des Ponts et Chaussées. Cette lumière se tenait vers le CD 518 et venait vers moi. J'ai pensé tout de suite aux Ponts et Chaussées. Je suivais des yeux cette lumière et, quand celle-ci était à environ une cinquantaine de mètres de moi, j'ai changé d'avis. Ce n'était plus le girophare des Ponts et Chaussées, mais une lumière se tenant à 10 mètres du sol. Je n'ai pas cherché à savoir ce que cela était, je n'ai fait que suivre des yeux cette lumière. Lorsque cette lumière était à 10 ou 15 mètres du sol, c'est-à-dire à 10 ou 15 mètres de moi, d'un seul coup, cette chose a pivoté d'un quart de tour. Je me trouvais en présence d'un objet de forme allongée, sorte de poisson ou cigare long de 2 mètres environ, d'un diamètre de 45 à 50 centimètres. Le fuselage cylindrique était incandescent en permanence et une lueur incandescente intermittente se propageait sur tout cet objet.
Cet objet était immobile à 10 m du sol. Des

flammes s'échappaient du fuselage, émises sans bruit. J'ai dénombré au moins 5 rangées de petits carreaux de 4 à 5 cm de côté sur tout le fuselage dans la partie visible pour moi. Sur cette même partie, à l'avant, il y avait un hublot d'un diamètre de 20 cm. L'ensemble rayonnait sans arrêt. Il ne me semble pas avoir vu le sol éclairé par la lueur de cet objet. Je n'ai pas eu peur, j'étais armé. Sur le coup, je n'ai pas pensé à un O.V.N.I., j'ai plutôt cru à un engin secret militaire. Je n'ai pas voulu tirer, je ne voulais pas avoir des ennuis avec l'armée. Je l'ai observé durant une dizaine de secondes, puis je me suis dit : « J'ai intérêt à mettre les bouts avant qu'il ne se produise quelque chose, on ne sait jamais. » Sans perdre de vue l'objet, je suis rentré dans mon véhicule puis j'ai refermé la portière. A ce moment, l'engin s'est déplacé en direction du sud, et sa vitesse était de 50 à 60 km/h, sans aucun bruit et toujours en émettant une lueur rouge sur tout le fuselage. J'ai perdu de vue cet objet dès l'instant où il avait franchi le sommet du coteau se trouvant au sud. Je précise que mon chien n'a aboyé à aucun moment. Je ne me suis pas affolé, étant armé. Je suis le seul témoin, je n'ai vu personne dans le coin. C'est la première fois que je vois une telle chose et j'ai poursuivi ma partie de chasse après cela, mais à un kilomètre plus loin. Mon intention était de garder mon aventure pour moi. Je ne voulais pas me faire ridiculiser et je voulais éviter les journalistes.
En rentrant à mon domicile, vers 8 h, j'ai raconté mon histoire à mon épouse. Je ne pouvais la garder, cette chose me tracassait. Mon épouse m'a invité à me présenter à la gendarmerie. Je n'ai pas voulu vous voir plus tôt car je ne voulais pas vous ennuyer avec mon histoire. Cet après-midi, mon épouse a fini par me convaincre.

Je n'ai jamais été malade, j'ai seulement été soigné il y a trois ans pour une insuffisance mitrale, mon cœur battait trop lentement. Je me rends sur les lieux avec vous pour vous indiquer mon emplacement et la direction prise par cet objet. Je vous remets un croquis avec les détails correspondant aux particularités vues sur cet objet.

L'objet a paru si présent au témoin qu'il a imaginé tout d'abord qu'il s'agissait d'un engin militaire. Apparemment la morphologie de cet O.V.N.I. lui a fait penser à quelque prototype secret, produit par la technique humaine. Le témoin a réagi comme s'il se trouvait devant une bombe volante qui, à tout instant, risquait d'exploser. Les manœuvres, la lueur incandescente et le silence total lui ont fait comprendre après coup que son origine n'était probablement pas humaine et que les militaires y étaient certainement étrangers...

L'objet tombait du ciel en spirale.

Déclaration de M. P. Claude, 36 ans, étalagiste, demeurant à Antibes.
Le jeudi 25 novembre 1976 dans la soirée, je conduisais mon véhicule de marque Austin. A 19 h 25, je quittais Grenoble pour me rendre à Antibes où se trouve mon domicile. Il était environ 23 h 25 lorsque, après avoir traversé l'agglomération de Barrême (04), sur la route nationale 207 en direction de Saint-André-les-Alpes, à environ 9 km de cette dernière localité, j'ai aperçu un phénomène descendant du ciel en spirale extrêmement rapide venir se stabiliser à une hauteur d'environ 1 m de la route sans toutefois cesser d'avancer vers moi. Cet objet était à environ une

cinquantaine de mètres de mon véhicule. Je ne me rappelle plus si j'ai ralenti mais je peux vous affirmer que je ne me suis pas arrêté. Cet objet se déplaçait lentement de ma droite vers ma gauche après s'être stabilisé à un mètre du sol. Il était d'une couleur vert clair, phosphorescent, de densité gazeuse. Il était d'une longueur de 2,50 m et d'une largeur de 1 m. L'avant de cet objet était sphérique, en forme de demi-coupole délimitée par une couche gazeuse régulière d'une épaisseur de 10 à 20 cm. Cette demi-coupole était suivie d'une partie centrale plus claire, puis d'une masse gazeuse de densité différente qui se déformait en ondulant. Il me semble que, vers l'arrière, se trouvait une lueur rougeâtre. Cet objet, qui s'est déplacé durant ces quelques secondes, s'est immobilisé à la hauteur d'un petit bois se trouvant sur la gauche de ma route. La forme de cet objet s'est transformée en arrondi. Ayant poursuivi ma route pendant quelques secondes, cet objet m'a été masqué par le relief du terrain. J'ai poursuivi en direction d'Antibes pour ne m'arrêter qu'au commissariat de cette ville. J'ai raconté mon histoire au personnel de police présent, ils ne m'ont pas pris très au sérieux. Ce n'est que le jour du 28 novembre 1976 que je suis retourné sur les lieux pour voir comment était l'endroit. Je n'ai trouvé aucun élément anormal en ces lieux. C'est là que je suis venu vous trouver. L'endroit où s'est passé ce phénomène se situe sur la route nationale 207 entre Barrême et Saint-André-les-Alpes, à 400 m de la borne kilomètre 69.

De l'enquête effectuée dans la circonscription, il ressort qu'aucune personne n'a été témoin de ce fait.

Un triangle avec, à chaque angle, une lumière blanche.

Au cours de certaines enquêtes, il n'est pas rare de recueillir de nouveaux récits d'observations et de mettre ainsi à jour des affaires qui, sans cela, auraient été condamnées au silence de l'oubli.

C'est ce qui s'est passé lorsque j'ai été mis en contact avec un jeune témoin au cours de l'interview d'un habitant de Saint-Nazaire-sur-Aude dans le Minervois, à l'occasion de l'observation d'un O.V.N.I. en forme de croissant de lune. Didier Meingaud demeurant au Sommail à Saint-Nazaire-d'Aude, m'a fait ainsi parvenir la lettre suivante :

Monsieur,
C'est le 26 novembre 1976 à 18 h 05 que nous avons constaté ce curieux phénomène.
Nous étions dans un champ de la villa de M. Gonzalès, qui se trouve à environ 300 mètres du village, quand nous voyons apparaître des phares blancs (ces phares n'éclairaient pas mais éblouissaient) dans le ciel, immobiles à une hauteur relativement basse (80 m). Cela a duré une vingtaine de secondes. Cet engin se trouvait à une distance de 600 à 700 mètres. Puis, au bout de 20 secondes, il s'est mis à monter à la verticale jusqu'à une hauteur approximative de 4 à 5 km (?). Tout cela s'est passé sans bruit. Ensuite, il passa au-dessus de nos têtes, c'est là qu'on a pu voir un faisceau lumineux rouge qui clignotait.
L'engin était de forme triangulaire avec à chaque angle une lumière blanche et un faisceau lumineux rouge clignotant. La grosseur de cet objet peut être comparée à celle d'un gros avion de couleur métal blanc.

C'est à la fois intéressant et trop bref, et il ne m'a pas été possible d'avoir beaucoup plus d'éléments. Je puis toutefois préciser que cette histoire a été vécue par deux jeunes gens qui brûlaient des herbes dans un champ proche de Saint-Nazaire-d'Aude. Ils furent aveuglés par un phare puissant dont ils ne distinguaient pas la provenance. Ils assistèrent alors au décollage d'un engin de forme triangulaire qui fit, en s'élevant à la verticale, un bruit de soufflerie, détail qui n'est pas mentionné dans la lettre. Au centre de l'engin, lorsqu'ils le virent s'élever dans les airs, ils remarquèrent nettement une lumière rouge comparable à une tuyère. Ces précisions complémentaires m'ont été données par la secrétaire de mairie de Saint-Nazaire-d'Aude qui connaît bien les deux témoins, qui lui ont confié leur aventure. Cette personne m'a d'ailleurs assuré de leur bonne foi.

Cet objet a disparu comme si un nuage passait devant.

Déclaration de Marie-Louise M., 19 ans, employée de commerce, demeurant à Ally (Haute-Loire) :
Ce soir, 1er décembre 1976, vers 18 h 30, alors que je me trouvais à mon domicile, ma belle-mère est venue me chercher pour me montrer une boule dans la nuit. Je suis sortie et, devant mon domicile, j'ai aperçu une masse lumineuse allongée de la forme d'un cigare d'une couleur d'un jaune-orange. Cet objet n'émettait aucun bruit ou sifflement et brillait comme une étoile. Je ne peux pas évaluer la distance ni la hauteur de cet objet. Je l'ai vu immobile. Je me suis dirigée vers l'écurie qui se trouve à 50 m environ de là. J'ai pu à nouveau observer cet objet; il avait

changé de forme, il était rond, d'un diamètre d'environ 5 à 6 cm. J'ai remarqué une sorte de queue d'une longueur environ de 10 cm qui se trouvait à l'extrémité de la boule. Celle-ci et la queue apparaissaient à tour de rôle. La queue avait une forme très plate et semblait plus claire que la boule.
D'un seul coup, cet objet a disparu comme si un nuage passait devant. C'est la première fois que j'ai l'occasion d'observer ce phénomène.

Cela passait du rouge au vert et au jaune.

Déclaration de M. N. Jean, 56 ans, agriculteur, demeurant à Pajay (Isère) :
Le 21 décembre 1976, vers 22 h 30, je suis sorti de mon domicile et j'ai eu mon attention attirée par un phénomène étrange. J'ai aperçu dans le ciel, en direction du sud-est par rapport à Pajay (Isère), un objet qui clignotait. Cet objet avait la forme d'une étoile vive qui clignotait. Cela passait du rouge au vert et au jaune. Je ne puis vous dire à quelle distance cela se trouvait de Pajay, mais c'était très loin. Je le situe par rapport à Pajay en direction de Vinay.
J'ai observé ce phénomène de 22 h 30 à 23 h 45. A cette heure, cela s'est arrêté de clignoter. Je ne voyais plus qu'une lueur comme une étoile qui brillait.
Pendant tout le temps que j'observais ceci, il me semble que cela s'est légèrement déplacé vers la droite. J'ai regardé ce phénomène aux jumelles et je voyais des couleurs beaucoup plus vives. Même observé aux jumelles, on voyait cet objet comme une étoile, mais un peu plus important. Cela ressemblait à un clignotant comme les ambulances, mais avec trois couleurs. Des voisins ont également observé ce phénomène.

Ce ne pouvait être ni un avion ni un hélicoptère.

Déclaration de M. D. André, conseiller technique, 56 ans, demeurant à Granges-Denon dans le Jura.

Le 26 décembre 1976, vers 20 h 15, alors que je fermais les volets d'une fenêtre qui donne sur l'ouest, j'ai eu l'impression de voir une petite étoile qui semblait émettre un rayonnement avec une lumière jaune pâle et une lumière rouge. Je pensai tout de suite à un avion. Puis cet ensemble s'est mis soudainement à monter et à descendre en décrivant des arabesques et s'est dirigé vers l'est. Cet ensemble se trouvait à environ 400-700 m d'altitude. Ce jour-là, le vent soufflait du nord. Ce ne pouvait être ni un avion ni un hélicoptère ou un ballon. De plus, cela ne faisait aucun bruit. Dès que j'ai vu les arabesques, j'ai tout de suite appelé Mme T. qui se trouvait là. J'ai observé que le feu rouge de l'ensemble qui se trouvait à l'avant était fixe alors que le feu blanc de l'arrière clignotait irrégulièrement. Ces deux lumières ont disparu deux minutes et ont repris. Je suis descendu ensuite dans la cour de mon habitation pour observer. Dans la direction de l'est de la ligne à haute tension une boule rouge est montée. Elle semblait aller à la rencontre de l'ensemble lumineux. Mme T. poursuivait l'observation pendant que j'essayais d'alerter les voisins. A mon retour, cette dame m'a dit que la boule rouge se trouvait derrière la grange, à l'est derrière ma maison. Je passai donc derrière et j'ai vu une lumière rouge que j'estime à environ 200-300 m d'altitude. Cette boule devint plus importante, puis elle a disparu. J'attendis encore une minute, puis je vis un triangle rouge brillant qui partit en direction sud-est. Je restai encore en observation quelques instants, mais rien ne se reproduisit. Je tiens encore à préciser que les deux feux semblaient se rapprocher l'un de l'autre. Cela a duré environ sept minutes.

C'est avec ce témoignage que s'achève notre long chapitre consacré à 1976. Au cours du mois de décembre de la même année, le phénomène O.V.N.I. a encore fait parler de lui, cependant. Cela s'est produit à l'occasion d'une observation effectuée par trois militaires d'un bataillon de chasseurs alpins spécialisés dans l'entraînement des chiens d'avalanche. Il s'agit d'une observation importante ayant donné lieu à un rapport d'enquête que le lecteur trouvera dans le chapitre consacré aux témoignages de l'armée de terre.

Les témoignages se firent de moins en moins nombreux en cette fin d'année 1976. La presse elle-même témoigna de ce déclin, et les journaux ne rendirent plus compte que de cas sortant réellement de l'ordinaire. On pourrait croire que les journalistes, fatigués d'avoir à enquêter sur des affaires se ressemblant souvent beaucoup, négligèrent peu à peu ce domaine. Ce ne fut cependant pas le cas. La disparition progressive des articles sur ce sujet correspond bien à une chute générale des observations.

L'année 1977 devait confirmer cette tendance. On ne s'en rendra peut-être pas compte en lisant le chapitre que je lui consacre car j'ai cru devoir y faire figurer la totalité des témoignages recueillis au cours de cette année, mais le fait est là : la vague des années 70 touche à sa fin...

IV

LES OBSERVATIONS DE 1977

1977 est une année qui a bien commencé pour les amateurs d'étrange et de mystère puisque c'est le 1er janvier que fut effectuée la première observation. Cette fois, les O.V.N.I. choisirent la Drôme pour faire leur entrée dans l'année nouvelle...

J'étais glacé par ce que je voyais.

Déclaration de M.P. François, demeurant à Valence, Drôme. Le 1er janvier 1977 vers 19 h 30-19 h 45, je me dirigeais vers Combovin avec mon épouse pour me rendre chez M. et Mme Perrier. Lorsque ma femme me signala au-dessus de la voiture un objet très lumineux qui grossissait à vue d'œil, je n'y prêtai pas trop attention.
Sur le chemin du retour, ma femme a voulu s'arrêter à l'endroit qu'elle avait repéré à notre premier passage. C'est alors que je stoppai mon véhicule sur le bas-côté. Il y avait sur le côté gauche, à peu près à 300 ou 400 m, un objet lumineux qui était immobile. J'ai donc pris le haut de ma portière comme repère. L'objet lumineux était à 150 ou 200 m d'altitude.

J'ai observé pendant huit à dix minutes. En faisant des appels de phare-code, l'objet se déplaçait à l'instant à une vitesse vertigineuse vers le sud en décrivant une courbe au départ de 45 degrés environ. L'engin a disparu dans les trois ou quatre secondes. Je précise également que cet appareil émettait un éclairage mat mais très puissant qui rayonnait sur le sol sur un rayon de 150 à 200 m. J'ajoute que le faisceau lumineux était de forme arrondie. J'ai nettement vu que le contour du point central de la source lumineuse était de couleur verdâtre. Ce dernier était comparable à la sortie d'un réacteur en marche. J'ai vu l'engin lumineux en face de la borne kilométrique 6 vers Chabeuil, sur le chemin départemental 154, au-dessus d'un champ légèrement surélevé par rapport à la chaussée.
S.I. A mon avis, je pense que cet engin était de forme ronde ou ovale. Par contre, je n'ai pas vu cet appareil. Ce qui me fait penser qu'il était de forme ronde, c'est son éclairage de la même forme.
S.I. Lorsque j'ai stoppé mon véhicule, j'ai arrêté le moteur ainsi que le poste de radio. Lorsque l'appareil a disparu dans le ciel, il représentait une étoile lumineuse. Dans mon véhicule, je n'ai pas été incommodé, mais j'étais glacé par ce que je voyais. Par contre, le 2 janvier 1977, j'ai eu mal aux yeux et mon épouse a ressenti le même phénomène. Objectivement, je ne peux pas faire un rapprochement entre ce mal aux yeux et le phénomène lumineux que j'ai vu.

L'objet avait la grosseur d'une voiture moyenne.

Déclaration de Mme G. Ségur Marie-Yvonnc, 30 ans, secrétaire, demeurant au bourg de Villebois-Lavalette (16).

Le mercredi 5 janvier 1977, vers 18 h 30, je me trouvais en compagnie de Mme D. dans sa voiture. A la sortie du parc de Mayeux, un endroit de la route privée qui mène à Villebois, j'ai vu à ma droite dans le ciel un objet lumineux rouge, de couleur rouge tamisé plus précisément. L'objet était éclairé en trois parties. Devant, une bande arrondie éclairait, mais cette petite lueur était coupée par des traits noirs, au-dessus une petite lueur toujours rouge orangé séparée des deux autres par du noir. La troisième partie, l'arrière, était également rouge. L'objet est arrivé à une allure rapide. Je l'ai vu toujours de la même grosseur, c'est-à-dire que l'objet n'a pas grossi en arrivant à proximité de nous, et progressivement, la lueur arrière s'est éteinte. Il ne restait allumé que le devant et le dessus. Nous avons roulé jusqu'au lieu-dit Le Frotignou, c'est-à-dire à deux kilomètres du château de l'Ayberchi. Durée approximative du trajet 5 à 6 minutes.

L'objet s'est arrêté un peu plus loin que les deux sapins qui se trouvent sur la route de Decroute-Rossignol. Sur la colline droite, à la hauteur des arbres, nous nous sommes arrêtées et, à cet instant, la couleur de l'objet a diminué progressivement et lentement, puis s'est éteinte complètement.

J'ai remarqué alors des taches gris clair, à peu près 4 ou 5, dessous l'objet et de taille égale. Ces taches me paraissaient être des étincelles, pas nombreuses, comme celles d'une soudure. Ces dernières étaient blanches. Entre l'objet et les taches, il y avait un espace difficile à évaluer en hauteur. Cependant, il n'était pas important. Nous sommes restées quelques instants, puis nous sommes reparties.

Nous avons toujours vu la masse noire de l'objet pendant notre observation, c'est-à-dire 7 à 8

minutes. Nous l'avons vu depuis son apparition jusqu'au moment de son arrêt, et cela a duré environ 15 minutes.
L'objet avait la grosseur d'une voiture moyenne. Sa direction était sud-est – nord-ouest.

L'objet donnait l'impression de se rapprocher.

Déclaration de M.M. André, 53 ans, receveur PTT demeurant à Vaucouleurs, Meuse.
Hier au soir, 5 janvier 1977, je circulais sur le chemin départemental 960 en direction de Rigny-Saint-Martin (Meuse). J'étais en compagnie de mon épouse qui était assise à l'avant droit de mon véhicule Renault 5.
Je roulais à 60 km/h environ en raison de la chaussée glissante. Lorsque je suis arrivé à la limite de la Meurthe-et-Moselle et la Meuse, j'ai remarqué la présence d'une boule lumineuse dans le ciel. Il était 20 h 15. Le temps était nuageux. Je suppose que c'est cela qui m'a permis de distinguer cette lueur.
Cette boule se trouvait face à moi et la direction de mon regard avec la chaussée formait un angle de 45 degrés dont je ne peux évaluer la distance. Elle était à 2 000 m d'altitude environ. Elle se trouvait au sud-ouest de l'axe de la chaussée. J'ai ralenti lorsque j'ai aperçu cet engin. Environ 3 km plus loin, je me suis arrêté car l'objet volant donnait l'impression de se rapprocher du véhicule. Ce n'était pas un effet d'optique. Après un laps de temps, je suis reparti. Je me suis de nouveau arrêté à 200 m environ de Rigny-Saint-Martin. Cette fois-là, c'était par curiosité. A aucun moment je n'ai éteint les feux de mon véhicule. La boule lumineuse de couleur orange d'un diamètre de 15 cm environ ne provoquait aucune traînée,

aucun bruit. Pendant les 5,5 km que j'ai parcourus, cette boule se déplaçait parallèlement au véhicule côté sud. A aucun moment, elle n'a baissé d'altitude. Elle est toujours restée à 2 000 m. Je l'ai vue à trois reprises s'éteindre progressivement pour ne laisser qu'une faible lueur, plus précisément un noyau avec un halo de la même circonférence que la boule primitive. Par contre, cet objet se rallumait rapidement. Après avoir effectué 5,5 km, soit environ 15 minutes de route, j'ai vu l'engin repartir en direction nord. Je me trouvais à ce moment-là à 200 m de Rigny-Saint-Martin. L'objet volant est reparti allumé à la vitesse d'un avion à réaction. Je précise que ma femme a vu la scène comme moi, cependant, elle n'a pas remarqué la présence de l'objet volant dans le ciel au même moment que moi.
C'est moi qui lui ai dit après avoir parcouru un kilomètre depuis son apparition. Je ne peux pas vous donner d'autres précisions. Lorsque je suis rentré chez moi, voyant apparaître des étoiles dans le ciel, je n'ai plus cherché à observer dans la direction de départ de l'objet volant.

La boule était suivie par six autres identiques.

Déclaration de Mme G. Denise, 58 ans, sans profession, demeurant à Issoudun.
Dans la nuit du 22 au 23 janvier 1977, je me suis levée vers 1 h 45 comme j'ai l'habitude de le faire chaque nuit à des heures variables car je souffre d'insomnies.
A 1 h 50 environ, j'ai regardé par la fenêtre située au troisième étage. Brusquement, j'ai vu à cet endroit une lumière de couleur orange qui grossissait dans le lointain et semblait venir dans ma direction. Étant fort intriguée par cette lumière

inhabituelle, je suis allée réveiller une voisine qui se trouve sur le même palier afin de venir me rejoindre dans ma cuisine. Auparavant, j'avais réveillé ma fille Sophie, âgée de 9 ans, pour qu'elle assiste à ce fait. Je précise que le ciel était sombre. Après avoir prévenu ma voisine, je suis donc revenue à la fenêtre de ma cuisine. A ce moment, j'ai pu constater qu'une grosse boule orangée scintillante, dont l'intensité lumineuse était plus forte en son centre que sur le pourtour, se déplaçait bien dans ma direction.

J'étais tellement absorbée par cette apparition que ce n'est qu'un instant plus tard que j'ai vu que cette boule était suivie de six autres objets identiques.

S.I. La grosseur de cette boule était comparable à celle d'un ballon de football. Ces objets se déplaçaient dans la direction est-ouest et sensiblement parallèle à la RN 151 Bourg-Châteauroux. Je précise que le dernier objet était particulier. Il se présentait comme une boule lumineuse de même grosseur. Cette boule paraissait reliée à une masse sombre allongée aux contours indéfinissables pouvant être de forme rectangulaire et semblant plus étroite à l'arrière. Sur cette dernière partie, deux carrés, certainement des ouvertures, étaient éclairés par une lumière jaune assez vive. De nos positions, les deux ouvertures étaient de dimensions semblables à celles d'une automobile. L'extrémité arrière de l'objet était éclairée de lumières orange.

De mon point d'observation, ce dernier objet pouvait avoir la longueur d'une voiture automobile, la dimension exacte étant difficile à évaluer car la partie centrale se trouvait dans une zone sombre.

S.I. Oui, les différents objets étaient très rapprochés les uns des autres. Je ne puis évaluer la hauteur à laquelle ils se trouvaient. Ils ne se déplaçaient pas très vite. J'ai encore le dernier objet en mémoire. Je pense pouvoir le reproduire en dessin, les autres choses n'étant que des boules lumineuses n'ayant aucun intérêt à côté du dernier. Ces objets ne produisaient aucun bruit.

Elle se déplaçait avec un mouvement d'oscillation.

Déclaration de M.D. Jean-Claude, 37 ans, réalisateur à la Télévision, demeurant à Paris VIe.
Le 27 janvier 1977, vers 20 h 30, je circulais sur la RN 79, route expresse, dans le sens Mâcon-Charolles (Saône-et-Loire).
Arrivé au lieu-dit le Col-des-Veaux, j'ai vu sur ma gauche une lumière intense. Je me suis arrêté et j'ai observé le phénomène.
Celui-ci se présente sous la forme suivante : c'était une source lumineuse d'une forme grosse comme un ballon de football. Cette boule possédait deux ailerons. La lumière émise était intense. Cette source lumineuse se déplaçait horizontalement tout en ayant un mouvement d'oscillation sur son axe. Le déplacement s'effectuait très lentement et de 25 degrés environ sur la droite par rapport à mon poste d'observation. Après s'être stabilisée un instant, elle est descendue verticalement de 10 degrés environ, puis elle a disparu. La lumière émise de couleur blanche n'était pas constante. Elle diminuait et augmentait d'intensité très progressivement. Une extinction complète s'est produite. Sa durée a été d'un quart d'heure environ. Deux autres extinctions ont eu lieu mais beaucoup moins importantes.
Durant l'observation de ce premier phénomène, l'autre point lumineux s'est déplacé parallèlement au premier. Il était 21 h 10 environ.

Quand elle est apparue, cette source lumineuse était très petite et émettait une lumière jaune de faible intensité. Le déplacement s'effectuait horizontalement et assez rapidement.
D'un seul coup, cette source lumineuse s'est mise à décrire une ligne brisée en forme de « Z ». Lorsque le point lumineux est arrivé à la hauteur de la première boule, il a décrit une demi-ellipse puis a disparu.
Un avion s'est déplacé dans le même sens vers 20 h 45 environ. Une personne qui m'accompagnait a constaté les mêmes faits.
J'ai quitté les lieux après disparition de ces lumières. Il était 21 h 45.

Cet objet était de forme rectangulaire très irrégulière.

Déclaration de M. G. André, agriculteur, 38 ans, demeurant à Aups.
Dans la nuit du samedi 29 janvier 1977, vers 3 h 30, je me rendais à Aups en compagnie de mon épouse à bord de mon véhicule. Arrivés au carrefour des routes de Daradot et de Vidauban, nous avons aperçu sur la gauche quelque chose de lumineux. Au départ, nous avons pensé que c'était la lune. Mais par la suite, vu la grosseur, la forme, l'altitude, la distance et le lieu, nous nous sommes rendu compte que ce n'était pas cela. Cet objet était de forme rectangulaire, très irrégulière. Il se déplaçait à l'horizontale. Me déplaçant moi-même, je n'ai pu évaluer à quelle vitesse se déplaçait cet objet. Il était de couleur rouge orangé, de la route où je circulais. Il se trouvait à environ 3 km sur la gauche et se déplaçait sous le sommet de la colline. Je ne peux évalucr son altitude. Sa couleur n'a pas varié et était uniforme. Nous l'avons observé environ 3 km plus loin puis

nous l'avons perdu de vue. Cet objet se déplaçait dans le sens sud-est – nord-ouest. A aucun moment nous ne l'avons vu se poser.

Déclaration de M. R. Charles, agriculteur, 31 ans, demeurant dans le Var.
Le dimanche 30 janvier 1977, à 2 h du matin, à l'issue d'un concours de belote, je pénétrais dans la cour pour rejoindre mes appartements lorsque j'ai aperçu au lointain, au-dessus des montagnes, une boule de feu qui se déplaçait nettement et lentement de la droite vers la gauche, c'est-à-dire nord-ouest sud-est. C'était une boule assez impressionnante rouge vif laissant sur son sillage une traînée aussi rougeâtre semblable à des étincelles et assez longue. Je suis monté chez moi aussitôt et, à l'aide de mon polaroïd, perché sur ma terrasse, j'ai pris un cliché. Quelques minutes plus tard, j'en ai retiré une photographie nette, comme vous pouvez le constater. Je vous la remettrai plus tard, mais je vous demande qu'elle me soit restituée. Cette boule rougeâtre qui passait légèrement au-dessus de la chaîne de montagnes était brillante. Je n'ai entendu aucun bruit pouvant provenir de cet engin mystérieux.

Additif à l'enquête :
Ces deux témoignages précédents sont dus à des personnes honorablement connues qui ne se sont jamais rencontrées. Il convient d'ajouter que M. R. a émis le souhait de récupérer, après exploitation par les organismes compétents, la photo qu'il a prise et qui était jointe à sa déclaration. Des vérifications faites auprès de l'École d'application de l'aviation légère de l'armée de l'air au Cannet-des-Maures (Var) nous ont appris qu'aucune sortie d'hélicoptère n'avait été signalée dans la nuit du 29 au 30 janvier 1977. En outre,

Mme R. Simone a déclaré que les chiens avaient hurlé à la mort au cours de la nuit où s'est déroulée l'observation. Il était alors 2 heures du matin. Ces chiens ont eu le même comportement pendant une huitaine de nuits consécutives, toujours à la même heure.

J'ai pu examiner le cliché noir et blanc joint à la déclaration. On y voit une boule suivie d'une traînée qui évoque l'image d'une comète. Quant au détail concernant les chiens hurlant à la mort, le cas n'est pas unique. Je rapporte une affaire similaire dans le chapitre sur les observations militaires.

Cet objet semblait suspendu dans le ciel.

Déclaration de M. R. Paul, 50 ans, correspondant de presse des *Dernières Nouvelles d'Alsace,* demeurant à Andelot (67).
J'ai été témoin d'un phénomène que je ne puis m'expliquer, c'est pourquoi je tiens à vous le rapporter.
Hier, 6 février 1977, à 20 h 55, mon fils Pierre, 20 ans, soldat à la CCS du 15ᵉ RI quartier Cerey à Moulins-lès-Metz (57) en permission à mon domicile jusqu'à ce jour, m'a appelé sur le balcon afin de me montrer un objet lumineux immobilisé dans l'atmosphère. Je me suis rendu sur le balcon et j'ai également aperçu l'objet signalé par mon fils. Je précise que j'ai observé le phénomène par nuit sombre, sans lune, pratiquement sans étoiles. Il ne pleuvait pas, il n'y avait pas de vent. Dans la direction du nord-est, vers Erstein, à une distance que je ne puis évaluer, mais assez éloignée, peut-être au-dessus de la plaine d'Alsace, à une altitude assez difficile à définir mais qui pourrait

correspondre au sommet de la Forêt Noire en Allemagne, sommet qui se découpait derrière cet objet, j'ai vu un objet de couleur rouge orangé comme le feu rouge d'une voiture. Cet objet semblait suspendu dans le ciel et avait la forme que je reproduis sur la feuille que je vous remets. La lumière était fixe et continue. L'objet peut être décrit comme un trapèze, petite base vers le bas, surmonté d'un rectangle. La hauteur du rectangle représente deux fois la hauteur du trapèze, la longueur du rectangle représente deux fois la hauteur de l'ensemble.
Lorsque j'ai vu cela, je me suis rendu dans ma cuisine et j'y ai pris une paire de jumelles spéciales pour l'observation de nuit. Je suis retourné sur le balcon et j'ai eu le temps d'observer l'objet à la jumelle environ pendant 30 secondes.
A l'aide des jumelles, j'ai remarqué 4 taches sombres régulièrement disposées sur la partie rectangulaire de l'objet. Je ne peux pas préciser la forme des taches. Mon fils Pierre a observé la même chose. J'ignore si d'autres personnes des environs ont observé ce phénomène. Mon épouse était à mes côtés et est témoin du fait. L'objet a disparu subitement, comme effacé, sans laisser aucune trace et sans faire aucun bruit audible depuis le point d'observation.

Je ne crois pas aux O.V.N.I.

Déclaration de M. M. Guy, 56 ans, retraité SNCF, demeurant à Cassagnoles (Gard).
Hier, 9 février 1977, vers 18 h 50 environ, ma belle-mère m'a appelé pour me faire voir une lueur étrange dans le ciel face à notre maison en direction du sud-est. Je suis sorti sur le balcon et

j'ai constaté effectivement une lueur très brillante en direction de Bocoiron (Gard) à ras de la ligne de crête de la montagne. D'après moi, cette lueur était sphérique et, de mon point d'observation, je l'évalue à un diamètre de trois centimètres environ. Je ne puis préciser à quelle distance elle se trouvait de mon domicile.
Lorsque je suis sorti, j'ai vu cette lueur immobile à la verticale de Bocoiron (Gard). Elle était aveuglante. Cette lumière semblait donner l'impression de venir d'un miroir à facettes.
S.I. A aucun moment je n'ai vu cette lumière se déplacer depuis la verticale de la tour Saint-Bénézet (Gard) à la verticale de Bocoiron. J'ai observé cette lueur durant deux à trois minutes puis, après ce laps de temps, cette étoile s'est élevée, d'abord très lentement, verticalement, avec la même intensité de lumière, puis a accéléré sans à-coups, a changé de couleur, passant du blanc brillant intense au jaune orangé. A la suite de ce changement de couleur, cette lueur a disparu brusquement.
S.I. Cette lueur jaune orangé n'a duré que cinq secondes environ avant de disparaître. Au moment où je suis sorti et au moment où la lueur a disparu, je n'ai perçu aucun bruit de moteur.
Durant cette ascension de lumière, je n'ai perçu aucun souffle de vent. Les abords immédiats de l'objet n'étaient pas brouillés.
S.I. Au moment des faits, le ciel n'était pas entièrement dégagé, mais du genre zébré.
A l'arrière de l'objet, il y avait un nuage grisâtre que j'évalue à un mètre de largeur. Durant toute son ascension, je n'ai constaté aucune trace laissée par cet objet entre lui et le sol. C'est après sa disparition que mon beau-frère, M. P., vous a signalé les faits. Je ne crois pas aux O.V.N.I., mais je tiens à préciser que cette lueur ne pouvait que

provenir d'un objet et me paraît anormale du fait de son intensité lumineuse. C'est tout ce que je puis dire.

Un avion décolle, un O.V.N.I. passe...

Déclaration de Mlle G. Françoise, 36 ans, décoratrice, demeurant à Albi (Tarn).
Le 10 février 1977, vers 5 h 50 du matin, j'étais levée et, venant de ma salle de bains, je passais devant la porte-fenêtre de la cuisine et j'ai aperçu au-dessus des toits de la maison la plus basse située en face de nous, c'est-à-dire rue du Capitaine-Julien, une espèce de sphère. Une partie était couleur orange avec une lumière qui brillait par intermittence. J'ai pensé qu'il s'agissait d'un engin autre que tout ce que l'on peut connaître. J'ai réveillé mon compagnon R. B., il s'est levé quelques secondes après.
Pendant qu'il se levait, la sphère a disparu, partant derrière la maison. Mon compagnon s'est levé à ce moment-là. J'ai personnellement vu l'engin pendant 50 secondes environ. Je n'ai pas eu d'hallucination. Je vois toujours cet engin silencieux en partie brillant disparaître dans la direction nord-ouest. Je suis sortie sur la terrasse. Quelques minutes après, un avion a décollé de l'aérodrome de Le Séquestre. Il est passé au-dessus de notre habitation.

Déclaration de M. B. Robert, 36 ans, secrétaire général à la Fédération des œuvres laïques du Tarn, demeurant à Albi (Tarn).
Le jeudi 10 février 1977, à 6 h du matin, j'étais à mon domicile et je dormais. Ma compagne, G. Françoise, qui, exceptionnellement, s'était réveillée, m'appelle. Je cherche mes lunettes et

me rends dans la cuisine. Cette pièce a une porte-fenêtre dont les volets ne sont jamais fermés, il n'y a pas de rideaux.
Elle me montre alors la porte-fenêtre et s'écrie : « Il y a un O.V.N.I., il vient de disparaître derrière la maison d'en face. » Je m'approche de la porte-fenêtre et regarde. Au-dessus du toit de ladite maison, juste au-dessus, je vois, en effet, ceci : un globe orangé de 5 à 6 mm de diamètre, lumineux, dont l'intensité lumineuse évoque une pulsation. C'est-à-dire que l'intensité lumineuse diminue régulièrement sans disparaître tout à fait et reprend son intensité normale. L'objet se déplace de gauche à droite sans aucun bruit audible. Des voitures et des camions circulent rue du Capitaine-Julien. L'objet diminue régulièrement de volume sans disparaître, sans doute en s'éloignant. Il disparaît derrière le toit à droite. Ma compagne et moi allons à l'extrémité de la terrasse et continuons à le voir s'éloigner entre deux maisons direction nord-ouest. Jusqu'au moment où il disparaît, les pulsations de l'O.V.N.I. sont perceptibles.
En ce qui concerne l'observation, celle-ci a duré 15 à 20 secondes. D'après la tour de contrôle de l'aérodrome d'Albi-Le-Séquestre, le ciel était couvert au 8/8. Vent pratiquement nul. Deux minutes après environ, un avion décollait et suivait approximativement la même direction. J'ai donc pu faire immédiatement la comparaison avec ce que je venais de voir. Aucune confusion n'est possible.
Enquête :

Le 14 février 1977, nous nous mettons en relation téléphonique avec les observateurs de Toulouse et du Pic du Midi. Le 10 février 1977, aucun phénomène n'a été observé par ces deux organismes.

Au cours de nos investigations, nous avons interrogé verbalement les voisins du couple B. et G. Aucun résultat positif n'a été retenu.

M. B., contrôleur à l'aérodrome d'Albi-Le-Séquestre, 81, était de service à la tour de contrôle le 10 février, de 5 h 45 à midi. Il n'a pas aperçu l'O.V.N.I., pas plus que M. B., le pilote ayant décollé ce même jour à 5 h 48 du terrain Le Séquestre pour Toulouse-Blagnac.

Aucune autre personne que M. B. et Mlle G. n'a aperçu l'objet.

O.V.N.I. en formation....

Il était 0 h 15 dans la nuit du samedi 19 février au dimanche 20 février 1977, sur l'autoroute Nancy-Metz. Des automobilistes ayant coupé leur moteur regardaient passer, le nez en l'air, trois sphères très brillantes apparaissant au travers des trouées nuageuses. Les objets, dont la formation affectait la forme d'un « V », étaient de couleur argent. L'observation ne dura pas deux minutes.

Les objets disparurent parmi les nuages dans la direction est-ouest, sous le regard stupéfait des automobilistes. Cette information m'a été communiquée par un confrère journaliste qui a lui-même été témoin de l'événement. Selon mon informateur il ne peut êre question d'invoquer la lune (qui était à moitié pleine) ni un phénomène astronomique. De plus, les sphères se déplaçaient dans un silence impressionnant. Leur volume était légèrement inférieur à celui de la pleine lune.

Plusieurs observations.

Quand on signale un cas d'O.V.N.I. dans une région, il n'est pas rare que l'on découvre de nouvelles observations dès le lendemain ainsi que les jours suivants.

Ainsi, le lundi 21 février, la ville de Saint-Dié, dans les Vosges, enregistra la présence d'un engin inhabituel dans son ciel.

Lundi soir, 21 février 1977, vers 21 h 30, plusieurs observateurs remarquèrent un engin qui brillait étrangement à l'ouest de la ville, très haut au-dessus de la Madeleine.

Ce ne pouvait être une étoile ni un quelconque satellite de la Terre, car les personnes ayant l'habitude de consulter le ciel savent qu'il n'y a pas d'astre aussi brillant, aussi scintillant dans ce coin du firmament, à une telle heure de la nuit.

Cet objet évoluait très lentement, se déplaçant plutôt vers le nord en émettant des rayons.

En un instant, d'ailleurs, ces rayons raccourcissaient et menaçaient de disparaître complètement pour réapparaître en quelques secondes.

Puis, toujours dans les Vosges, ce fut au tour de la ville de Golbey, proche d'Épinal, de recevoir la visite des O.V.N.I.

Apparition pour le moins étrange que celle constatée le mardi 22 février 1977 par plusieurs habitants de Golbey, en particulier ceux résidant au bâtiment « Les Fougères ».

Vers 6 h 40, un objet étrange, de grande dimension, d'où partaient des faisceaux lumineux vert et orange de forme conique, semblait flotter dans le ciel à la verticale du château d'eau.

Quelques instants plus tard, un objet identique, venant de la direction d'Épinal, croisa le premier, puis repartit à double vitesse vers Les Forges.

Le premier O.V.N.I. resta au même endroit

jusqu'à 7 h 05 puis s'éleva très rapidement à la verticale pour disparaître en l'espace de quelques secondes.

Nuit d'observation du 19 mars 1977.

La chasse aux O.V.N.I. est, pour les amateurs d'insolite, un merveilleux passe-temps auquel certains s'adonnent avec passion. Des groupements d'enquêtes vont jusqu'à lancer des « nuits d'observation », qui, dans la plupart des cas, se caractérisent par l'absence complète de phénomènes mystérieux.

Le samedi 19 mars 1977, le GEOS (Groupement d'Études des Objets Spatiaux) et la Société Varoise des Phénomènes Spatiaux ont organisé une soirée d'initiation à l'astronomie avec l'espoir d'y détecter un éventuel phénomène du type O.V.N.I. Ces deux organismes, qui groupent près de 2 000 adhérents, avaient quadrillé la France et comptaient bien ramener dans leurs filets un gros gibier.

Cette nuit-là, pour une fois, les O.V.N.I. furent au rendez-vous et c'est dans l'Est de la France, semble-t-il, qu'ils se montrèrent en plus grand nombre. A Longuyon, en Meurthe-et-Moselle, un photographe professionnel du journal de Metz *Le Républicain Lorrain,* réussit même un surprenant cliché. Avant de lire son histoire, je vous invite à parcourir la presse qui s'est fait l'écho de cette chasse aux O.V.N.I. :

De *L'Est républicain.*

Dans la vallée de la Thur, au sud des Vosges, une dizaine de personnes de Saint-Amarin (Haut-Rhin) ont observé des points lumineux en déplacement, le samedi 19 mars 1977, vers 21 h 30. Peu après, près de Longuyon (Meurthe-et-Moselle), un

témoin a photographié un « O.V.N.I. » au-dessus de la commune de Viviers-sur-Chiers.
Le phénomène – qui était suivi d'une lumière tantôt rouge, tantôt orange, bleue ou verte – a été suivi pendant plusieurs minutes.
Dans la Meuse, près de Bar-le-Duc, cinq personnes ont signalé aux gendarmes un fait étrange dans le ciel. Il faut ajouter, cependant, qu'aucune de ces personnes ne participait à la nuit d'observation déclenchée par les deux groupements. M. Raymond F., chef d'équipe à la société M. demeurant à Saint-Dizier, avec son épouse et son frère, maçon à Saint-Dizier, venaient de quitter ce samedi 19 mars 1977, Evres-en-Argonne où ils avaient passé la journée chez M. Léonard, garde champêtre, lorsque soudain, très haut dans le ciel, ils aperçurent deux sortes de boules superposées de 0,50 à 1 m de diamètre. Les mystérieux objets émettaient une lumière jaune orangé et rouge et se déplaçaient sans bruit. Après un moment de stupeur, les trois Bragards firent demi-tour et s'en allèrent prévenir M. et Mme Léonard pour qu'ils puissent, eux aussi, voir ce phénomène. Ainsi, pendant près de trois quarts d'heure, cinq personnes purent observer les évolutions de ces lumières qui disparurent vers l'est. Ce n'est qu'une fois remis de leur stupeur que ces témoins prévinrent les gendarmes de la brigade de Seuil-d'Argonne qui ont aussitôt ouvert une enquête, en vue de recueillir d'autres témoignages.

J'ai déjà dit toute la difficulté que représente l'analyse d'une photographie qui est censée fournir l'image d'un Objet Volant Non Identifié. J'ai également souligné la suspicion qui règne autour de ces documents dont on ne pourra jamais déterminer à coup sûr l'authenticité.

Cependant la photographie de Didier Bur, à Nancy, et celle du gendarme Michel Flouret de Revigny entrent dans la catégorie des « hautement probables ». Un troisième document est assez représentatif, à mon avis, des défauts dont font preuve les photographies d'O.V.N.I. : pour commencer, il n'est pas très suggestif, du moins pour le profane; ensuite, il a le tort d'avoir été pris par un professionnel – son auteur est, en effet, reporter photographe dans un journal. De plus, il a été pris la nuit où le GEOS organisait sa soirée d'observation en France. Ce qui pourrait être une pièce à conviction devient alors ici une raison supplémentaire de douter.

En examinant cette photo et en lisant l'information qui la concerne, je crus tout d'abord qu'il s'agissait d'une plaisanterie. Le cliché pourrait aussi bien représenter les arabesques dessinées par une cigarette prise en pose. Ensuite, on apprend que l'auteur a employé un télé-objectif de 700 mm ! Or tout amateur et professionnel avertis savent qu'un tel objectif n'existe pas !

J'ai rencontré le confrère auteur de ce document. L'histoire qu'il m'a racontée paraît authentique; j'ai bien dit « paraît »... Il a parfaitement répondu aux arguments qu'on lui opposait et c'est lui-même qui m'a raconté les détails de cette prise de vue.

Le samedi 19 mars 1977 à 22 h 30, je rentrais de Mont-Saint-Martin en direction de Lexy, en compagnie de mon épouse et mes enfants lorsque, arrivé à Longwy-Haut, j'aperçus dans le ciel un point lumineux qui clignotait en changeant de couleur. Arrivé à mon domicile, à quelques kilomètres de là, l'objet était toujours visible et je décidai d'essayer de le photographier.
J'installai sur mon balcon mon appareil Canon FT

QL 24 × 36 sur un pied en l'équipant d'un télé-objectif de 350 mm muni d'un doubleur de focale. Comme pellicule, j'employais une Kodak Plus × 160 ASA et je travaillais à une ouverture de 5,6.
J'avais l'intention de faire plusieurs photos avec des temps de pose différents. J'ai enclenché l'appareil en pose et je suis rentré dans la maison car il faisait frais.
Je suis sorti 5 minutes plus tard et j'ai constaté que le phénomène avait disparu.
Sur le coup, je me suis dit que je n'aurais sans doute rien sur la pellicule. Ce n'est que le lendemain, au moment du développement, que j'ai constaté que j'avais pris un document très intéressant.
Je le montrai à mes collègues journalistes, et c'est alors que le rédacteur en chef décida de faire paraître cette photographie en première page du *Républicain Lorrain*.

C'est bref, mais l'essentiel est dit, et l'auteur du cliché répond à la question concernant la présence du « 700 mm », qui se trouve être un objectif de 350 dont la focale est doublée.

Je crois pouvoir assurer que M. Yannick Salle, l'auteur de la photographie, ne paraît pas avoir cherché à tirer un profit quelconque de son document. Au contraire, il a fait l'objet de diverses sollicitations de la part de certains groupements intéressés par son histoire et, dans la plupart des cas, il a pris sur son temps pour répondre.

Enfin il a dû subir les feux de l'interview et raconter à maintes reprises dans quelles conditions il avait effectué sa prise de vue. Pourtant, le témoin ne paraît avoir tiré aucune gloire de son aventure.

La grande simplicité qui se dégage de son témoignage nous pousse à croire que nous n'avons pas affaire à une mystification.

Maintenant, la question reste de savoir à quoi correspond exactement ce cliché. Je doute, pour ma part, que même un spécialiste puisse donner une réponse... C'est une pièce, une de plus, à verser au dossier des O.V.N.I. !

C'est avec le récit concernant la prise de ce document que s'achève notre chapitre consacré à 1977.

Le mois de juillet 1977 semble bien confirmer l'impression générale constatée dès la fin 1976, à savoir une chute spectaculaire des observations sur le territoire français.

Cette vague, qui avait débuté fin 1973, aura donc duré près de quatre ans. Si elle n'a pas permis d'en savoir plus sur le phénomène O.V.N.I., elle aura au moins eu le mérite de permettre au public de considérer ce problème avec un œil nouveau.

Il ne reste plus qu'à souhaiter que pareil bouleversement s'opère dans les milieux scientifiques de façon que ce passionnant dossier puisse, un jour prochain, être examiné avec un esprit débarrassé de tout à priori.

DEUXIÈME PARTIE

MÉPRISES, CANULARS ET MYSTIFICATIONS

V

LES MÉPRISES

On parle très peu des témoignages qui ont pour origine l'erreur humaine. On parle encore moins de ceux qui proviennent de personnes qui affabulent ou qui inventent de toute pièce. Pourtant ces déclarations sont indissociables de l'ensemble du dossier et dans un souci d'honnêteté il est important de les signaler. De plus, leur nombre relativement élevé a de quoi surprendre et inquiéter à la fois.

Il ne faut pas chercher autre part les raisons qui ont conduit les scientifiques à refuser, pour la plupart d'entre eux, que l'on accorde de l'intérêt au phénomène O.V.N.I.

C'est avec les méprises que nous ouvrons ce chapitre.

Message de gendarmerie.

O.V.N.I. vu en vol.
Circulaire 32.600 MA/GEND. T. du 2 août 1968
Note Expresse n° 227/2 Brigade de V. du 29 novembre 1974.
A la fin du mois d'août 1974, M. B. Patrice, garagiste à Val-de-Vière (51) a vu et filmé un Objet Volant Non Identifié. Cet objet, se déplaçant d'est

en ouest, lui est apparu sous la forme d'un point sans forme précise, de couleur foncée, suivi d'une flamme orangée. Il ne peut estimer ni les distances ni les dimensions. Son observation a duré un quart d'heure environ.
L'objet a disparu à l'horizon; il était 20 h 30 environ. M. B. pense qu'il peut s'agir d'un appareil volant mais il affirme qu'il ne s'agit pas d'un avion. Il n'a entendu aucun bruit. L'intéressé consent à prêter le film en vue de son exploitation.
Le Capitaine M. commandant la Compagnie.

La lecture de ce message émanant de la gendarmerie déclencha en moi l'intérêt le plus vif et j'essayai aussitot d'entrer en contact avec la personne qui détenait la séquence filmée. Ma correspondance n'obtenant pas de suite, je pris la décision de me rendre sur place, à Vanault-les-Dames, dans la Marne.

M. Patrice B. me reçut fort aimablement et accepta immédiatement de me montrer son document. Il s'agissait d'un film super 8 tourné avec une caméra automatique comme on en trouve aujourd'hui un peu partout dans le commerce. M. B. était convaincu de l'intérêt exceptionnel de sa séquence et, pour ma part, je me réjouissais fort d'examiner enfin un de ces fameux O.V.N.I. sur film. De plus, la restitution du mouvement me faisait espérer revivre l'observation dans sa totalité, comme le témoin l'avait lui-même vécue.

Ma déception fut grande; l'O.V.N.I., qui n'apparut que deux à trois secondes sur l'écran, se présentait comme une lueur fort lointaine ressemblant un peu trop à ces traînées que laissent les avions au moment du soleil couchant. M. B. avait procédé à un ingénieux montage comparatif en faisant figurer dans son film de nombreux phénomènes aériens courants. On pouvait ainsi voir la lune à son premier quartier, le passage d'avions de ligne évoluant en haute atmosphère, une série d'appareils pris dans des conditions particulières d'éclairage au couchant et des sources de lumières ponctuelles.

Effectivement, le trait lumineux enregistré ce soir du mois d'août 1974 ne ressemblait en rien à tous ces objets. J'ai effectué par la suite un agrandissement d'une des images du film et, curieusement, on distingue une sorte de bâtonnet incandescent de 2 à 3 m de long qui pourrait ressembler à un disque. Mais c'est une information de peu de poids qui doit trouver son explication, me semble-t-il, dans une solution plus classique du genre avion ou satellite. C'est de cette catégorie d'informations que se compose le présent chapitre. Son but est de montrer aux lecteurs que l'on rencontre fréquemment des observations très mystérieuses, au premier abord et qui s'avèrent, en fin de compte, porter sur des ballons, des avions, des satellites ou même des planètes. Les témoins de ces fausses apparitions d'O.V.N.I. sont généralement sincères et il ne faut pas les confondre avec les auteurs de mystifications. On peut classer ces témoignages dans deux catégories : les premiers sont dus au passage d'engins construits par l'homme, les seconds à l'existence de phénomènes astronomiques dont la méconnaissance provoque de fausses interprétations.

1. *Avions – Mig 25 – Ballons*

Les avions.

Chaque jour, des milliers d'avions sillonnent notre espace aérien. L'homme s'est habitué à ces oiseaux d'acier dont les traînées dessinent dans le ciel de grandes zébrures blanches. Le fait de s'être ainsi familiarisé avec la présence au-dessus de sa tête d'aéronefs de toutes sortes lui donne la trompeuse assurance de connaître la totalité des machines volantes produites par ses semblables.

Deux dépêches de l'A.F.P. vont pourtant nous montrer à quel point des témoins peu versés dans les choses du ciel peuvent être facilement induits en erreur. Je reproduis intégralement ces deux dépêches car leur lecture nous fait bien saisir la transformation d'une information somme toute banale en une troublante manifestation céleste...

Objet mystérieux dans le ciel de Madrid.
MADRID, 10 MARS 1967. AFP.
DES CENTAINES DE MADRILÈNES ONT PU VOIR ÉVOLUER PENDANT SIX HEURES, LA NUIT DERNIÈRE, DE MYSTÉRIEUX OBJETS LUMINEUX DANS LE CIEL DE LA CASA DE CAMPO. LE JOURNAL *El Alcazar* PUBLIE VENDREDI DES PHOTOGRAPHIES DE CES ÉTRANGES OBJETS QUI DÉCRIVAIENT UN CERCLE TOUTES LES 9 MINUTES 14 SECONDES. IL ÉCRIT : « IL SERAIT SANS DOUTE ABSURDE DE PENSER À DES SOUCOUPES VOLANTES, MAIS IL NE SERAIT PAS MOINS ABSURDE DE PENSER QU'IL S'AGIT D'AVIONS, D'UN BALLON OU D'UN SATELLITE ARTIFICIEL. » NI LA TOUR DE CONTRÔLE NI L'OBSERVATOIRE N'ONT PU ÉLUCIDER LE MYSTÈRE.
AFP. C.P., 23 h 51.

Seconde dépêche sur cette information, le lendemain :
AFP. 182D. Le mystérieux objet n'était qu'un avion...
MADRID, LE 11 MARS 1967. AFP.
LE MYSTÉRIEUX OBJET QUE DES CENTAINES DE MADRILÈNES ONT PU OBSERVER PENDANT SIX HEURES, DANS LA NUIT DE JEUDI À VENDREDI, N'ÉTAIT QU'UN AVION SCIENTIFIQUE AMÉRICAIN DE LA BASE DE

TORREJON, PRÈS DE MADRID. CET AVION EST DOTÉ D'UN PUISSANT PROJECTEUR AFIN D'ÊTRE VU DE LA TERRE. QUELQUES MADRILÈNES ONT CRU PENDANT QUATRE HEURES AVOIR ÉTÉ LES TÉMOINS DE L'ÉVOLUTION D'UNE SOUCOUPE VOLANTE.
AFP, 23 h 26.

Les abonnés de l'Agence France-Presse ont donc pu connaître le fin mot de l'histoire. Hélas ! les journaux desservis par cette agence « oublient », la plupart du temps, de fournir à leurs lecteurs les résultats de l'enquête, laissant ainsi la fausse information faire son petit bonhomme de chemin...

Ainsi les évolutions de simples avions peuvent parfois donner lieu à des spectacles peu ordinaires qui abusent plus d'un observateur. Ce type d'erreur se manifeste surtout en fin de journée, lorsque le soleil, alors très bas sur l'horizon, n'éclaire plus que les couches élevées de l'atmosphère. Un appareil traversant le ciel à cette heure avancée provoque de stupéfiants phénomènes de diffraction. Ceux-ci sont produits par les rayons réfléchis par la verrière ou la surface métallisée de l'avion qui projettent pendant quelques secondes de très violents éclairs dont il sera impossible aux témoins de déterminer l'origine.

En outre, les avions de chasse sont munis à l'avant d'un projecteur très puissant que les pilotes allument lors du décollage ou de l'atterrissage, de jour comme de nuit. Un Mirage, phare en action, dans la position d'approche de la piste, la vitesse réduite à son minimum, peut donner l'illusion à un éventuel observateur de voir grossir un objet lumineux qui descend doucement sur l'horizon. Cette explication vaut certainement pour l'observation suivante qui s'est produite le 20 novembre 1974 à Vitry-lès-Reims, dans la

Marne. Le message de gendarmerie est rédigé ainsi :
Selon *L'Union de Reims*, un lecteur aurait observé un O.V.N.I. le 20 novembre 1974, vers 20 h 30, au-dessus de Vitry-lès-Reims. Cette observation n'a pas été confirmée par les habitants de la région. Il s'agit probablement d'un aéronef effectuant une manœuvre d'approche de la piste sur la base aérienne 112. La tour de contrôle de cette unité n'a rien remarqué d'anormal.

A l'intérieur d'un avion, le passager peut également être abusé par des phénomènes optiques se produisant sur les nuages au-dessus desquels évolue son appareil.

J'ai personnellement assisté à cet étonnant spectacle alors que je me trouvais au-dessus de l'Afrique dans un Boeing ravitailleur de l'armée de l'air française. J'étais allongé dans la cabine près du technicien responsable du ravitaillement en vol. Cet habitacle, situé juste en dessous de la queue du K.C. 135, possède une verrière d'où l'on découvre tout ce qui défile sous le ventre de l'appareil. Entre deux phases de la manœuvre, le passe-temps favori des occupants consiste à regarder les continents ou les mers qui se profilent 10 000 m plus bas. Alors que le Boeing survolait une couche de nuages de différents volumes, un surprenant effet de diffraction reproduisit la silhouette de l'appareil. La focalisation qui se formait sur les nuages était en mouvement constant, comme si l'image avait été projetée sur un écran changeant de place à chaque instant.

Au premier coup d'œil, nous eûmes la nette impression que l'avion dans lequel nous nous trouvions était suivi par un second dont nous avions beaucoup de mal à définir les structures.

Il semblait franchement impensable qu'il pût s'agir là de la projection de l'appareil dans lequel nous nous trouvions. Puis, au bout de quelques minutes, nous comprîmes enfin que nous assistions à un phénomène optique peu courant.

Il y a quelques années la presse publia une curieuse photographie d'O.V.N.I. dont la légende disait ceci :
Mrs Joan Oldfield, une infirmière anglaise, ne crut pas ses yeux lorsque, à travers le hublot de l'avion qui les menait, elle et son mari, de Manchester à Southampton, elle aperçut subitement un curieux objet volant à une certaine distance de l'appareil. Croyant d'abord se trouver en présence d'un autre avion, elle s'empara de la caméra de son mari et filma l'objet à travers le hublot. Quelle ne fut pas sa surprise, lorsque le film fut développé, de voir que l'appareil ressemblait étrangement à une « soucoupe volante ». Le film montre l'objet dans différentes positions au fur et à mesure que l'angle de prise de vues changeait avec le déplacement, puis la soucoupe disparut à une vitesse estimée à plusieurs milliers de kilomètres à l'heure.

La photographie, en fait, montrait, non pas une soucoupe volante, loin de là, mais une silhouette noire sur un fond blanc de nuages. On aurait dit une espèce de « saucisse » munie de deux rectangles, un peu comme des ailerons d'avions tronqués. A la projection, le film permit de constater que l'objet calquait scrupuleusement sa trajectoire sur celle de l'avion. La raison de ce « mimétisme aérien » n'avait rien d'extraordinaire car ce qu'avait filmé l'infirmière n'était autre que l'ombre de son propre avion, qui, comme mon Boeing de ravitaillement, se réfléchissait sur la couche nuageuse située plus bas.

O.V.N.I. ou MIG 25?

Les évolutions à très haute altitude d'appareils militaires étrangers venant effectuer au-dessus de l'Europe des missions de reconnaissance entraînent des méprises dont la presse se fait parfois l'écho, témoin cet entrefilet :
Un Objet Volant Non Identifié (O.V.N.I.) de forme allongée, signalé dans le ciel de Nancy, le vendredi 9 avril 1976.
Mais s'agit-il réellement d'un O.V.N.I.? Ainsi que nous le relations récemment, des avions espions soviétiques, du type Mig 25, survolent régulièrement l'Europe, dont la France. Et certains observateurs n'hésitent pas à affirmer que l'Est de la France est survolé par ces appareils difficilement interceptables étant donné leur vitesse (presque 3 000 km/h) et leur altitude (36 km).

La présence supposée à très haute altitude d'avions soviétiques au-dessus de l'hexagone a donné naissance en 1976 à une série d'informations difficilement contrôlables. Il fallut l'énergique intervention de l'État-Major de la défense aérienne, en la personne du général Maurice Bret, pour stopper cette psychose du Mig 25. Le commandant de la défense aérienne effectuait alors une mise au point pour le compte de la revue spécialisée *Armées d'aujourd'hui* dont l'AFP, le 10 mai 1976, résumait ainsi l'essentiel :
LE GÉNÉRAL MAURICE BRET, COMMANDANT DE LA DÉFENSE AÉRIENNE, A AFFIRMÉ QUE JAMAIS AUCUN AVION MIG 25 SOVIÉTIQUE N'A SURVOLÉ LE TERRITOIRE FRANÇAIS. DANS LE NUMÉRO DE MAI DE LA REVUE *Armées d'aujourd'hui*, LE GÉNÉRAL DE CORPS

AÉRIEN BRET, INTERROGÉ SUR LES INFORMATIONS SELON LESQUELLES DES MIG 25 SURVOLENT IMPUNÉMENT LE TERRITOIRE FRANÇAIS, ESTIME QUE CES AFFIRMATIONS SONT DÉNUÉES DE TOUT FONDEMENT.
« L'ARMÉE DE L'AIR FRANÇAISE, SOULIGNE LE GÉNÉRAL BRET, A CONSTRUIT UN SYSTÈME DE DÉTECTION AUTOMATISÉ. NON SEULEMENT ELLE POSSÈDE DES RADARS DONT LA DÉTECTION VA JUSQU'À 400 KILOMÈTRES ET JUSQU'À 50 000 MÈTRES D'ALTITUDE, MAIS ENCORE ELLE ASSOCIE À CES RADARS DES ORDINATEURS COUPLÉS À L'ORDINATEUR QUI SE TROUVE À TAVERNY (VAL-D'OISE). NOUS SOMMES ÉGALEMENT RELIÉS AUX RADARS CIVILS FRANÇAIS ET ÉTRANGERS. C'EST CETTE COUVERTURE QUI PERMET À LA DÉFENSE AÉRIENNE FRANÇAISE DE « VOIR » TOUT CE QUI VOLE EN ALTITUDE EN EUROPE OCCIDENTALE ET MÊME SUR UNE PARTIE DE L'EUROPE ORIENTALE. ET A FORTIORI DANS LE CIEL DE FRANCE. »
EN CE QUI CONCERNE LE MIG 25, LE GÉNÉRAL BRET AJOUTE : « JE VOUDRAIS PRÉCISER QUE CET AVION EST PARTICULIÈREMENT FACILE À DÉTECTER POUR TROIS RAISONS : D'ABORD PARCE QUE C'EST UN AVION IMPORTANT, ENSUITE PARCE QUE C'EST UN AVION QUI VOLE PLUS HAUT ET PLUS VITE QUE LES AUTRES, ENFIN, PARCE QU'AU TRAVERS DE LA MASSE DES AVIONS QUI ÉVOLUENT DANS LE CIEL DE L'EUROPE, UN TEL APPAREIL NE PASSE PAS INAPERÇU. C'EST CE QUI A PERMIS DE L'IDENTIFIER À PLUSIEURS REPRISES ET DE POUVOIR CONFIRMER SES PERFORMANCES AUX AUTORITÉS CIVILES ET MILITAIRES FRANÇAISES, TELLES QUE NOS ORDINATEURS LES AVAIENT RESTITUÉES. »

Mais ceci ne signifie pas qu'il n'y ait pas d'objets inconnus dans l'espace aérien français. Ce livre en est la meilleure preuve. Comme je l'ai déjà souligné, l'armée de l'air admet volontiers la présence d'Objets Volants Non Identifiés, mais elle semble nier férocement en revanche l'existence dans nos cieux de tout appareil inconnu. C'est un paradoxe qui atténue, me semble-t-il, quelque peu la portée des déclarations du général Bret...

Le ballon : un O.V.N.I. des plus courants.

Pour justifier la disparition du capitaine Mantel, un pilote américain qui trouva la mort en 1948 en pourchassant un immense objet inconnu, le professeur Menzel, un éminent astronome américain surtout connu pour l'obstination qu'il met à trouver des explications à toutes les histoires d'O.V.N.I., déclara que le regretté aviateur avait pourchassé un volumineux ballon sonde...

Il est un fait que ces objets, plus que tout autre, sont susceptibles d'être confondus avec les mystérieux objets célestes.

L'exemple qui ouvre cette série est tiré du dossier de l'armée de l'air. Même pour des pilotes qualifiés, habitués à l'observation du ciel, on se rend compte qu'il se pose parfois de réels problèmes d'identification. Fidèle à ma volonté de fournir un maximum de renseignements, je reproduis *in extenso,* tiré directement des archives militaires du Bureau Prospective et Étude du ministère de l'Air, le rapport rédigé par les deux pilotes qui volaient en formation au moment de leur observation :

Cognac, 21 septembre 1956. Base aérienne.
Le colonel M., commandant la base aérienne à Monsieur le général commandant le 1er CATAC

Compte rendu du capitaine C., sous-lieutenant G. au sujet de l'observation dans le ciel d'un engin non identifié, observation transmise à toutes fins utiles.

(Il serait intéressant de demander au service

intéressé s'il n'y a pas eu d'envoi de ballon-sonde, en particulier à l'observatoire du Puy-de-Dôme.)

Base aérienne X – Escadre de reconnaissance n° 33 – Escadron de reconnaissance 03/33.
Le capitaine de l'escadron de reconnaissance 03/33 à M. le colonel commandant l'escadre de reconnaissance n° 33.
Objet : observation d'un mystérieux objet céleste (MOC)
J'ai l'honneur de vous rendre compte de l'observation d'un objet céleste non identifié au cours d'une mission aérienne à haute altitude. En mission de navigation à haute altitude sur F 84 G, contrôlant le lieutenant, la patrouille étant en descente de 30 000 pieds, vers 10 000 pieds au cap 300 dans la région de Brioude, j'aperçus un objet sphérique d'apparence translucide au-dessus et à la droite de la patrouille. J'assimilai au premier abord cet objet à un ballon-sonde météo. Sa trajectoire semblant être parallèle à la nôtre, sa vitesse légèrement inférieure, ce phénomène m'intrigua.
Je crus successivement voir en lui un avion à aile en flèche puis, pendant la fin de la descente, un disque plat légèrement ovale.
Fortement intrigué, je repris la direction de la patrouille à la verticale du Puy de Sancy à environ 10 000 pieds et montai à plein régime après un virage de 180° pour me mettre face à l'objet qui sembla se déplacer de nouveau dans une direction identique à la nôtre.
J'effectuai quelques virages de 90° en montant, l'objet incriminé semblant suivre la même trajectoire que les avions. Dès la traversée d'un léger voile de cirrus, la vision dc l'objet fut beaucoup plus nette. Celui-ci semblait plus proche et apparaissait sous la forme d'une sphère parfaite de

couleur aluminium poli. Son diamètre apparent était assez important, du même ordre que celui d'une sphère de 5 à 6 cm vue à 5 m. Aucune aspérité n'était visible. A 32 000 pieds, n'observant aucun changement dans la distance verticale qui me séparait de l'objet, j'abandonnai la poursuite, concluant que cet objet montait en même temps que nous ou était à une distance verticale telle qu'il était impossible de le rejoindre. La première observation a eu lieu jeudi 20 septembre environ 15 h 50. La poursuite fut abandonnée à 16 h 10. La visibilité au-dessus du voile de cirrus était exceptionnelle.

Pendant l'éloignement du cap de retour sur Cognac, le diamètre apparent du MOC semblait diminuer, son déplacement par rapport à l'avion étant nettement sensible, excluant donc une altitude très grande.

Cognac, le 21 septembre 1956.

B.A. – Escadre de reconnaissance n° 33 – Escadron de reconnaissance 03/33.

Le sous-lieutenant G., escadron de reconnaissance 03/33 à M. le colonel commandant l'escadre de reconnaissance 33. Objet : Observation dans le ciel d'un engin non identifié.

J'ai l'honneur de vous rendre compte de l'observation dans le ciel d'un engin non identifié.

Lors de mon vol en patrouille avec le capitaine C. le 20.9.1956 aux environs de 15 h 50, j'aperçus à une altitude non déterminée un engin d'une forme circulaire.

A ce moment-là, j'étais en descente et passais à l'altitude de 12 000 pieds. L'engin paraissait très haut. Sur ordre du leader, je rassemblai sur lui en patrouille de combat et montai en direction de l'engin.

Après avoir traversé un voile de cirrus, j'ai eu

l'impression que l'objet en question avait grossi. Pendant 20 mn environ, j'évoluai en patrouille de combat. L'engin semblait me suivre dans les évolutions tout en restant à ma verticale. Cet engin avait, à ce moment-là, une forme absolument sphérique d'une taille que je ne pouvais déterminer, sa couleur se rapprochant de l'éclat métallique tout en ayant une apparence translucide. L'observatoire du Puy-de-Dôme, sollicité pour donner son avis sur cette affaire, fit parvenir la réponse suivante :

Le 26 septembre 1956.
Université de Clermont-Ferrand. Institut et Observatoire de physique du Globe du Puy-de-Dôme, 12, avenue des Landais – Clermont-Ferrand.
Le directeur de l'observatoire du Puy-de-Dôme à M. le lieutenant-colonel commandant la 33e escadre de reconnaissance.
Base aérienne.
En réponse à votre demande de renseignements en date du 21.9.1956, concernant un engin non identifié par les pilotes de votre formation, j'ai l'honneur de vous communiquer ce qui suit. Un ballon a dérivé à très faible vitésse dans le ciel de Clermont au cours de la journée du 20 septembre. Les premières observations faites dans la matinée l'ont situé vers le nord-est. Il a suivi une direction d'abord sud-sud-ouest, puis sud-est. Au coucher du soleil, il se trouvait à la verticale de la région d'Issoire. D'après les observations faites par mes services, qui ont demandé le recoupement de visée à partir des stations météorologiques d'Aulnat du sommet du Puy-de-Dôme, le ballon se trouvait à 17 h, heure légale à une altitude de 20 km et à la verticale du village de Plauzat. Il était translucide, sa forme était approximativement sphérique, avec, toutefois, un léger ren-

flement au sommet et un renflement plus accusé à la base. Son diamètre pouvait être évalué à environ 20 m. Le ballon a pu être observé sans interruption au cours de son long déplacement. Il est devenu invisible à 19 h 05, heure légale, instant où il a cessé d'être éclairé par les rayons solaires.
Nous ignorons l'origine de cet engin. Les services météorologiques de la région n'ayant procédé, non plus que nous-mêmes, à aucun lâcher de ballon. Veuillez agréer, mon colonel, mes sentiments respectueux.

Certes, on ne peut affirmer avec une absolue certitude que le ballon en dérive et l'O.V.N.I. aperçu par les pilotes sont bien le même objet. Mais il y a de fortes chances pour que ce soit le cas, et, pour toute commission d'enquête sérieuse, il ne saurait être question de considérer comme « inexplicable » une observation où un tel doute subsisterait. On peut dire qu'il y a de fortes présomptions pour que ce soit effectivement un ballon-sonde qu'ont vu les deux pilotes. Sur terre, l'erreur est encore plus courante comme nous le montre la série de témoignages suivante en provenance de la gendarmerie et de la presse.

Alerte à l'O.V.N.I..

Le 7 novembre 1976. (AFP.)
UNE ALERTE A ÉTÉ SONNÉE DIMANCHE À 13 H 30 À L'AÉROPORT DE ZAVENTHEN EN BELGIQUE. LES RADARS DE LA TOUR DE CONTRÔLE SIGNALAIENT EN EFFET UN O.V.N.I. DANS LE CIEL DE BRUXELLES. PEU APRÈS, ON S'APERÇUT QU'IL S'AGISSAIT D'UN BALLON LIBRE PILOTÉ PAR UN PARISIEN, M. ROBERT DEFÈQUE, ÂGÉ DE 77 ANS, ACCOMPAGNÉ DE DEUX

PASSAGERS. PARTI DE DOUAI À 11 H, LE BALLON A FINALEMENT ATTERRI À LOMMEL EN CAMPING BELGE VERS 15 H GMT. PROCÈS-VERBAL A ÉTÉ DRESSÉ AU PILOTE. IL AVAIT SURVOLÉ LE TERRITOIRE BELGE SANS AUTORISATION.
AFP/MTBV 20.47.

On peut dire que c'est le premier procès-verbal qui aura été dressé contre un O.V.N.I....

Un ballon porteur de laboratoire.

Déclaration de Mme D. Ginette, 41 ans, demeurant à Ramonville :
Le vendredi 17 septembre 1976, vers 20 h 30, je suis sortie sur le pas de ma porte et j'ai été interpellée par Mme R. Ma voisine m'a déclaré qu'elle observait dans le ciel un objet inconnu. Cet objet se trouvait à la verticale de mon domicile en direction du sud-ouest. Je l'ai observé à l'œil nu, puis Mme R. m'a passé les jumelles. Il s'agissait d'un objet de forme sphérique de couleur argentée, très lumineux. Cet objet ne bougeait pas, puis, subitement et à grande vitesse, il a disparu. Je n'ai pas remarqué qu'il changeait de couleur. Je suis affirmative, il ne s'agissait pas d'une étoile, le ciel était pur. C'est la raison pour laquelle j'ai parfaitement vu ce phénomène. Je ne puis évaluer à quelle hauteur se trouvait cette chose. C'est la première fois que je vois un tel objet dans le ciel. J'ignore si d'autres personnes ont observé cet engin inconnu.
Enquête : Mentionnons que les deux personnes sont bien équilibrées, donc dignes de foi, mais elles ont pu se laisser abuser par la présence d'un ballon-sonde ou tout autre objet lancé par l'homme, le complexe aérospatial de Toulouse étant limitrophe avec la commune de Ramonville.

Le même jour, par téléphone, le directeur du Centre National des Études Spatiales, le C.N.E.S., à Toulouse, nous fournit les renseignements suivants : L'objet observé par les témoins est un ballon porteur d'un laboratoire. Il avait été lancé du centre d'Aire-sur-l'Adour (40), pour exécuter des mesures à haute altitude. En ce qui concerne les changements de couleurs, ils sont produits par le phénomène de diffraction de la lumière du soleil couchant, cependant que les mouvements atmosphériques provoquent des déformations optiques des contours de l'objet.
Les deux témoins ont été mis au courant des faits.

Du journal *La Liberté de l'Est :*
Rambervillers (Vosges) : Pour la quatrième fois depuis le mois de mai, un O.V.N.I. est observé dans la région.

Cinq personnes d'Anglemont (trois adultes et deux enfants) travaillaient le 3 août 1976 dans un champ proche du village, quand soudain, vers 11 h 45, leur attention fut attirée par un engin qui se déplaçait lentement au-dessus des bois de Doncières, plusieurs kilomètres plus loin. Et jusqu'à 12 h 45, ils eurent tout loisir de l'observer : il s'agissait d'un objet de forme cylindrique, aux deux extrémités légèrement pointues, tel un cigare; il avait la couleur de l'aluminium, brillait constamment, semblant flotter, vaciller « comme une barque sur l'eau ». Sa taille devait être importante, car les témoins, qui évaluent la distance qui les séparait de l'engin à cinq ou six kilomètres, fixent approximativement, « à l'œil nu », sa longueur de 1,5 à 3 m, et son diamètre à 1 m.
Après une demi-heure, l'O.V.N.I., jugeant peut-être s'être suffisamment fait admirer, disparut à

l'horizon dans la direction de Charmes-Mirecourt. La gendarmerie a ouvert une enquête. Phénomène physique inexpliqué, dirigeable, hallucination collective, extra-terrestres?...
Il n'empêche qu'il s'agit là de la deuxième déposition de ce genre recueillie par les gendarmes de Rambervillers depuis un mois et qu'à deux reprises, aux mois de mai et de juin, plusieurs personnes avaient pu apercevoir, au-dessus du Bois Béni, route de Baccarat, un phénomène analogue.

Dans le même journal, mais sous une autre rubrique, la même information, avec, cette fois-ci, son explication. En comparant les deux articles on s'aperçoit que les premiers témoins qui ont été abusés par cet appareil inhabituel ont rapporté très honnêtement ce qu'ils avaient vu.

Un O.V.N.I. dans le ciel d'Épinal (Vosges).

Entre 12 h 30 et 13 h, le 3 août 1976, l'attention des Spinaliens et des habitants de la région a été attirée par un bruit inhabituel, une sorte de ronronnement en provenance du ciel, un bruit qui n'avait rien à voir avec celui d'un moteur d'avion ou d'un hélicoptère.
Conditionnés par les récentes apparitions d'O.V.N.I. dans le ciel de Lorraine (des apparitions qui ont fait l'objet de maintes émissions régionales télévisées), les Spinaliens se sont dit : « Ça y est, cette fois, c'est un O.V.N.I. Nous aurons le nôtre. » Et de se précipiter dehors, de lever le nez vers le ciel à la recherche de la soucoupe volante ou de l'engin en forme de cigare. Effectivement, le ronronnement de moteur provenait d'un engin long, cylindrique, aminci aux deux

extrémités tel qu'il a été décrit après les observations de certains « privilégiés ».
Il se déplaçait lentement, très lentement, à faible altitude, de quoi distinguer nettement une nacelle et ses occupants. Mais il ne s'agissait pas de petits bonshommes « verts ».
En fait, nous n'avions pas au-dessus de nos têtes un Objet Volant Non Identifié, mais, plus simplement, un dirigeable affichant sur ses flancs le nom d'un pneumatique made in USA.
Tant pis si l'O.V.N.I. spinalien n'ira pas prendre place dans quelque chemise d'enquêteur ni gonfler les dossiers des spécialistes de la question. Il aura cependant fait son effet.

Dans la rubrique « Faits divers », cet entrefilet : *Un missile dans un verger.*

Un missile d'exercice « Matra R 530 » et son lance-missile se sont détachés d'un avion Mystère F-1, de la base aérienne d'Orange (Vaucluse), qui volait à haute altitude.
Les deux engins, d'un poids total de 200 kilos, sont tombés dans un verger loin de toute habitation, près du village de Saint-Julien-de-Peyrolas (Gard). Il n'y a eu aucune victime et les autorités militaires ont récupéré le missile et son engin lanceur peu après.

Tous les jours il tombe des objets du ciel. Tous ne sont, certes, pas aussi dangereux qu'un missile, mais, avec tous les avions militaires et civils qui sillonnent les cieux, on peut penser que de nombreuses méprises ont bien souvent été causées par ces chutes accidentelles d'objets aux origines les plus diverses.

De plus, comme nous allons le voir maintenant,

l'espace grouille de milliers d'épaves, contribuant largement à entretenir nombre d'erreurs en restituant de temps à autre, de manière spectaculaire, satellite ou fusée.

2. *Fusées et satellites*

Les trajectoires de rentrée des fusées porteuses ou des satellites s'étendent sur des centaines de kilomètres et elles sont signalées par des dizaines de témoins dont les déclarations se recoupent dans le temps et l'espace. Par opposition, le phénomène O.V.N.I., qui est localisé dans un espace très limité, ne touche toujours qu'un petit nombre de témoins (en général deux ou trois mais plus couramment un seul).

Cette relation entre le grand nombre d'observateurs pour le passage d'un engin évoluant très haut dans l'espace et le chiffre peu élevé des témoins du passage à très basse altitude d'un O.V.N.I. représente une réalité objective qui est corroborée par l'observation.

Comme nous l'avons vu précédemment à propos des ballons, les témoins décrivent généralement avec précision les particularités entrevues qui permettent bien souvent l'identification. Mais, la plupart du temps, les observateurs sont persuadés très sincèrement d'avoir assisté au passage d'un O.V.N.I. et leurs déclarations vont toutes dans ce sens.

C'est alors un avantage pour le spécialiste de pouvoir compléter son information par un nombre élevé de témoignages car l'étude d'un seul d'entre eux ne permet pas une analyse satisfaisante de la manifestation; ces phénomènes se présentent en effet sous des aspects le plus souvent franchement déroutants.

Je remonte très loin dans le temps, dix ans en arrière, avec une déclaration provenant d'un officier de l'armée de l'air dont le rapport figurait au fichier du ministère de l'Air, témoignage qui va nous aider à comprendre comment un pilote, habitué aux choses du ciel, a pu se laisser abuser par un phénomène céleste dont il méconnaissait l'origine.

Armée de l'Air. Commandement de Transport Militaire Aérien, V.
A V., le 26 juillet 1967.
Monsieur le général d'armée aérienne
chef d'état-major de l'armée de l'air BEA – Paris.
Compte rendu relatif à des Objets Volants Non Identifiés vus par le sous-lieutenant C. dans la nuit du 17 au 18 juillet 1967.
1re escadre de transport aérien X le 18 juillet 1967.
Le sous-lieutenant C. à Monsieur le colonel commandant de la base aérienne X.
Objet : Objet aérien non identifié.
J'ai l'honneur d'apporter mon témoignage personnel aux rapports de presse signalant des O.V.N.I. dans la nuit du 17 au 18 juillet 1967.
Je circulais en voiture avec mon épouse entre Mâcon et Nevers quand, à une dizaine de kilomètres de cette ville, mon attention fut attirée par une constellation (ressemblant à la Pléiade) à un endroit (sud-ouest) où je ne m'attendais pas à la trouver. Mon épouse me saisit le bras en me disant : « Qu'est-ce que c'est? » J'ai eu alors la nette impression que les « étoiles » se déplaçaient. La route arrivant au sommet d'une éminence, je m'arrêtai et nous descendîmes de voiture, ne laissant que les feux de position allumés. Nous vîmes alors distinctement des « appareils ». L'un d'eux, à mesure qu'il se rapprochait, devint extrêmement gros, au moins trente fois la dimension

des autres qui volaient en formation parfaite avec lui. Une lumière stellaire se dégageait des engins et une traînée lumineuse marquait leur déplacement. Ils passèrent à notre verticale apparente avec un cap nord-est. Mon épouse me dit « une comète suivie d'astéroïdes ». Elle continuait d'observer leur déplacement, quand personnellement, regardant de nouveau vers le sud, je vis un autre engin isolé, celui-là de petite dimension, suivant la même route. Au moment où il atteignait la verticale apparente, il accéléra notablement, provoquant une augmentation sensible de la traînée lumineuse, et rejoignit les autres. Il était 0 h 15 GMT. Nous repartîmes et, à l'entrée de Nevers, je m'arrêtai à une station-service où je signalai la chose aux deux pompistes, en demandant de m'autoriser de téléphoner à l'ORTF. Leur attitude résolument sceptique me découragea. A son émission de 3 h, heure locale, Paris-Inter signala le phénomène. Voici mes appréciations :

1) La trajectoire suivie par les objets semblait être une droite tangentant la terre.

2) La distance approximative au moment de la verticale apparente : 3 ou 400 km.

3) Diamètre de l'objet : le plus gros 30 à 32' d'arc.

4) Longueur des traînées lumineuses : de 10 à 20 km.

5) Cap nord-est.

6) Vitesse approximative : 9 à 10 km/s.

7) Formation « intelligente » de l'ensemble : deux d'un côté, trois de l'autre côté de l'objet principal. Formation en V.

8) Accélération notable du dernier engin pour rejoindre les autres et doublement de la traînée lumineuse, et cela au moment du passage préalable au plus près de la terre.

9) Temps total de l'observation non contrôlé mais de l'ordre de 3 à 4'.

10) En s'éloignant, les engins ne suivirent pas la courbure terrestre, ce qui augmenta le temps d'observation. Il en était de même pour leur « arrivée ».
11) Les objets sont lumineux par eux-mêmes, comme s'ils dégageaient des particules électrisées.
12) Ces objets ne peuvent en *aucun cas* (souligné par le rapporteur) être assimilés à des satellites artificiels, ballons-sondes ou effet M.T.O.
13) Le ciel était exempt de tout nuage au moment de l'observation.
14) Aucune ligne électrifiée ne se trouvait à proximité.

Signé Sous-Lieutenant C.

C'est ce type de déclaration qui intéresse les astronomes, car la qualité des précisions que l'on y trouve autorise à coup sûr l'identification. Ici, le problème ne s'est cependant pas posé longtemps, la France entière ayant enregistré l'événement, et c'est par centaines que les lettres ou les coups de téléphone ont décrit aux astronomes la désintégration du bolide. Après analyse de ces informations, il a été possible aux spécialistes de classer le phénomène. Il s'agissait de la retombée de la fusée ayant mis sur orbite le satellite Cosmos 169. Il est certain que la vision prit pour certains témoins des allures déconcertantes mettant en ébullition leur imagination.

Les choses du ciel ont toujours engendré chez l'homme des réactions de craintes superstitieuses venues de la nuit des temps. Nos ancêtres, les Gaulois, se sont distingués par une certaine obstination héroïque à considérer le ciel comme un ennemi redoutable dont les manifestations provoquaient chez eux une peur viscérale.

De nos jours lorsque « le ciel nous tombe sur la

tête », la science calme nos angoisses en donnant un nom aux prodiges qui, de temps à autre, viennent troubler nos nuits. Cela n'empêche pas le merveilleux de continuer à alimenter nos imaginations mais en 1977 les dieux et les déesses ont été détrônés de l'Olympe par les extra-terrestres et les O.V.N.I. plus conformes aux espérances modernes... Je reproduisis ici le passage d'une lettre d'un habitant de Charleville, qui fut fortement impressionné par son observation.

Lettre de M. J.-Claude R., de Charleville-Mézières.
Charleville, le 20 octobre 1976.
Le mardi 5 mars 1974 à 20 h 45-50 (je n'ai rien noté à l'époque), ma femme et moi avons été témoins de ce que nous n'avons pas hésité un seul instant à baptiser « une apparition d'O.V.N.I. ».
Nous étions en train de regarder la télé. A un certain moment, ma femme s'est exclamée et m'a demandé de regarder vers la fenêtre de notre salon, située juste derrière le récepteur. Instantanément, comme poussé par une espèce de pressentiment, j'ai « ajusté » ce qui avait tellement surpris ma femme et moi-même; j'ai eu comme un soulagement de voir cette apparition. Cela a pu durer une infime fraction de seconde, mais je ressens encore très bien cette sensation. Peut-être, alors, peut-on penser qu'à ce moment précis de la découverte, j'étais prédisposé, donc prêt à croire à une apparition d'O.V.N.I. Encore aujourd'hui, je ne peux répondre. Donc, à ce moment, je vis dans le ciel s'avancer un objet incandescent en forme d'arc de cercle assez fermé, presque angulaire.
L'objet semblait constitué de boules vertes assez rapprochées, le tout entouré d'un halo (comme lorsque la lune est « dans l'eau »). Derrière s'échappait nettement une trace de combustion

jaune orange dans laquelle on apercevait des « pétons » (comme ceux que l'on voit dans les fusées des feux d'artifice). L'objet se dirigeait sur une trajectoire sensiblement nord-sud. A noter que cette trajectoire semblait parfaitement rectiligne. D'autre part, compte tenu de la vitesse relativement faible à laquelle il se déplaçait, et compte tenu de ce que je viens de dire dans la phrase précédente, il semblerait, si je ne me trompe, que, du point de vue balistique, seul un engin guidé peut se comporter ainsi.
Tout à coup, la lueur a disparu en plein ciel; elle s'est volatilisée alors que le ciel était parfaitement clair, sans un nuage, étoilé. Aucune maison n'a pu le cacher.
Sans avoir aucun contact avec mes voisins, de crainte déjà de passer pour un fou, j'avais l'étrange certitude d'avoir été témoin d'une vision « surnaturelle ». Je venais de voir un O.V.N.I.

Cet O.V.N.I. a été aperçu sur des centaines de kilomètres et a donné lieu à plus d'une dizaine de dépositions auprès des gendarmeries des Ardennes, de Haute-Marne, de Meurthe-et-Moselle, des Vosges et d'Alsace, etc.

Des militaires et des gendarmes de permanence l'ont également signalé ainsi que des équipages en vol. C'est le témoignage de ces derniers, qui correspond très exactement à celui de mon correspondant de Charleville, que je reproduis maintenant.

La part de subjectivité qui transparaît dans certains des commentaires ne nous empêche pas de trouver une grande unité dans la narration des faits.

Le rapport qui suit concerne toujours la même observation faite au cours de la nuit du 5 mars 1974. Il a été effectué par un militaire de service dans une tour de contrôle d'une base aérienne de l'Est de la France.

Un O.V.N.I. sur la BA 128.

La soirée du 5 mars vers 21 h, étant de service à la tour de contrôle de Metz-Frescaty, mon attention, prise à ce moment-là par une revue, fut attirée par une lueur verte. D'abord surpris par cette apparition, je levai la tête pour me confirmer cette vision.
Quelle ne fut pas ma stupeur : je vis nettement une lueur vert pâle, suivie d'une grande traînée plus pâle encore, presque blanche.
Cette lueur venant de l'ouest disparut à l'est-nord-est, derrière le mont Saint-Quentin (Moselle), après un passage ayant duré deux secondes environ à une hauteur très approximative de 2 000 pieds (600 mètres). Ayant rassemblé le maximum de mes connaissances dans ce domaine (le tour fut assez vite fait) et n'ayant pas pu faire de rapprochement avec une étoile filante, une comète ou autre chose de ce genre, je décidai d'en rendre compte au chef de quart; celui-ci, d'abord surpris, me donna ensuite l'impression de ne pas faire grand cas de ma déclaration. Mais j'aurais aimé être là et voir sa tête quand, quelques minutes plus tard, Paris-Contrôle lui annonçait que l'équipage d'un N 262 de l'EL 00 041 venait de voir quelque chose et, après description, il s'avéra que ce phénomène était certainement le même que celui que je venais de signaler.
Mon soulagement fut encore plus grand quand, vers 21 h 10, toujours par l'intermédiaire de Paris-Contrôle, Cambrai annonçait avoir vu la même chose; c'est pourquoi je déclare, en parlant de ma soirée du 5 mars, avoir vu un O.V.N.I.

Signé SGTC...

C'est au tour d'un équipage d'avions en mission de rapporter son observation. E. Jean-Claude, pilote, aspirant, affecté à EL/41, demeurant à la base aérienne 128 de Metz-Frescaty (Moselle), né le 27 mai 1949 à Belfort, décrit ainsi l'objet mystérieux :

Mardi 5 mars 1974, je faisais partie de l'équipage de l'avion nord 262, n° 89 FR BAM. J'étais pilote. Je revenais de mission de Bordeaux, via Strasbourg. L'équipage était composé de l'adjudant A., du sergent-chef M. et moi-même. Le décollage avait eu lieu à Strasbourg à 20 h 45. Vers 21 h, nous nous trouvions à la verticale de la balise de Grostenquin GTQ, niveau 120, c'est-à-dire 12 000 pieds (environ 4 000 mètres). Nous volions environ au cap 316. Environ à 3/4 avant, j'ai tout à coup aperçu une forte lueur bleutée qui avait une trajectoire parabolique. Le point culminant de cette trajectoire se trouvait au-dessus de notre altitude. Cette lueur est tout d'abord montée, puis redescendue. J'ai comparé cette lueur à un pétard du 14 juillet. A la descente, cette lueur était plutôt de couleur jaune clair. Cette vision a duré environ quelques secondes. Lorsque nous avons vu cet Objet Volant Non Identifié, nous nous trouvions au-dessus de la couche de nuages. La visibilité était donc très nette. J'ai de suite signalé ce phénomène à Paris-Contrôle, sur fréquence 128 3, croyant à un exercice de tir par l'armée de terre sur Grostenquin. Après avoir pris des renseignements, cette station m'a répondu qu'il n'y avait pas de tir sur le secteur.
Un avion qui se trouvait dans la région de Strasbourg, et sur la même fréquence que nous, nous a signalé le même fait.

Je pense que cet objet ou lueur a disparu ou s'est éteinte dans la couche de nuages. Aucune forme matérielle n'a été constatée. C'est tout ce que je puis vous dire sur ce phénomène. Je peux juste confirmer la trajectoire parabolique de cet engin. Aucune autre conclusion ne peut être faite à ce sujet. Aucune forme de cet engin ne peut être déterminée. Il ne s'agissait que d'une lueur.

Ce qu'ont vu ces dizaines de témoins correspond en tous points à la chute d'une météorite ou d'un satellite artificiel. Cette observation n'a pas fait l'objet d'une étude particulière de la part des spécialistes du ciel. Il m'est donc impossible de déterminer l'origine supposée de cet engin de manière catégorique.

Mais, par analogie avec une seconde observation qui s'est déroulée très exactement à la même heure, un an plus tard, le 25 avril 1975, et qui, elle, a été recensée par les astronomes, nous sommes conduits à penser que l'O.V.N.I. du 5 mars 1974 était très certainement le produit d'une retombée de satellite ou de fusée porteuse. Plusieurs messages de gendarmerie décrivent en ces termes l'apparition du 25 avril 1975 :

N° 486/2 II DU 26 AVRIL 1975 X
OBJET : O.V.N.I.
1/ THIONVILLE (MOSELLE), LE 25 AVRIL 1975 À 21 H 40.
2/ OBSERVATIONS DEPUIS PLUSIEURS QUARTIERS AGGLOMÉRATION.
3/ O.V.N.I. SPHÉRIQUE DE COULEUR ROUGE ET LAISSANT TRAINÉE JAUNE DE 50 M ENVIRON OBSERVÉ PAR CINQ TÉMOINS. SE DÉPLAÇAIT SUD-NORD ALTITUDE IGNORÉE. ÉCLAIRAIT FORTEMENT. N'ÉMETTAIT PAS DE BRUIT.
4/ ENQUÊTE PAR BRIGADE THIONVILLE.

5/ GENDARMERIE AVISÉE LE 25 AVRIL 1975 À 21 H 45.

Nº 487/2 II DU 26 AVRIL 1975 X.
OBJET : O.V.N.I. X.
LE 25 AVRIL 1975 VERS 20 H 55 OBJET VOLANT NON IDENTIFIÉ GENRE ÉTOILE FILANTE AVEC ÉTINCELLES OU MASSE BLEUTÉE AVEC TRAINÉE ROUGE SELON TÉMOIGNAGES A ÉTÉ APERÇU VERTICALE PLOMBIÈRES-LÈS-DIJON (CÔTE-D'OR) SE DÉPLAÇANT VERS NORD. SELON TOUR DE CONTRÔLE BA 102 LONGVIC AYANT ÉGALEMENT OBSERVÉ PHÉNOMÈNE POURRAIT S'AGIR MÉTÉORITE. ENQUÊTE EFFECTUÉE PAR BT PLOMBIÈRES-LÈS-DIJON.

Nº 493/2 II.
OBJET : OBJET VOLANT NON IDENTIFIÉ.
1/ BLÉMEREY ET DONVALLIERS (VOSGES) LE 25 AVRIL 1975 ENTRE 20 H 52 ET 20 H 55.
2/ STATION POMPAGE HYDROCARBURE ET CENTRE VILLAGE DE LA SECONDE LOCALITÉ.
3/ TROIS PERSONNES ONT VU UN OBJET LONGUEUR UN MÈTRE EN FORME DE TÊTARD ÉMETTANT UNE LUEUR BLEUE OU VIOLACÉE SE DÉPLAÇANT DANS LE CIEL RAPIDEMENT ET SANS BRUIT EN DIRECTION DU NORD, SOIT VERS NANCY.
4/ RENSEIGNEMENTS AUPRÈS SERVICE MÉTÉO; CETTE LUEUR A ÉGALEMENT ÉTÉ VUE À FLEYCHAMPS (MEURTHE-ET-MOSELLE) PAR SERVICE MÉTÉO SAINT-DIZIER ET AVION EN VOL. POURRAIT S'AGIR MÉTÉORE.
5/ GENDARMERIE AVISÉE LE 25 AVRIL 1975 À 21 H 20.

M. Pierre Kohler, astrophysicien à l'observatoire de Meudon, a entrepris une analyse minutieuse de ce cas. Cette analyse était jointe aux rapports de gendarmerie et je me permets de lui emprunter les conclusions de son enquête :

L'aspect visuel du phénomène est caractéristique d'une rentrée de satellite artificiel dans les couches denses de l'atmosphère : corps principal très lumineux suivi de particules incandescentes, ces dernières correspondant à la combustion individuelle de divers éléments du satellite. La couleur verte peut s'expliquer par la nature chimique de certains composants (cuivre par exemple). L'absence totale de bruit est également caractéristique et l'observation dans son ensemble rappelle d'ailleurs tout à fait une rentrée semblable, intervenue le 17 juillet 1967 (il s'agissait en l'occurrence de la fusée de Cosmos 169) au-dessus de la France.
La détermination d'altitude, effectuée à partir des quelques estimations de hauteur angulaire sur l'horizon que nous avons pu obtenir, conduit à adopter la valeur de 90 km. Cela est tout à fait en accord avec l'altitude à laquelle les corps satellisés deviennent incandescents lors de la rentrée dans l'atmosphère : 80 à 100 km selon le cas. Signalons que l'extinction se produit ensuite entre 50 et 40 km, avec la dispersion par les courants aériens des différents fragments consumés, pour la plupart réduits en cendres.
L'orientation sud-nord, avec une tendance vers le nord-ouest, conduit à penser qu'il s'agissait d'un satellite sur orbite « polaire », rétrograde, c'est-à-dire ayant une inclinaison sur l'équateur supérieure à 90°. Nous estimons que cette inclinaison, paramètre fondamental pour l'identification finale, se situait entre 100 et 110°. Deux types de satellites (d'ailleurs tous d'origine américaine, les Soviétiques n'utilisant pas d'inclinaisons supérieures à 83°) répondent à cette caractéristique : les satellites météorologiques (car cette orbite, dite « héliosynchrone », leur confère une précession nodale qui compense exactement le

déplacement apparent du Soleil et leur permet de survoler toujours une région donnée dans les mêmes conditions d'éclairement) et les satellites militaires d'observation de l'US Air Force. Mais les premiers évoluent sur une orbite élevée (au moins 800 km) qui leur confère une durée de vie très longue, aucun de ceux qui ont été lancés n'étant encore retombé à l'heure actuelle. Les satellites militaires circulent en revanche sur des orbites basses, leur périgée s'abaissant parfois à 130 km seulement; dans ces conditions la durée de vie orbitale est faible, surtout pour le dernier étage de la fusée porteuse, le satellite lui-même (la plupart appartiennent à la série des « Samos ») étant muni d'un dispositif auxiliaire de propulsion pour compenser la perte d'altitude due au freinage atmosphérique. Circulent, en outre, sur des inclinaisons élevées quelques satellites scientifiques, mais ils sont très peu nombreux.

Nous constatons en définitive que le phénomène lumineux du 25 avril correspond manifestement à la rentrée dans l'atmosphère d'un corps satellisé, ce dernier pouvant être soit l'objet 74 85 C, élément annexe d'un satellite militaire de l'USAF lancé depuis la base californienne de Vandenberg le 29 octobre 1974, soit le dernier étage (« Agena D ») de la fusée qui mit en orbite un satellite militaire d'observation (« Samos ») de l'USAF le 18 avril 1975, également depuis la base de Vandenberg. L'inclinaison légèrement différente (respectivement 96,5° et 110,5°) devrait permettre de les départager si nous parvenons à reconstituer encore plus finement la trajectoire; mais il faudrait pour cela disposer d'un plus grand nombre d'observations. En première approximation il semble toutefois que cette rentrée soit celle de la fusée du satellite « Samos » lancé le 18/4.

De cette étude on peut tirer d'utiles informations sur une catégorie de satellites militaires peu connus, qui sont souvent à l'origine de méprises dans l'observation quotidienne du ciel.

3. *Comètes et planètes*

Les comètes sont, par excellence, des objets qui se distinguent par leur extrême rareté. Elles contribuent à entretenir certaines erreurs. Cependant, et c'est heureux, elles ne provoquent plus de panique lors de leur passage, comme c'était encore le cas il n'y a pas si longtemps...

De *L'Est républicain :*
La comète « West » prise pour un O.V.N.I.

On a d'abord cru à un O.V.N.I., le 7 mars 1976, lorsque, à Saint-Dizier, des témoins ont pu observer un objet non identifié quelques minutes avant le lever du jour. Il s'agissait en fait de la comète « West » découverte l'an dernier par l'observatoire de Genève sur un cliché de l'observatoire austral du Chili. Cette comète, dont la brillance était égale à celle de Jupiter, était pourvue d'une longue queue « étincelante » à la verticale. A peine plus gros qu'une étoile, l'astre se montrait, au sud-est, immobile pendant trois quarts d'heure environ. D'après l'observatoire de Meudon, la comète « West » devait être ainsi visible chaque matin jusqu'au 15 mars 1976. De moins en moins facilement cependant, puisqu'elle s'éloignait peu à peu du Soleil et de la Terre, suivant une trajectoire parabolique pour disparaître, finalement, dans les ténèbres de l'univers.

Météore dans l'Est.

Les étoiles filantes sont de tout petits météores qui ne passionnent plus que les poètes et les amoureux. Toutefois, il arrive qu'une de ces pierres du ciel, plus importante que les autres en masse et en poids, parvienne jusqu'au sol pour la plus grande satisfaction des astronomes.

Ce fut le cas pour ce météore aperçu dans la région de Strasbourg en avril 1977 et dont *Les Dernières Nouvelles d'Alsace* ont rendu compte en ces termes :
Un météore très lumineux a été observé dans le ciel, dans la soirée du 20 avril 1977, par le centre d'études astronomiques de Strasbourg. Il semble qu'il s'agisse d'une météorite très lumineuse qui a explosé à environ 20 à 30 km de la Terre, provoquant un bruit nettement perceptible. Étant donné ces observations, les scientifiques strasbourgeois, qui n'ont pu faire suffisamment de mesures, ne peuvent préciser l'ampleur du phénomène, mais ils pensent que la météorite a dû exploser en se désintégrant en particules suffisamment grosses pour que des traces soient retrouvées sur terre. Les astronomes ont de bonnes raisons de penser que le météore se trouvait *grosso modo* sur une trajectoire se situant au-dessus de la crête des Vosges pour tenter de retrouver des échantillons de la météorite. Les scientifiques souhaiteraient recueillir les témoignages d'éventuelles observations : la trajectoire de la météorite, le temps qui s'est écoulé entre l'observation visuelle du phénomène et la perception du bruit de l'explosion, enfin, le moment précis du phénomène les intéressent au plus haut point.

En cherchant bien on doit trouver pour cette région de l'Est au cours de cette période une ou deux déclarations s'y rapportant, classées sous la dénomination O.V.N.I...

L'O.V.N.I. et la lune.

En 1976, par un beau matin d'avril, on me demanda de réaliser un reportage sur une observation d'O.V.N.I. s'étant déroulée près de Remiremont dans les Vosges. Cette information avait fait l'objet d'un flash spécial sur une chaîne de radio et paraissait des plus sérieuses.

D'abord, deux jeunes gens avaient aperçu d'étranges lueurs juste au-dessus de la gare de Remiremont. Intrigués, ils avaient pris leur voiture pour tenter de s'en approcher. Une fois dans leur véhicule, ils avaient découvert une immense boule orange qui avait disparu derrière une colline. Après avoir contourné la colline, ils s'étaient retrouvés face à l'objet. Celui-ci, à ce moment-là, paraissait se déplacer très lentement mais, malgré cela, le conducteur n'était pas parvenu à s'en approcher davantage. Au bout de quelque temps, l'objet avait de nouveau disparu derrière une autre colline et n'avait pas reparu. Par conséquent les deux jeunes gens avaient abandonné la poursuite.

Le soir même, le rédacteur d'un journal local publiait le récit des deux témoins sans s'être donné la peine de le vérifier. Le correspondant d'une station de radio lui emboîtait le pas et, ainsi, la France entière apprenait que « dans une petite ville des Vosges, on avait observé un O.V.N.I. ».

En fait, après une rapide enquête, il s'avéra que c'était tout simplement la lune que les deux jeunes gens avaient poursuivie !

Comment une telle méprise avait-elle pu être possible?

Il n'est pas difficile de le comprendre. Lorsque la lune se trouve très bas sur l'horizon, l'image qu'elle renvoie subit une déformation lui conférant, aux yeux d'un observateur éventuel, un volume qui peut atteindre 3 ou 4 fois son volume habituel. A cela vient s'ajouter un phénomène de coloration rouge orangé donnant l'impression de se trouver devant une boule en fusion. Il ne faut pas oublier non plus que les jeunes témoins ont effectué leur observation en roulant, ce qui a certainement contribué à doter « l'objet » qu'ils poursuivaient d'un mouvement apparent. Il n'en fallait pas plus pour que l'astre des nuits devînt un O.V.N.I. des plus vraisemblables.

Il convient toutefois de préciser ici que d'authentiques O.V.N.I. ont également été confondus avec la lune à maintes reprises. Ce n'est donc que justice, en fin de compte, que l'inverse se soit aussi produit...

Les étoiles et les planètes provoquent assez fréquemment ce type de méprise. L'observation qui suit est à classer dans cette catégorie.

Gros comme une orange.

Déclaration de Mlle R. Jocelyne, 16 ans, lycéenne, demeurant au lieu-dit « La Tabarière » à Chantonnay (Vendée) :
Le samedi 24 janvier 1976, vers 19 h 40, j'allais chercher du lait dans une ferme voisine au lieu-dit « La Tabarière » à Chantonnay.
En marchant, je regardais les étoiles, lorsque mon attention a été attirée par la présence dans le ciel d'un objet gros comme une orange, qui se

déplaçait rapidement dans la direction de Fontenay-le-Comte, c'est-à-dire au sud-est.
A aucun moment, je n'ai entendu du bruit. Cet objet était rond, de couleur verte, et j'avais l'impression qu'il y avait un cercle orange tout autour de lui. Cet objet tournait sur lui-même en se déplaçant. J'ai eu peur et je suis rentrée aussitôt à mon domicile avertir ma mère qui vous a avisés par la suite. J'ai montré à ma camarade Sylvie l'objet qui était dans le ciel. A ce moment-là, l'objet est resté stable dans la direction de Fontenay-Le-Comte. Lorsque je suis allée me coucher, vers 22 h 30, j'ai vu que l'objet se trouvait dans le nord-est. Il n'était presque pas visible, ça représentait un point lumineux. J'ignore ce qui s'est passé par la suite.
Constatations :
A notre arrivée sur les lieux vers 20 h, plusieurs personnes sont rassemblées sur le perron de la maison d'habitation de Mme G. et regardent en l'air. Elles nous montrent dans le ciel un objet brillant toujours visible. Nous constatons au sud-est du village « La Tabarière », dans la direction de Fontenay-Le-Comte, à 40° au-dessus de l'horizon, la présence d'un objet brillant de la forme d'une grosse étoile. Cet objet émet des lueurs vertes et orange. Il est silencieux et lointain. Nous l'observons pendant une heure, il ne change pas de place. A 22 h, nous constatons que l'objet a sensiblement dévié vers le sud. Il est toujours visible et émet des lueurs vertes et orange. Le 25 janvier 1976, à 2 h du matin, l'objet n'est presque plus visible. Il est de la grosseur d'une petite étoile. Il se situe au sud. Ce soir-là, le ciel était dégagé, aucune intempérie à signaler.
Conclusions :
Du résumé des déclarations des témoins et de nos propres observations, ainsi que des calculs

effectués, il apparaît que le point lumineux peut être l'étoile Sirius. En effet, en étudiant le planisphère céleste Flammarion, Sirius, de la constellation du Grand Chien, se trouvait exactement le 24 janvier 1976 à 20 h GMT au sud-est.

Cette notification me paraît double. Le premier objet est aperçu en mouvement, et semble difficilement assimilable à une planète; il pourrait donc s'agir effectivement d'un O.V.N.I. Le second, que les gendarmes observent pendant près de... six heures, est une étoile ou une planète. Il est probable que ce dernier objet n'ait rien à voir avec le premier.

Il est logique de penser qu'après sa stabilisation, l'O.V.N.I. a disparu sans que les témoins s'en soient rendu compte et que ces derniers ont ensuite observé par erreur un point quelconque de la constellation.

Vénus : souvent prise pour un O.V.N.I.

Deux planètes semblent avoir particulièrement inspiré les auteurs de science-fiction : Mars et Vénus. Mars a donné naissance à des civilisations guerrières et dominatrices (*la Guerre des Mondes*) tandis que Vénus a souvent symbolisé la paix et le bonheur. Si Vénus contribue à entretenir le mythe d'une civilisation généreuse qui viendrait de temps à autre guider l'homme sur les voies de la sagesse (c'est une théorie qui fut chère à l'un des premiers « contactés » George Adamski), la présence de la planète dans le ciel donne lieu à de nombreuses méprises dont certaines sont très spectaculaires. En voici une, à titre d'exemple, pour clore ce chapitre. Elle m'a été communiquée sous forme d'une dépêche de l'Agence France-Presse :

Monaco, 13 septembre (AFP).
Vénus sortant des eaux, outre sa célèbre représentation par Botticelli, peut revêtir parfois la forme d'un O.V.N.I. (Objet Volant non Identifié). Un commerçant de Cap-d'Ail, près de Monaco, a décrit aux gendarmes de la localité la vision qu'il avait eue devant son domicile, vendredi matin à 4 h 15, d'un disque lumineux qui s'élevait dans le ciel au-dessus de la mer, avant de disparaitre vers l'ouest en direction du cap d'Antibes. Selon M. Millet, astronome à l'observatoire de Nice, l'objet observé n'avait rien de mystérieux : « Il s'agissait très certainement de la planète Vénus, qui se trouve actuellement dans une période exceptionnelle de brillance », précise-t-il. Visible à la limite de l'horizon avant le lever du soleil sous la forme d'un croissant éclairé par-derrière, Vénus peut effectivement, selon l'astronome, donner l'impression qu'elle sort de l'eau et se déplace en raison de phénomènes de réfraction dans l'atmosphère.

VI

CANULARS ET MYSTIFICATIONS

COMME nous l'avons vu avec les méprises, il n'est pas très difficile de constater que le terme O.V.N.I. est bien souvent synonyme d'une incapacité notoire à l'observation pour une tranche élevée de témoins. Cela ne facilite pas, on s'en doute, l'examen de ces manifestations, qu'avec une mauvaise volonté évidente bon nombre de scientifiques n'hésitent pas à rejeter en bloc.

En outre, lorsqu'il s'y ajoute une intention délibérée de tromperie, on conçoit alors aisément qu'un pesant tabou pèse sur cette étude et qu'elle fasse fuir les cerveaux les mieux faits ou les esprits les plus enthousiastes.

Les O.V.N.I. constituent un sujet se prêtant particulièrement bien à la farce, que celle-ci soit entreprise dans le but d'amuser, de nuire ou tout simplement d'exploiter la crédulité humaine.

Comme je l'ai déjà souligné, les mystérieux objets célestes sont un « bon filon » qui attire à lui une foule hétéroclite de « chercheurs » de tous poils. Ceux-ci écrivent beaucoup et encombrent les vitrines des libraires de leurs ouvrages aux titres tapageurs. C'est là que commence, selon moi, une duperie sur laquelle hélas ! la raison n'a aucune prise.

Un nouveau type d'escroquerie, dont la rentabilité paraît aujourd'hui assurée, se présente sous les traits séduisants de « contactés » qui offrent, en échange de quelques billets, de faire partager au cours de séances publiques leurs « expériences stellaires » aux humains assoiffés de justice, de paix et d'écologie...

Cela semble marcher très fort pour quelques-uns d'entre eux et le champion des « messies de l'Espace » est incontestablement Claude Vorilhon, « Rael » pour les initiés, que le journaliste Renaud Vincent du journal *France-Soir* décrit en ces termes :

Il nous avait déjà raconté comment, en 1973, dans un cratère du Puy-de-Dôme, il avait bavardé longuement avec un extra-terrestre.
En 1975 voici qu'il passe à une vitesse supérieure. Ce messager extra-terrestre est de retour. Pas seul. Avec une soucoupe volante et une invitation à déjeuner sur une planète lointaine. Le voyage est agréable, le repas divin : à gauche de Vorilhon, le Christ; à droite, Mahomet; en face, Moïse.

Avec ce récit, le point de non-retour du grotesque semble atteint. Mais qu'est-ce qui fait délirer Claude Vorilhon? Le désir de gloire, le goût de la mystification, l'appétit d'argent, ou, plus simplement, une débilité profonde?

« Juste la soif de vérité » répond, avec une simplicité toute biblique, ce jeune homme barbu et chevelu qui porte en sautoir un médaillon en fer gros comme une boîte de camembert.

Avec sa femme Marie-Paule et ses deux enfants, Aurore (4 ans) et Ramuel (3 ans), Claude Vorilhon habite une vieille maison de templiers à 8 km de Brantôme. Cette demeure pleine de hautes cheminées, d'escaliers branlants et de vieux meubles,

Vorilhon l'a baptisée avec un peu d'optimisme : « L'Ambassade des Elohim. »

Au cours des débats publics où les initiés viennent porter la bonne parole au nom de civilisations inter-galactiques, il ne viendra jamais l'idée aux auditeurs soupçonneux de suggérer au conférencier de présenter une preuve matérielle, même la plus banale (un bouton de culotte d'extra-terrestre, pourquoi pas?), de son contact avec les entités dont il se prétend l'hôte !

Il paraît difficile, il est vrai, d'interrompre d'importantes révélations sans passer pour un rustre, surtout lorsque le conférencier a côtoyé Jésus-Christ, Moïse, Bouddha ou Mahomet.

Et pourtant, il existe un rapport de gendarmerie peu banal qui pourrait correspondre à ce souhait. Si l'histoire que vous allez lire avait connu les honneurs de la presse, elle aurait probablement fait la une de tous les journaux de France et de Navarre...

Découverte d'un Objet Volant Non Identifié !

Le 24 mars 1976 nous sommes avisés téléphoniquement par M. K. Gunther, gérant du restaurant « Le Bekèke » à Capesterre-de-Marie-Galante (Guadeloupe), que deux sphères de couleur brillante et d'un diamètre approximatif de un mètre venaient d'être découvertes sur la plage de La Feuillère.

Nous nous sommes immédiatement transportés sur les lieux. Nous sommes arrivés à 12 h 30. Nous avons constaté qu'il s'agissait effectivement de deux sphères brillantes sans indication apparente enterrées dans le sable assez profondément à la limite de la vague déferlante et partiellement recouvertes par les eaux de la mer. Elles sont

distantes l'une de l'autre de 14 m. Un revêtement métallique recouvre ces deux sphères. Ce revêtement semble être un métal léger moins résistant d'une épaisseur approximative de 5/10 de mm. Sur l'une de ces sphères, le revêtement semble avoir fondu, laissant apparaître un autre métal plus dur et plus résistant, ne se rayant pas avec la pointe du couteau.
Nous avons avisé de cette découverte notre commandant de compagnie qui nous a prescrit de poursuivre l'enquête. Nous avons exercé une surveillance des lieux jusqu'à la tombée de la nuit. Les lieux se situent sur la plage du restaurant « Le Bekèke » à proximité de la pointe de La Feuillère.
Le 25 mars 1976, à 6 h 30, nous nous sommes transportés de nouveau sur les lieux afin de poursuivre notre enquête. Les engins ont été dégagés par nos soins et remontés sur la plage. Il s'agissait en réalité de deux demi-sphères appartenant au même engin et s'adaptant parfaitement l'une dans l'autre. Elles semblent avoir été soudées entre elles par une matière spéciale ressemblant à du plastique.
A 10 h, le même jour, le maire de Caspeterre-de-Marie-Galante, est arrivé sur les lieux et a fait enlever, malgré notre interdiction, les deux engins. Ces deux engins devaient être ramenés à notre brigade pour nettoyage et identification éventuelle. Nous sommes intervenus auprès du maire qui a refusé de nous remettre ces engins, déclarant que c'était propriété de la commune, et les a exposés sur la place de la mairie.
En conséquence, aucun élément susceptible de permettre l'identification de ces deux sphères n'a été recueilli.
Fait le 25 mars 1976 par la brigade de Saint-Bourg, groupement de la Guadeloupe, Pointe-à-Pitre.

Ce texte figurait effectivement dans le dossier O.V.N.I. de la Gendarmerie nationale. Mais il aurait pu tout aussi bien être classé sous la rubrique « Objet trouvé » !

La brigade de Saint-Bourg avait effectué des photographies de ces deux demi-sphères avant la substitution opérée par le maire. Le diamètre des objets ne devait pas dépasser un mètre cinquante. Une photographie montre en détail des chiffres inscrits sur l'une des demi-sphères, et l'on peut même y lire une lettre de l'alphabet. Tout cela fait très peu extra-terrestre ! Il s'agit plutôt d'un élément non identifié d'une bouée que la mer aura rejeté. Toutefois, il est dommage et étonnant que les gendarmes n'aient pas pu poursuivre leurs investigations.

Ici, on ne peut employer le mot de mystification. Il faudrait plus précisément le remplacer par l'expression : substitution à des fins publicitaires... Un O.V.N.I. sur la place de la mairie, quelle merveilleuse affiche pour la municipalité ! On ne dit pas dans le rapport si les événements se sont déroulés pendant une campagne électorale...

O.V.N.I. géant près de Maubeuge.

Il existe des observations qui font l'objet, de la part des témoins, de véritables falsifications dans l'exposé de leur témoignage, comme nous le montre le cas suivant.

Cette catégorie « d'observateurs », heureusement extrêmement rare, est à ranger dans le groupe des mythomanes.

A Maubeuge (Nord), si l'on se fie à la presse, on a pourtant l'impression que quelque chose de fantastique s'est déroulé.

La Voix du Nord, 27 septembre 1975 :
Chargés d'établir un rapport circonstancié sur un gigantesque O.V.N.I. aperçu près de Maubeuge vendredi soir, les gendarmes ont interrogé, depuis, la dizaine de témoins qui se sont approchés de l'engin mystérieux : leur bonne foi ne peut être mise en doute, pensent-ils, et il ne peut s'agir d'une hallucination collective.
Il était 21 h 40 quand plusieurs habitants du village d'Assevent et des environs virent un disque lumineux de taille énorme – 250 à 300 m, estiment-ils – tourner lentement en oscillant en bordure du champ d'aviation privé de la Salmagne où ne se trouvait, à cette heure, aucun appareil.
Venant de directions diverses, une dizaine de témoins convergèrent vers le terrain à bord de leur voiture. Les automobilistes s'en trouvaient à 500 m environ lorsque les moteurs de leurs véhicules calèrent tandis que leurs phares s'éteignirent et que les radios de bord devenaient soudain muettes.
Stupéfaits, les témoins en panne de voiture s'approchèrent à pied, médusés et un peu inquiets à la vue de ce mystérieux engin en lévitation à une vingtaine de mètres du sol et dont les innombrables hublots diffusaient, rapportent-ils, une lumière peu éblouissante.
Au nombre des observateurs pétrifiés de stupeur un officier de réserve de l'armée de l'air. Il vit, comme les autres, une sorte de cône se détacher de la coupole centrale de l'O.V.N.I., prendre de l'altitude, pirouetter comme une toupie, puis se poser de nouveau sur l'habitacle de base qui disparut dans le ciel nocturne en 5 secondes, laissant derrière lui une sortc de nuage fluorescent qui ne se dissipa qu'au bout d'une dizaine de minutes.

Des prélèvements destinés à l'analyse ont été effectués sur le terrain – des champs de maïs et des labours – au-dessus duquel évoluait l'engin mystérieux. Aucune empreinte, nulle trace apparente de combustion n'y ont été relevées, pas plus que sur les arbres des environs.
Selon M. Bigorne, délégué régional pour l'étude des O.V.N.I., le phénomène observé à Assevent est l'un des plus extraordinaires qui aient été constatés sur la planète.
D'après lui, il doit s'agir d'un immense vaisseau spatial interplanétaire qui se serait rapproché du sol à faible distance alors que, d'ordinaire, les engins porteurs de ce type voguent à très haute altitude, d'où ils catapultent vers la terre des soucoupes qui reviennent ensuite vers le vaisseau-mère.
Aussitôt après l'envol de cet étrange mastodonte, les automobilistes ont pu reprendre le volant de leurs voitures subitement dépannées, et ils s'empressèrent de prévenir les autorités.
L'ex-officier aviateur, qui était porteur d'un appareil photo, a pris plusieurs clichés du spectacle impressionnant, sinon hallucinant, qu'il avait sous les yeux. Sans doute en raison de sa fébrilité dans l'obscurité a-t-il mal réglé la mise au point : aucune trace de photographie n'est apparue au développement de la pellicule.
Déjà, le 9 septembre 1975, un disque jaune de petit diamètre lançant un faisceau rouge avait été repéré à la même heure au même emplacement. Sans doute s'agissait-il d'une soucoupe d'avant-garde venue reconnaître les lieux.

On croit rêver !

A l'époque, malgré sa présentation « engagée », cette information, qui avait été reprise en d'autres termes par l'ensemble de la presse, m'avait semblé des plus passionnantes. Le nombre élevé de témoins, la qualité de l'un d'entre eux, officier de réserve dans l'armée de l'air, tout cela paraissait d'une très grande solidité.

La lecture du rapport de gendarmerie qui la concerne va nous remettre cruellement les pieds sur terre et nous faire quitter les sentiers du mystère pour ceux de l'affabulation.

Voici comment se sont réellement déroulés les faits. Lisons tout d'abord le compte rendu de l' « officier de réserve ».

Déclaration de M. I. Michel, âgé de 33 ans, agent technique demeurant square Leclerc à Assevent (Nord), officier de réserve de l'armée belge, marié, 3 enfants.
Vendredi 26 septembre 1975, dans la soirée, je me trouvais à mon domicile, occupé à construire des maquettes d'avion. Patrick, qui était avec moi, se préparait à partir vers 21 h 40. Alors qu'il était sur le seuil de la porte avec mon épouse et mes enfants, ils m'ont appelé car ils avaient remarqué une forme ovale orange se trouvant à hauteur des arbres entre le local du Model-Club d'Assevent et la butte de terre située à droite. Il s'agissait d'une clarté orange comportant une forme à l'intérieur. Nous avons décidé avec Patrick de nous rendre plus près afin de voir de quoi il s'agissait. J'avais pris soin de prendre mon appareil photo équipé d'une pellicule noir et blanc de 125 ASA. Je tiens à préciser que j'avais appelé mon chien qui, habituellement, monte toujours de lui-même dans la voiture. Chose bizarre, il a préféré rentrer à la maison.
Nous sommes donc partis en voiture vers le carrefour de l'Épinette et nous avons tourné à droite par la rue Mauronval. Nous nous sommes arrêtés à hauteur des travaux de l'autoroute.

Nous sommes descendus de voiture et nous avons distingué la forme orangée au nord-est.
Il s'agissait d'une forme allongée d'une longueur de 200 à 400 m environ, de couleur orange, se trouvant à l'intérieur d'une clarté orange plus claire, comme si cette clarté provenait de la première forme. Je me trouvais alors à une distance de 400 m environ. Cette forme se trouvait à hauteur des arbres. Je ne puis dire s'il s'agissait d'une forme cylindrique. Comme je la voyais, il me semblait apercevoir un anneau ou une chambre à air effectuant une longue rotation sur elle-même dans le sens inverse des aiguilles d'une montre et oscillant légèrement. Toutefois, je n'ai pu voir s'il y avait des trous à l'intérieur. J'ai remarqué des formes rondes pouvant laisser supposer des hublots émettant des clartés plus lumineuses. Il n'y avait aucun bruit.
Cet engin ne dégageait aucune source de chaleur. J'ai pris des photos. J'ai proposé à Patrick T. de nous approcher, mais il a refusé. Je me suis avancé seul sur quelques dizaines de mètres. La forme effectuait toujours sa lente rotation de la gauche vers la droite avec oscillement.
La forme me semblait quelque chose de matériel et de solide. En effet, la forme était toujours la même.
Je suis revenu près de ma voiture. Avec Patrick, nous sommes partis en voiture vers le terrain de la Salmagne voir l'engin sous un autre angle, c'est-à-dire à notre droite. J'ai stoppé la voiture sur le bas-côté de la route. A mon premier arrêt, j'avais allumé l'éclairage intérieur de la voiture pour régler mon appareil photo. La lumière me paraissait moins forte qu'habituellement. Cela était dû peut-être à la lueur orangée provoquée par l'engin.
Au deuxième arrêt, je n'ai pas réussi à éclairer

l'intérieur de ma voiture. Depuis, la montre du tableau de bord de ma voiture ne fonctionne plus. A ma deuxième position, l'engin avait la même forme que la première fois, et effectuait toujours la même oscillation. A un certain moment, une forme comme un quartier de tarte d'un dixième par rapport à l'engin s'est détachée du milieu de l'engin par la partie supérieure. Il s'agissait d'une forme de même teinte. Cette forme a oscillé légèrement et est montée d'environ 100 mètres. Puis elle est partie en direction de la Salmagne. Je ne saurais dire à quelle distance cet objet s'est éloigné, mais ce n'était pas tellement loin.
Quelques minutes plus tard, cette forme est revenue se placer au-dessus de l'objet cité en premier et s'est emboîtée à l'intérieur.
Le temps de nous rendre compte et on ne voyait plus rien. Nous n'avons pas vu l'objet partir, mais nous avons vu un point lumineux au loin de Jeumont. La clarté lumineuse persistait. Nous sommes revenus à mon domicile, et lorsque je suis arrivé chez moi, nous avons encore vu la clarté orange qui s'estompait.
Patrick T. est reparti chez lui. J'ai repris ma voiture et je suis allé seul sur les lieux.
Il y avait toujours la clarté orange qui devenait de plus en plus faible. Deux voitures, une Ami 6 et une R4, se trouvaient un peu plus loin de ma deuxième position en allant vers la Salmagne. Il devait être 22 h environ. J'ai parlé brièvement avec les conducteurs des deux voitures qui étaient étonnés par la lueur orange. Je ne leur ai pas dit ce que j'avais vu. Il n'y avait plus d'objet apparent. Je me suis rapproché de l'endroit, mais il n'y avait plus rien. Ces usagers m'ont déclaré qu'en arrivant près des lieux, les phares de leurs voitures se sont éteints. C'est ce qui les a incités à s'arrêter.

En résumé, il semble qu'il s'agissait d'un engin d'une longueur ou d'un diamètre de 200 à 400 mètres. Je ne saurais dire qu'elle était l'épaisseur étant donné que l'engin oscillait toujours. Il était de couleur orange, se trouvant dans une clarté orange provoquée par lui-même. L'environnement était baigné dans une clarté orange plus claire tirant sur le jaune. Le soir des faits, les conditions atmosphériques étaient bonnes. Il faisait une nuit claire avec ciel étoilé. Il n'y avait aucun bruit provoqué par cet objet.

C'est le compagnon d'observation de l'officier de réserve qui raconte maintenant son observation. Elle est beaucoup plus brève...

Déclaration de M. T. Patrick, 21 ans, électricien en bâtiment, demeurant à Marpent, Nord.
Le vendredi 26 septembre 1975, je me trouvais à Assevent au domicile de M. I. Michel. J'en suis parti vers 21 h 40. Alors que j'étais sur le seuil de la porte avec Mme I., nous avons remarqué une forme orangée en direction de la Salmagne. Je tiens tout de suite à préciser qu'il ne s'agissait nullement d'un O.V.N.I. J'avais déjà remarqué ce phénomène qui, d'après moi, provenait d'une forme orangée visible au loin entre le local de modélisme et une butte de terre. Cette forme était ovale dans le sens de la hauteur. Toutefois, étant donné qu'elle se trouvait au loin, je ne peux donner aucune dimension. Nous avons montré cela à M. I. qui a déclaré tout de suite que c'était un O.V.N.I.
Il a pris sa voiture et je l'ai accompagné. Il avait pris son appareil photo. Nous sommes allés à proximité des travaux de l'autoroute. Nous nous sommes arrêtés.

Nous apercevions toujours la forme au loin, à environ 100 mètres plus haut que l'horizon. A un certain moment, cette clarté a changé de forme lorsque les nuages se sont retirés. Elle a même disparu et est reparue sous la forme plus aplatie. M. I. a pris des photos. Nous sommes restés quelques instants. Il n'y avait personne d'autre sur les lieux. Puis nous sommes repartis au domicile de M. I.
Comme je vous l'ai déjà dit, je suis affirmatif : il ne s'agit pas d'un O.V.N.I. M. I. a inventé tout cela pour se mettre en valeur.
S.I. Nous n'avons pas changé d'emplacement pour voir cette clarté, étant donné qu'elle était au loin en direction de la Belgique.
S.I. La clarté était fixe. Il n'y avait aucun mouvement de rotation ni d'oscillation. Les rues où nous nous sommes rendus n'étaient pas éclairées par cette clarté, étant donné qu'elle se trouvait au loin. Il n'y a eu aucun phénomène dans l'éclairage de la voiture. Le moteur tournait toujours et j'avais même mis le chauffage étant donné qu'il faisait frais. A un certain moment, deux voitures, une R 16 et une autre que je ne saurais définir, sont passées. L'une venait de Boussois et l'autre en sens inverse. Les conducteurs ont ralenti pour regarder ce que nous faisions là et ont poursuivi leur route. C'est tout ce que je peux vous déclarer sur cette affaire, qui n'est que pure imagination de la part de M. I., qui est connu pour être un grand vantard.

L'origine de cette clarté orange aux formes changeantes serait due à la réverbération sur les nuages de la flamme des hauts fourneaux des aciéries belges.

M. I. semble doué d'une très grande imagination. Elle n'a rien à envier à celle du journaliste qui a relaté, non sans talent, les détails de cette « extraordinaire » histoire.

Trucages photos.

En septembre 1953, le responsable du service photo d'un journal de l'Est de la France, arrivant de Nancy, débarqua en pleine nuit gare de l'Est. Mandaté en toute hâte par la direction de son journal, il était chargé de véhiculer dans la capitale un précieux document photographique devant faire l'objet d'une transaction avec les plus importants journaux. Ce document était d'une valeur exceptionnelle : il représentait très distinctement une... soucoupe volante près de laquelle on pouvait voir deux de ses occupants, des êtres de petite taille enfermés dans leur scaphandre. Il s'agissait à n'en pas douter de la photo du siècle !

Tout s'était déroulé très vite quelques heures auparavant. En fin d'après-midi, un jeune homme encore tout tremblant s'était précipité à la rédaction du quotidien en racontant avec force détails son ahurissante aventure. En se promenant dans la campagne, il s'était soudain trouvé nez à nez avec un étrange appareil en forme de soucoupe et comme il avait un appareil photo avec lui il avait eu le réflexe d'enregistrer le fantastique événement.

Ce photographe amateur devait préciser qu'il avait ensuite développé lui-même sa pellicule avant de proposer au journal son extraordinaire cliché. Il avait ajouté qu'il ne désirait pas d'argent, sa seule ambition étant de se faire engager au titre de reporter au service photo du journal...

Face à cet exceptionnel document, certains membres de la rédaction avaient pourtant émis quelques doutes. Une rapide étude du négatif avait cependant permis de penser que la photo était authentique.

A cette époque, la presse, dans sa quasi-totalité, reproduisait un nombre toujours plus important de témoignages sur le passage d'engins mystérieux dans le ciel. Les journaux se bousculaient littéralement pour offrir à leurs lecteurs avides de sensations des récits toujours plus insolites. La recherche du document photo était à la mode et la revue *Radar* offrait une prime de un million de francs à la personne qui pourrait présenter une telle preuve. C'est dans cette ambiance que les responsables de la rédaction avaient décidé de publier la photographie en première page de leur journal.

En outre, des contacts avaient aussitôt été pris avec les journaux parisiens qui s'étaient montrés, on s'en doute, très intéressés par l'acquisition, même à un prix très élevé, du document. C'est dans ce contexte que, sa précieuse mallette à la main, le représentant du journal régional arriva en catastrophe le soir même à Paris.

Le lendemain, la publication sur huit colonnes de cet instant mémorable provoqua un véritable boum ! Les exemplaires du journal se vendirent comme des petits pains et, très rapidement, au cours de la journée, tous les exemplaires furent épuisés. La vente du quotidien n'avait jamais connu une telle ascension depuis sa création. Les journaux concurrents faisaient grise mine...

Pas pour longtemps !

Le destin allait se charger, en quelques heures, de rendre leur sourire aux envieux.

Le jour même de la parution de l'incroyable photographie, un autre jeune homme demanda à être reçu par le directeur de la rédaction. C'était un étudiant et il précisa qu'il avait une importante déclaration à faire sur la photographie qui venait d'être publiée.

L'histoire qu'il raconta était bien différente de celle qu'avait rapportée, la veille, le « généreux donateur ». Lui aussi était photographe amateur et son passe-temps favori consistait à exécuter des photographies à base de montages et de maquettes. Il se rappelait avoir récemment confié un rouleau de pellicule à un photographe professionnel pour le faire développer. Sur cette pellicule se trouvait, précisément, l'image d'une maquette fabriquée par lui-même représentant une soucoupe volante à côté de laquelle on pouvait voir deux petits bonshommes vêtus de scaphandres. Il s'agissait, bien sûr, du document occupant huit colonnes à la une de ce jour ! Le premier trucage photo de l'histoire des O.V.N.I. venait d'être découvert.

La fantastique transaction n'eut jamais lieu, comme on s'en doute, et le représentant du journal repartit sans les sommes fabuleuses (plusieurs millions de l'époque) que la vente aux confrères parisiens avait laissé espérer.

Dans la longue histoire des O.V.N.I., les documents photographiques n'ont jamais réellement représenté un élément de preuve décisif en faveur de la réalité matérielle d'objets inconnus venus visiter la Terre.

Le récit qui précède est là pour nous le rappeler : ces photographies ne sont dans la plupart des cas que d'habiles trucages. Ce genre de manipulations est entrepris dans l'espoir d'obtenir d'importantes sommes en contrepartie et constitue la plus grosse part des mystifications. Pour être juste, il convient de préciser qu'il existe quand même d'excellents clichés d'O.V.N.I. dont l'authenticité a pu être démontrée à la suite de minutieuses analyses de laboratoire.

Cependant, la plupart du temps ces mystifications ne dépassent pas la notoriété locale et, à part les quelques revues à sensation, peu pointilleuses sur la qualité de leur information, qui les reproduisent, elles ne connaissent pas la publicité des organes à gros tirage. C'est la raison pour laquelle elles disparaissent sans laisser de trace, leur éphémérité démontrant généralement leur origine douteuse.

En 1974, une mystification connut durant une quinzaine de jours un impact national et même international puisqu'on la retrouva jusqu'au Japon. Elle avait pour support le plus formidable média qui soit : la télévision. C'est certainement le plus beau canular sur les O.N.V.I. jamais imaginé en France.

La séquence d'INF-2.

Vendredi 29 mars 1974, les téléspectateurs de la deuxième chaîne découvrirent, pendant le journal télévisé de 20 h, « le plus extraordinaire document jamais filmé sur les O.V.N.I. ».

La séquence projetée était stupéfiante ! Un objet émettant une lumière jaunâtre, de forme elliptique, survolait à petite vitesse le massif vosgien pendant une dizaine de secondes, puis disparaissait après avoir marqué une légère pose au centre de l'image.

On fit passer plusieurs fois de suite l'incroyable séquence. Enfin, l'un de ces insaisissables O.V.N.I., qu'aucune caméra au monde n'avait jamais enregistré, avait été filmé par un professionnel du cinéma ! C'était une exclusivité mondiale d'Inf.-2 !

Quinze jours plus tard...

Dimanche 14 avril 1974, pendant le bulletin de 20 h, le chroniqueur scientifique d'Inf.-2, François de Closets, réapparut. A ses côtés, Pierre Guérin, maître de recherche au C.N.R.S, grand spécialiste de l'astronomie, un des rares savants s'intéressant aux O.V.N.I. à cette époque. Les visages étaient graves. Pierre Guérin prit la parole : « Le film que nous vous avons présenté il y a quinze jours n'appartient pas, comme nous l'avons tout d'abord pensé, à une manifestation du type O.V.N.I. Il s'agit d'un phénomène très rare de reflet et il ne nous est pas possible de prendre en compte le document de référence. »

Entre ces deux dates, le 29 mars et le 14 avril 1974, s'était déroulée une série d'événements auxquels je me suis trouvé mêlé de très près et qui me permettent aujourd'hui d'apporter un témoignage direct et précis.

Un document peu convaincant.

En ce qui me concerne, cette histoire a débuté le mercredi 20 mars 1974. Ce jour-là, avec une équipe des Actualités régionales de Nancy, dont j'étais le cameraman, nous nous rendîmes au Thillot, dans les Vosges, afin d'effectuer un reportage sur une dramatique de l'O.R.T.F. Nous réalisâmes diverses interviews et, notamment, celle de l'auteur du livre servant de support à l'émission dont le titre, *Les Étoiles ensevelies,* devait prendre, par la suite, un relief tout particulier.

Cet écrivain, originaire des Vosges, s'est surtout spécialisé dans la science-fiction !

En cette fin de mars 1974, les journaux se faisaient abondamment l'écho de la vague d'observations d'O.V.N.I. déferlant sur notre pays. Tout naturellement, Serge Chapelle, qui menait l'interview, demanda à notre interlocuteur s'il croyait à l'existence d'objets non identifiés. On devine, bien entendu, la réponse. Mais, en fait, celle-ci importe peu; ce qu'il faut dès maintenant retenir, c'est que tout cela se déroula vingt-quatre heures exactement avant le tournage de la séquence de l'O.V.N.I., séquence réalisée par Michel Bonne, le cameraman de la dramatique.

Le vendredi 29 mars, Inf-2 diffusa « l'extraordinaire document ». Je n'eus pas la chance de le voir le soir même de la diffusion nationale. Pour nous, les journalistes de la station de Nancy, dont dépend le secteur du Thillot, ce fut la surprise la plus complète. Le film avait transité sans passer par nos canaux, et l'information nous avait donc totalement échappé. Bien sûr, le lendemain matin, le rédacteur en chef demanda à Paris de nous renvoyer, par faisceaux, une copie du document afin de le présenter au journal régional de 19 h 20.

C'est ainsi que, quelques heures plus tard, le cœur battant, je découvris la séquence, copie magnétique d'un film 16 mm. Dès les premières images, je pensai à la supercherie. J'eus alors le sentiment très net que nous avions affaire à une astucieuse surimpression. Nous passâmes le film au moins trente fois. Notre séquence comprenait également un arrêt sur l'image, juste au moment où l'objet stoppait à la hauteur de la montagne. En regardant avec précision, on avait même l'impression de voir, au travers de l'O.V.N.I., le pylône qui la surplombe. Un trucage faisant intervenir la superposition de deux images aurait très bien pu expliquer cette particularité. Bref, n'eût été la garantie apportée par la deuxième chaîne qui, apparemment, s'était appuyée sur les premières analyses de laboratoire (c'est toute la responsabilité de l'O.R.T.F. qui était alors en jeu), on aurait pu émettre d'énormes doutes sur la valeur du document.

Cet objet, qui surgissait dans un plan fixe, effectuant, comme on dit en jargon de métier, une entrée de champ, puis posait en plein centre du cadre pour ensuite disparaître en une superbe sortie de champ, ne faisait pas du tout sérieux. L'absence totale de réflexion dans l'eau, l'immatérialité de la masse de l'O.V.N.I., évoluant tel un papillon (un de nos cameramen suggéra qu'il s'agissait peut-être bien d'un papillon assez proche de l'objectif, perdant ainsi sa définition optique, ce qui aurait expliqué la légèreté du mouvement), toutes ces constatations ne militaient pas, en effet, pour la réalité physique du phénomène.

Mais, de tous ces détails, ce fut certainement celui concernant le cadrage qui fit le plus bondir le cameraman que je suis. Manifestement l'objet cherchait la caméra, puis, après l'avoir trouvée, s'installait à la meilleure place dans le cadre afin de satisfaire, comme le meilleur des cabots, la curiosité de son public. Une dernière pirouette et on quitte la scène, dans la meilleure tradition du cinéma professionnel, c'est-à-dire sans omettre la sortie de champ !

Si le cameraman avait réalisé un canular, on aurait dû retrouver certains des éléments que je viens de décrire.

Il y a deux sortes de surimpressions possibles dans un cas comme celui-ci. (Il en existe d'autres bien sûr, mais elles font entrer en jeu des éléments impliquant des techniques de laboratoires ou des découpages vidéo que l'équipe de production ne possédait pas au Thillot.) La première consiste à dessiner le sujet que l'on veut ajouter en surimpression sur une gélatine transparente que l'on fait passer devant la caméra en plan fixe. Pour créer l'illusion du passage d'un O.V.N.I., on s'efforcera de cadrer une portion de ciel, puis, après avoir repéré le mouvement à effectuer, on tournera la séquence en évitant soigneusement tout reflet parasite. C'est l'aspect le plus délicat de cette manière de procéder.

La seconde est beaucoup plus sûre et peut provoquer des effets très spectaculaires et fort convaincants. Je possède plusieurs échantillons de tentatives qu'un de nos laborantins et moi-même avons réalisées, dont certains sont plus impressionnants que la séquence du Thillot.

Pour cette seconde série de trucages, on commence par tourner un très long plan fixe d'un paysage dont une bonne moitié représente le ciel. Il faut effectuer ce plan de préférence en fin d'après-midi ou au lever du jour, et ne pas craindre de sous-exposer d'un ou deux diaphragmes.

Ensuite, il est nécessaire de réembobiner le film au point zéro pour se préparer à enregistrer la seconde séquence, en l'occurrence un point de lumière qui sera censé représenter l'O.V.N.I.

Ce point de lumière, nous l'avons obtenu en projetant sur un écran une diapositive noire percée d'un trou ayant une forme discoïdale. Le mouvement de l'engin était produit en bougeant le projecteur. Nous avons commencé par laisser défiler une dizaine de secondes le film déjà impressionné lors de la première prise. Puis nous avons fait entrer notre lumière dans le champ, nous l'avons stabilisée quelques secondes pour obtenir le plan fixe, et enfin, nous avons effectué notre sortie de champ en manœuvrant avec le zoom.

La variation rapide de la focale produit une déformation de l'objet, comme on peut également le voir dans le film de Michel Bonne, ce qui ajoute un effet supplémentaire à l'ensemble de la séquence.

La surimpression terminée, on porte le film au laboratoire et on fait développer exactement comme pour un film normal. Il ne reste qu'à servir tout chaud aux téléspectateurs...

La projection de l'ensemble est très impressionnante et les personnes non averties à qui ce montage a été présenté ont bien cru assister à leur tour à une nouvelle invasion d'O.V.N.I.

Maintenant que nous savons comment il est possible de truquer une séquence comme celle du Thillot, essayons, à la faveur de ces éléments, de voir si les faits créditent l'hypothèse de la supercherie.

La réalisation de la séquence a eu lieu le 21 mars 1974. La télévision a diffusé le film le vendredi 29 mars. Deux jours après, c'était le 1er avril. On peut en déduire que le cameraman a préparé un poisson d'avril dès le 21, l'idée lui en étant venue à la suite de la question sur les O.V.N.I. posée par les journalistes de la station de Nancy.

Il envoya ensuite son film au développement à Paris (laboratoire 16 à Joinville) avec la certitude de le récupérer, comme cela se fait normalement, pour le visionner ensuite sur les lieux mêmes du tournage. Cela permet ainsi à une équipe de télévision en province de se rendre compte immédiatement de la valeur de son travail.

Malheureusement, à Paris, quelqu'un s'empara de la séquence, l'analysa sommairement et pensa qu'elle était authentique. Michel Bonne, qui apprit par les journaux la diffusion de sa séquence sur la deuxième chaîne, fut alors obligé de garder le silence. C'est du moins ce qui semble ressortir d'une interview que nous avons eue avec lui. Car, comme il nous l'a dit, personne ne s'est donné la peine de le prévenir que son film allait être projeté au cours du journal télévisé. « Et si j'avais fait une blague, comment me serait-il possible de le dire maintenant? » nous a-t-il fait remarquer.

Les contradictions techniques.

Comme nous l'avons vu à propos des tentatives de trucage précédemment décrites, la séquence du Thillot comporte différents éléments donnant à penser qu'il pourrait s'agir d'une habile superposition d'images.

Le cameraman était en plan fixe, pendant toute la séquence. Le tournage a été réalisé vers 17 h., c'est-à-dire en fin d'après-midi, à contre-jour (nos trucages ressortaient d'autant mieux qu'ils avaient été réalisés à plein contre-jour). L'objet filmé observe étrangement les principes de la mise en scène et obéit aux lois du cinéma (entrée de champ et sortie de champ). Il ne se détache pas du plan, paraît immatériel, ne produit aucun effet de perspective dans son mouvement. Sa présence physique n'est prouvée par aucune ombre ou reflet sur l'eau ou le terrain survolé. Enfin, paradoxalement, le cameraman n'a pas le réflexe de le suivre pour en montrer davantage.

Un autre fait important est apparu au cours de mon enquête. Le document a été réalisé sur un noyau film ne dépassant pas 30 m. Le cameraman m'a même précisé qu'il s'agissait d'une « chute ».

La caméra employée pour le tournage était une Éclair 16, comme en utilisent toutes les équipes de la Télévision française, que ce soit dans les reportages ou dans la production. Les chargeurs de cette caméra peuvent contenir 120 mètres de pellicule. Pour effectuer une surimpression comme l'exigerait un trucage reproduisant le film du Thillot, il faudrait un système de repérage si précis (il existe bien des compteurs de métrage sur les chargeurs, mais ils sont loin d'être exacts) que le truqueur serait condamné à travailler sur un métrage ne posant pas de problème de repérage. Pour un chargeur contenant 120 mètres de pellicule, l'opération se trouve nettement facilitée si la surimpression est réalisée au début ou à la fin du chargeur. Mais la solution idéale consiste, bien èntendu, à posséder une chute de 25 à 30 mètres, qui, elle, est facilement maniable lorsqu'il s'agit de superposer deux images sur un même plan.

L'indice d'authenticité du document aurait été très élevé s'il avait figuré au milieu d'une bobine de 120 mètres et s'il avait été précédé et suivi par des images prouvant que le chargeur n'avait pu être manipulé. Malheureusement, cela n'est pas le cas.

Nous avons vu que l'objet s'arrêtait un court instant à la hauteur d'un pylône. Celui-ci se trouve au sommet du ballon de Cervances. Il s'agit d'une construction appartenant à l'armée de l'air qui occupe, à cet endroit, une ancienne base radar aujourd'hui reconvertie en faisceaux hertziens. Si un objet était effectivement apparu dans les parages, il n'aurait certainement pas échappé à l'attention des militaires de cette base, d'autant que certains montent la garde en permanence à l'extérieur et peuvent, par conséquent, observer tout ce qui se passe à proximité du pylône. Au cours de mon enquête, je suis parvenu, non sans mal, à joindre par téléphone le colonel responsable de l'endroit. Sa réponse – qu'est venue confirmer celle d'un technicien de la base – fut catégorique : rien d'anormal n'a été constaté le soir où a été filmée la fameuse séquence.

C'est une réponse identique que l'on m'a faite à la gendarmerie. Alors?

Alors, que s'est-il passé ce jeudi 21 mars 1974 à

17 h? Cette question, je suis allé la poser à Michel Bonne, l'opérateur responsable de la séquence.

« Eh bien, m'a-t-il répondu, il s'est passé une chose très simple ! Nous étions en train de tourner une séquence pour une émission intitulée *Les Étoiles ensevelies*. Je faisais un plan d'illustration, un plan un peu bête, un peu carte postale. Soudain, dans le ciel, il s'est passé quelque chose. Comme j'étais en train de tourner, je n'ai eu aucun mérite à le filmer.

– Cet objet faisait-il du bruit?

– Non, pas du tout ! Personne n'a rien entendu... Ça s'est passé très rapidement. Tout le monde était un peu dispersé autour de la caméra. C'était un plan sans grande importance. Soudain, j'ai dit : Tiens, il y a quelque chose qui se passe ! Mais il n'y a pas eu grand monde pour s'intéresser à ce que je disais. S'il y avait eu du bruit, peut-être les gens auraient-ils fait plus attention. Le directeur de la photo, qui était à côté de moi, a cru voir, vers la fin, pendant quelques secondes seulement, une lueur dans le ciel, mais c'était déjà terminé.

– Devant vous, il y avait un lac. Vous n'avez pas remarqué de réverbération dans le lac?

– Non. Il faut que je précise que, à l'œil nu, le phénomène était beaucoup moins visible que sur la pellicule et, pour moi, c'est le problème le plus curieux.

– Comment apparaissait-il à l'œil nu?

– Il avait une intensité lumineuse vraiment moindre. Pour moi, c'est le phénomène le plus intéressant de l'histoire.

– Était-il flou ou net, à l'œil nu?

– C'était assez confus. C'était un point assez gros qui a commencé à venir d'assez loin, qui est venu vers l'horizon.

– Quel était son diamètre apparent par rapport à la pleine lune?

– Je pense que ça devait faire un quart de lune. Ce qui est curieux, c'est que ça a changé de forme. C'est apparu sous une forme circulaire et c'est devenu une ellipse par la suite.

– J'aimerais savoir si vous avez vraiment vu l'objet.

– Je vise de l'œil droit. J'ouvre l'œil gauche quand il y a quelque chose qui se passe. Effectivement, je l'ai vu aussi, mais ça s'est passé très vite. J'ai vu le phénomène directement, je l'ai filmé, puis je l'ai vu une fois en projection. Tous les gens qui m'en parlent l'ont vu entre quinze et trente fois en projection. Je crois qu'il y a pas mal de gens qui pourraient en parler mieux que moi. »

On le voit, il est impossible de savoir si Michel Bonne a réellement vu l'objet hors du champ de visée de sa caméra.

Une fois la séquence enregistrée, celle-ci fut expédiée avec les rushes de la journée au laboratoire de Joinville afin d'être développée, comme nous l'avons vu plus haut. L'opérateur accompagna son envoi d'une note destinée au laboratoire dans laquelle il demandait de déterminer la nature de la lumière enregistrée. Du moins est-ce ce qu'il prétend, car le laboratoire affirme n'avoir jamais pris connaissance de cette note.

La pellicule fut développée et les laborantins la visionnèrent. Lorsqu'ils en arrivèrent à la séquence de l'O.V.N.I., ils crurent à un trucage s'inspirant du titre de la dramatique : *Les Étoiles ensevelies.* Quelques jours plus tard, le film fut réexpédié à l'équipe de tournage du Thillot avec cette observation : « Effet spécial réussi ! »

Bonjour, confrère.

Je décidai, pour ma part, d'écrire à Michel Bonne. En substance, je lui demandai de me fournir quelques détails et de me confirmer la date exacte du tournage de la séquence[1]. Ma première lettre, datée du 30 avril 1974, ne reçut jamais de réponse. Deux années s'écoulèrent et mon intention d'écrire un livre en y consacrant un chapitre aux canulars célèbres m'incita à reprendre contact avec Michel Bonne pour tenter de connaître le fin mot de l'histoire.

Je lui écrivis donc à nouveau le 5 août 1976 la lettre qui suit :

Bonjour confrère,
Tu te souviens de cette affaire de l'O.V.N.I. du Thillot? Bien sûr, puisque tu te trouves en être l'un des principaux acteurs ! J'ai l'intention d'écrire un ouvrage prochainement sur les O.V.N.I. et d'y faire figurer éventuellement un chapitre sur les mystifications célèbres. Pour avoir étudié assez sérieusement celle que l'on appelle l'affaire du Thillot, je compte présenter les résultats de mon enquête.
Mais, en fait, pour certaines gens, cette affaire est

1. Dans le rapport de gendarmerie qu'il a signé, Michel Bonne prétend avoir réalisé le tournage de sa séquence le 18 mars et non le 21. Ce détail a son importance. Si le cameraman dit vrai (à moins qu'il ne s'agisse d'une faute de frappe des gendarmes), on peut se demander pourquoi il n'y a pas fait allusion le lendemain, lorsque nous sommes allés interviewer l'auteur de la dramatique auquel, précisément, nous avons posé des questions relatives aux O.V.N.I. Le choix de cette date, cependant, a le mérite d'éliminer l'hypothèse selon laquelle Michel Bonne aurait eu l'idée de son canular en assistant à l'interview de l'écrivain...

encore très brumeuse et, à la limite, on va jusqu'à dire que ce faux est un vrai ! !
Je possède même un rapport de gendarmerie où tu racontes ton aventure et qui prêche donc pour cette hypothèse !
Les principaux intéressés savent, eux, de quoi il en retourne; je veux parler de Pierre Guérin et de François de Closets avec lequel j'ai eu, il y a 2 ans, une très longue conversation à ce sujet. Mon intention est de détruire une bonne fois pour toutes le mystère qui semble encore planer sur ce cas. Mon but n'est nullement de nuire aux auteurs de la blague; j'aurais pu le faire il y a longtemps. C'est pourquoi, avant de présenter les pièces en ma possession sur cette affaire, j'aimerais une dernière fois que toi, l'auteur de « l'image », tu me donnes enfin ta version.
Dans l'attente de ta réponse, reçois, cher confrère, mes salutations amicales.

Me souvenant du silence qui avait accueilli ma première lettre, deux ans plus tôt, quelle ne fut pas ma surprise de recevoir, cette fois, une réponse. Et quelle réponse !
Cher ami,
Je ne suis pas vraiment surpris de recevoir une lettre de toi au sujet de ce que tu appelles « l'affaire du Thillot ». Ce qui me surprend, c'est qu'elle arrive aussi tard, alors que bien des gens ont oublié tout cela. Les termes de ta lettre ne me surprennent pas, car tu es dans le cas de la plupart des gens qui n'ont que les informations officielles pour se faire une idée des problèmes du monde. Eh bien, puisque tu es comme les autres, persuadé d'une mystification, je ne me vois pas le droit de t'empêcher d'écrire quoi que ce soit dans ce sens, si tu as l'honnêteté de ne pas dire que je te l'ai confirmé. Car je ne saurais le faire; le seul vrai

témoignage que je puisse donner strictement, tu l'as vu dans le rapport que j'ai signé à la gendarmerie du Thillot.

Que tous, journalistes, astronomes et « spécialistes » des questions extra-terrestres, disent, écrivent ou démontrent ce qu'ils veulent; peu m'importe, car ils ont sans doute toutes raisons de le faire. L'humanité n'est pas prête, pas mûre pour certaines choses trop déconcertantes...

Quant à moi, j'ai, depuis cette aventure, acquis des certitudes. J'ai rencontré des GENS... Comprends si tu as envie. Depuis, j'ai quitté Paris, mon métier, mes amis, je vis seul près de l'Océan, plus près de ceux qui m'ont fait le grand honneur de me dire la vérité.

Écris donc ce que tu veux, puisque cela ne troublera pas la réalité même si ce n'est que mensonge. Toutefois, je me permets de te dire que j'ai cru voir en toi (alors qu'à l'époque, je faisais partie des sceptiques) quelqu'un de très apte à comprendre certaines choses qualifiées par les ignorants d'irrationnelles.

J'espère que tu n'as pas perdu cette qualité et qu'un jour, grâce à cela, tu feras partie de ceux qui savent. Moi, c'est le hasard seul qui m'a permis d'en être.

Amicalement, signé Michel Bonne.

Cette lettre manuscrite était ponctuée de signes cabalistiques d'inspiration franc-maçonne.

J'ai récrit à Michel Bonne une dernière fois en lui demandant alors de bien vouloir m'apporter la preuve de ce qu'il affirmait dans sa lettre. Je savais parfaitement que cette démarche était sans lendemain, mais j'essayai de jouer le jeu jusqu'au bout.

En outre, je me suis renseigné sur l'actuelle carrière de Michel Bonne. Ce dernier n'a pas du tout quitté la Société Française de Production où il travaille actuellement toujours comme cameraman. Manifestement, l'auteur de la farce du Thillot a de la suite dans les idées; il y a, dans son attitude, une certaine continuité, et j'avoue ressentir face à cette logique inébranlable une admiration amusée. Michel Bonne joue maintenant les grands initiés à l'image de Claude Vorilhon, le « contacté » du Périgord ! !

Il n'est pourtant plus possible, aujourd'hui, d'avoir le moindre doute sur la valeur de toute cette histoire. Il s'agit d'une immense farce à laquelle Michel Bonne tente de donner une suite. Il peut même imaginer, si mon ouvrage connaissait quelque succès, se servir de la publicité indirecte que je lui fais. La publication de sa lettre produira probablement un écho favorable auprès d'un public friand de sensations. Les lecteurs qui n'auraient pas été convaincus par ma démonstration seront peut-être plus attentifs à ce qui va suivre.

Un an après la diffusion du film, je rencontrai François de Closets. Nous eûmes sur le sujet une discussion de plus d'une heure. François de Closets me raconta que lorsqu'il acquit, au bout de quinze jours, la certitude que ce film n'était qu'un habile montage et qu'il avait été, avec Pierre Guérin, la victime d'un canular, il remit aussitôt sa démission au directeur de la chaîne qui, à l'époque, était Mme Baudrier. On la lui refusa. Il n'accepta alors de revenir sur sa décision qu'à la condition expresse que l'on consacrât à la mise au point un temps égal à celui qu'avait pris la diffusion de l'information.

Je me suis longuement étendu sur cette affaire car il me semblait intéressant de la présenter pour la première fois dans sa totalité.

C'est la thèse du canular échappant à son auteur qui me paraît la conclusion la plus appropriée et qui justifie le mieux le communiqué final de M. Pierre Guérin ainsi que les déclarations de Michel Bonne du genre : « Si c'est un canular, je suis très fort, très psychologue et j'ai mis tout le monde dans ma poche, y compris la science officielle. Si c'est un canular, est-ce que je vous le dirais maintenant? »

A l'origine, cette farce était probablement destinée aux spécialistes du montage chargés de visionner les séquences de la production, à qui l'on voulait faire une blague à l'occasion du 1er avril. Malheureusement, la séquence fut détournée vers d'autres tables de montage et finit par aboutir sur les écrans d'Inf.-2.

C'est probablement le poisson d'avril le plus élaboré jamais conçu à la télévision française !

Il est cependant probable que le ou les auteurs regrettent que les circonstances les aient toujours empêchés de dévoiler les dessous de leur supercherie. Car la raison essentielle d'un canular n'est-elle pas de faire rire tout le monde, mais principalement ceux qui racontent, ensuite, comment ils s'y sont pris?

TROISIÈME PARTIE

LES OBSERVATIONS MILITAIRES

VII

LA FIN DU SECRET

POUR la première fois, l'ensemble des rapports officiels sur les O.V.N.I. établis par les pilotes et les radaristes de l'armée de l'air française est réuni dans un livre.

Ces rapports ne représentent qu'un pour cent des manifestations d'O.V.N.I. Leur chiffre peu élevé n'enlève cependant rien au caractère proprement stupéfiant de certains d'entre eux.

La présentation de ce dossier mettra fin, je pense, à la légende selon laquelle un lourd *black-out* recouvre toutes les observations militaires dans ce domaine. Au cours des chapitres qui vont suivre je vais tenter de démontrer que cette croyance ne repose, en fait, sur aucun fondement sérieux.

Aussi grosse qu'une moitié de lune.

AFP – 521. TÉHÉRAN, 21 SEPTEMBRE (AFP) 1976 : LE PASSAGE, SAMEDI 18 SEPTEMBRE 1976, DANS LE CIEL DE TÉHÉRAN, D'UN OBJET VOLANT NON IDENTIFIÉ, A DONNE LIEU À PLUSIEURS PHÉNOMÈNES TROUBLANTS, QUI N'ONT PAS ENCORE ÉTÉ ÉLUCIDÉS.

APERÇU DANS LA NUIT DE SAMEDI PAR LES CONTRÔLEURS DE L'AÉROPORT CIVIL DE MEHRABAD, L'OBJET, QUI PROJETAIT DES LUEURS BLEUES, ROUGES ET VERTES, A ÉTÉ PRIS EN CHASSE PAR DEUX « PHANTOM » DE L'ARMÉE DE L'AIR IRANIENNE, ONT CONFIRMÉ LUNDI LES AUTORITÉS.
SELON LE RAPPORT DES PILOTES, CITÉS PAR LA PRESSE DE TÉHÉRAN, L'OBJET, QUI AVAIT UNE FORME RONDE ET VOLAIT À UNE ALTITUDE DE 1 800 M, S'EST ÉLOIGNÉ À UNE VITESSE PLUSIEURS FOIS SUPÉRIEURE À CELLE DU SON QUAND LES CHASSEURS L'ONT APPROCHÉ, AVANT DE REVENIR POUR LES PRENDRE LUI-MÊME EN CHASSE.
LES PILOTES AURAIENT ALORS TENTÉ DE TIRER SUR L'OBJET VOLANT, MAIS EN AURAIENT ÉTÉ EMPÊCHÉS PAR UNE SOUDAINE « PARALYSIE » DE TOUT LEUR SYSTÈME ÉLECTRONIQUE ET DE LEURS COMMUNICATIONS RADIO.
TOUJOURS SELON ETELAAT, QUI CITE LES PILOTES, UN ÉLÉMENT CIRCULAIRE DE 4,5 M DE DIAMÈTRE SE SERAIT DÉTACHÉ, À UN MOMENT, DE LA « SOUCOUPE » POUR SE POSER AU SOL DANS LE SUD DE TÉHÉRAN AVANT DE REMONTER VERS L'ÉLÉMENT-MÈRE. DES RECHERCHES AURAIENT ÉTÉ EFFECTUÉES AVEC DES HÉLICOPTÈRES LUNDI POUR ESSAYER DE RETROUVER CE « MORCEAU DE SOUCOUPE », MAIS ON EN IGNORE LES RÉSULTATS.
LES DEUX PILOTES ONT DÉCRIT LA SOUCOUPE « COMME AUSSI GROSSE QU'UNE MOITIÉ DE LUNE VUE DE LA TERRE, MAIS TROIS FOIS PLUS BRILLANTE QUE NOTRE SATELLITE ». (AFP DJ 09 58).

Toutes les armées du monde possèdent des rapports de cette nature, mais ils parviennent très difficilement jusqu'aux rédactions des journaux. C'est là que réside l'intérêt de ce cas qui a connu les honneurs de l'AFP, l'Agence France-Presse, qui ne passe pas pour donner de fausses informations. Mais on ne saura jamais jusqu'à tel point cette information est totalement exacte (on se demande comment un avion ayant tout son système électronique perturbé peut se maintenir en l'air sans danger) car, pour parvenir jusqu'à nous, elle aura nécessairement connu diverses manipulations rédactionnelles ou de traduction qui peuvent l'avoir, volontairement ou non, quelque peu transformée. L'AFP n'est jamais revenue sur cet incident mais, de mon côté, j'ai tenté d'en savoir plus. J'ai écrit aux journaux de Téhéran, le *Etelaat* et le *Kayham*, ainsi qu'à la Cour impériale. A ce jour, je n'ai reçu aucune réponse.

On peut déjà retenir les difficultés rencontrées lorsque l'on a affaire à des informations provenant d'une source militaire. Les rapports faisant état de tels faits et signalés par des organismes officiels sont généralement inaccessibles aux journalistes, et l'on comprend pourquoi. Il est toujours gênant pour des responsables de la sécurité du territoire de porter devant l'opinion publique des faits tendant à montrer que leur vigilance se trouve parfois mise en défaut. C'est pourquoi il n'existe pratiquement pas d'ouvrages ou d'articles traitant des observations entrant dans cette catégorie. Ce chapitre va cependant nous permettre de consulter ces rapports établis par les représentants de la gendarmerie, de l'armée de terre et de l'armée de l'air.

Cette dernière, fait exceptionnel, m'a autorisé à publier la totalité des rapports établis par ses pilotes et ses radaristes, en cours de mission, depuis la création du fichier O.V.N.I. par le Bureau Prospective et Étude (BPE).

Crédibilité et observations

En matière de recherche, d'enquête ou d'étude, il est indispensable d'avoir recours à une information objective à grande valeur de crédibilité. Dans le domaine des O.V.N.I., la crédibilité est ce qui fait le plus souvent défaut et tous les chercheurs sont à l'affût du cas ayant pour témoin quelqu'un dont la personnalité garantit l'authenticité de la narration. Un savant américain, bien connu des milieux s'intéressant aux O.V.N.I., puisqu'il s'agit de Allen Hyneck, qui a été conseiller scientifique en matière d'astronomie pour l'US Air Force pendant vingt ans, a créé une notion de probabilité qui, ajoutée à un indice d'étrangeté, permet de définir l'importance d'une observation. Cette notion de probabilité s'appuie sur la personnalité morale, professionnelle ou sociale du témoin, et elle sera d'autant plus forte que la respectabilité de l'observateur sera élevée. Il est, en effet, logique de penser que les responsabilités confèrent nécessairement de la crédibilité et qu'elles diminuent les risques de canular ou de mauvaise interprétation.

On peut ranger dans cette catégorie d'observations à haute valeur de probabilité l'ensemble des rapports militaires et ceux provenant de techniciens de l'aviation, ou des observateurs de la gendarmerie et de la police.

Paradoxalement, il faut préciser dès maintenant que les objets célestes inconnus sont très peu observés par les aviateurs en mission. Il existe plus de rapports effectués par des personnels au sol que par des pilotes en vol. Selon certains responsables, ce type d'observations ne dépasserait pas un pour cent, chiffre comprenant les observations en vol et celles enregistrées par les radars militaires. Mais j'aurai l'occasion de revenir plus longuement sur cette question et d'apporter d'étonnantes informations qui bousculent quelque peu cette statistique, ceci plus particulièrement en matière de détection radar.

La position officielle

Avant d'aborder le chapitre des observations militaires proprement dites, il serait peut-être utile de connaître la position officielle du responsable pour l'armée de l'air de cette étude. En 1976, ce responsable était le lieutenant-colonel Alexis, directeur du Bureau Prospective et Études de l'armée de l'air, qui, pour les besoins d'une émission sur les O.V.N.I. dont je me suis occupé pour le compte de la station FR-3 de Nancy, nous a accordé une interview et a bien voulu répondre aux questions de ma consœur, Francine Buchi.
Q. Pour l'armée de l'air, le phénomène O.V.N.I. semble exister, puisque cette armée a créé un bureau chargé de l'étudier...
R. Sans parler du phénomène en lui-même, il est peut-être utile de rappeler quelles sont les origines qui ont conduit l'armée de l'air à s'occuper de ces objets. Sans le qualifier d'O.V.N.I. ou d'autre chose, disons qu'il s'agit d'un phénomène spatial non identifié. La genèse de cette affaire remonte à assez longtemps puisque à l'issue de la guerre 39-45, il a été créé, au ministère de l'Armée de l'air, un bureau qui s'appelait le Bureau Scientifique et Spatial. Tout naturellement, lors de la première vague de témoignages sur les phénomènes spatiaux non identifiés, ce bureau a été amené à constituer, en 1951, un dossier sur ces observations de façon à voir quelles étaient les

corrélations possibles et localisations de ces phénomènes.

En 1954, à la suite de l'intervention de deux députés, une question écrite a été posée au secrétaire d'État à la Défense de l'époque qui a jugé nécessaire de confier officiellement cette affaire au Bureau Spatial de l'armée de l'air.

Q. Est-ce la multiplicité des témoignages qui a amené à la création d'un bureau d'étude?

R. Oui. Vous vous souvenez que l'année 1954 fut une année assez féconde en témoignages pour l'ensemble de la France, et la presse locale et nationale a commenté largement les faits. A tel point que deux parlementaires, M. Jean Nocher et M. Léotard, ont jugé nécessaire de poser par écrit au secrétaire d'État à la défense de l'époque la question de savoir ce que faisaient les armées dans cette affaire.

Q. Maintenant, combien de dossiers avez-vous?

R. En prenant tous les témoignages depuis 1951, on peut dire, en gros, que nous avons reçu plus de 2 000 dossiers.

Q. Est-ce qu'aujourd'hui, en 1976, on en sait plus sur ces phénomènes que nous appellerons, pour plus de commodité, O.V.N.I.?

R. Si vous y tenez, appelez-les O.V.N.I. Je crois qu'il y a deux choses à considérer. La première est celle-ci : quel est le rôle confié réellement à l'armée de l'air dans cette affaire? Ce rôle est extrêmement limité. Il s'agit de voir à travers les témoignages si un certain nombre de relations de faits intéressent ou non la Défense nationale. A l'heure actuelle, on peut dire que, depuis 1951, aucun témoignage ne met en cause la Défense française ni l'espace aérien français. Comme vous le montreront un certain nombre de statistiques, nous n'avons observé aucun cas d'agressivité, aucune localisation particulière d'O.V.N.I., soit sur des sites militaires, soit sur des zones industrielles, soit sur des villes, etc. En bref, ces observations restent très aléatoires. Puisqu'il est clair, à travers ces témoignages, que la Défense nationale n'est pas en cause, vous concevrez aisément qu'il n'appartient pas aux militaires de se prononcer sur la nature réelle de ce phénomène.

Nos dossiers, après avoir été exploités sur le plan de la Défense aérienne, avec les principales constatations que nous avons faites, à savoir que, présentement, ce phénomène est absolument inoffensif pour la population française, sont transmis à des scientifiques afin que ceux-ci accomplissent leur travail, c'est-à-dire cherchent à déceler, si possible, l'origine de ces phénomènes. Nous envoyons actuellement ces dossiers au Centre National d'Études Spatiales, le C.N.E.S., où M. Claude Pohers est chargé de faire l'analyse et, pratiquement tous les ans, nous recevons un rapport des constatations effectuées par ces chercheurs.

Q. Les observations ou conclusions des scientifiques vous sont donc communiquées?

R. Les observations des scientifiques nous sont, en effet, rapportées, ce qui nous permet d'avoir une vision globale du phénomène et non de s'y attacher cas par cas.

Q. A partir de cette vision globale, pouvez-vous dire que le phénomène O.V.N.I. existe?

R. Je crois qu'il faut aborder cette question avec la plus grande ouverture d'esprit possible et vous dire ce que nous connaissons dans ce domaine. Il est possible, actuellement, de corréler à peu près 80 à 82 % des observations faites par des gens de bonne foi, observations très précises avec des événements que nous appelons aéro-spatiaux connus. Il reste donc à peu près 16 % de cas. Dans 12 % de ces 16 % restants, il y a un doute mais il reste une forte présomption pour que ce phénomène soit quelque chose que l'on puisse appréhender comme étant un phénomène connu. Il reste néanmoins environ 4 % des cas pour lesquels les chercheurs ou les organismes officiels sont incompétents et ne connaissent pas l'origine.

Q. Quelle est la définition de ces cas irréductibles?

R. Pour ces cas irréductibles, nous avons pris des précautions, disons scientifiques. Parmi les cas que nous estimons crédibles, il faut remplir un certain nombre de critères. Que les témoins soient connus, que le rapport ait été transmis à la Gendarmerie nationale et qu'au moins deux personnes adultes aient vu le phénomène. Vous pouvez penser que l'on prend beaucoup de précautions, mais dans une affaire, si l'on veut rester large d'esprit tout en l'abordant sous une couverture scientifique, je crois qu'il est sage de prendre un certain nombre de précautions. Les autres cas sont mis en mémoire pour être traités ultérieurement. En résumé, on peut dire que ces 4 % de cas restants ne peuvent être corrélés avec aucun phénomène, soit physique, soit aéro-spatial, connu. Il y a donc une ignorance actuelle de la science quant à la solution de l'énigme posée.

Q. 4 % sur 2 600 rapports?

R. A peu près. Entre 2 000 et 2 600.

Q. A-t-on établi des statistiques sur l'observation du phénomène O.V.N.I.?

R. Oui. M. Claude Pohers a fait des statistiques dans le sens d'une recherche et d'une approche du phénomène sur un plan global. On constate que l'échantillonnage de la population française qui a observé un certain nombre de phénomènes spatiaux non identifiés est connu. Il n'y a pas de dominante parmi les couches de la population française qui effectuent ces observations. On peut noter, peut-être, que 20 % de techniciens voient les phénomènes O.V.N.I. Il n'y a par contre que 5 % d'astronomes et de chercheurs qui assistent à ce type de manifestations. Mais toute la population est touchée à deux exceptions près, quand même, qu'il convient de signaler. Parmi les pilotes civils et militaires, qui représentent 10 % des observations, pour les militaires qui sont tout de même présents dans l'espace national vingt-quatre heures sur vingt-quatre, on ne note que 1 % des témoignages sur ces phénomènes disons non identifiés, et l'on retrouve le même pourcentage parmi les contrôleurs radars. Cela s'explique puisque, en fait, une des caractéristiques du phénomène que l'on nomme O.V.N.I. est qu'il résiste à l'analyse d'instruments scientifiques. La source d'information fondamentale est une source orale ou visuelle. En effet, en France comme à l'étranger, les radars ne voient pas ces phénomènes et de nombreux pilotes de chasse, également équipés de radar, ne les enregistrent pas; il en est de même pour les radars météo et les radars civils.

Q. Peut-il s'agir d'engins secrets, de prototypes?

R. A vrai dire, je ne le pense pas pour la raison suivante : tous les chercheurs mondiaux s'accordent à dire que si une civilisation terrestre possédait une telle avance technologique, à savoir passer en un instant d'une vitesse pratiquement nulle à une vitesse dépassant six fois le mur du son, être imperméable aux radars, ne pas être vu par nos chasseurs assurant la surveillance du ciel, il est fort probable que, dans la course aux armements, aucune de ces nations ne se serait privée de cette technologie. Là, je crois que tous les savants du monde entier s'accordent au moins sur ce point, c'est-à-dire qu'il est peu probable que ce soit une technologie terrestre.

Q. Quelle est la vision globale de l'armée de l'air à propos du phénomène O.V.N.I.?

R. La vision globale de l'armée de l'air, indépendamment de ce que j'ai dit tout à l'heure, et qui apparaît à travers des statistiques, est la suivante. Toutes les couches de la population voient le phénomène et font des déclarations. La gendarmerie, qui exploite ces rapports, le fait très sérieusement avec un souci minutieux permettant justement, grâce aux détails enregistrés, de retrouver les phénomènes spatiaux. Donc, on ne peut mettre en cause, je crois, les 4 % de témoignages qui existent et que l'on ne peut expliquer, puisque dans 95 % des cas ou 80 % des cas, si vous voulez, on a la certitude que, en un instant donné, en un lieu donné et dans un environnement donné, ces gens-là ont bien vu quelque chose. Voilà le premier point.
On peut dire également que la répartition dans la population en tranche d'âge reflète assez bien celle que l'on retrouve pour l'ensemble de la population française, à savoir que 64 % des témoins se situent entre 21 et 51 ans. C'est un deuxième point. On note également, en analysant ces témoignages, qu'il n'est pas anormal que des gens qui ne sont pas familiarisés avec tous les phénomènes aéronautiques, spatiaux ou physiques, trouvent des choses étranges et que les spécialistes, eux, arrivent justement à analyser ces phénomènes et leur donnent une origine naturelle. C'est une chose qu'il est important de souligner : les personnes non averties voient bien des phénomènes qui, pour elles, sont étranges, et il est tout à fait normal que des gens dont c'est le métier et qui sont spécialisés dans ces recherches puissent reconstituer, par leurs connaissances, un certain nombre de phénomènes. Examinons maintenant plus précisément les observations et leurs particularités.
Leur durée est très variable; elle peut être de une

heure ou de dix secondes, avec une moyenne de 41 % se situant entre 1 mn et 19 mn. On retrouve, notamment, un maximum d'observations en ciel clair pour 60 % des cas. Les distances varient également; 38 % des observations sont faites à une distance supérieure à 3 km, très peu sont vues à une distance inférieure à 20 m et 10 m. En gros, on note entre 3 et 7 % d'observations entre 20 et 10 m.

En ce qui concerne le phénomène lui-même, et c'est là que réside toute la complexité de cette analyse, on note depuis 1951, en France, 20 cas signalés d'atterrissages dans des lieux divers, aussi bien à proximité des zones urbaines que d'habitations isolées ou dans des régions de plaines à très faible densité de population.

Dans la description des formes, on retrouve la même diversité. Elles vont de la coupole à l'ovoïde en passant par le cigare, le disque, la boule et, apparemment, à travers nos statistiques, on ne peut pas privilégier une forme plutôt qu'une autre. On peut tout de même dire que, dans les formes rondes, circulaires et en forme de boule, on trouve à peu près 30 % des cas signalés.

Q. S'il y a eu atterrissage déclaré, en a-t-on fourni la preuve?

R. Nous possédons actuellement dans nos dossiers huit cas d'observations avec traces laissées après l'atterrissage sur le sol. Ces traces sont extrêmement variables puisqu'elles vont de 3 points à 4, 5 ou 6 points, et qu'elles sont de forme triangulaire, ronde ou autre. Il est à signaler, cependant, que nous ne possédons, pas plus, du reste, que les groupes de recherches privés qui s'intéressent à cette affaire, aucune photo d'O.V.N.I. au sol, aucune photo de petits êtres étranges ou d'humanoïdes et, jusqu'à ce jour, aucun débris de ces engins n'a été retrouvé. Donc, la seule preuve,

la seule marque physique de ces atterrissages consiste en ces 8 témoignages de traces relevées au sol et confirmés par la gendarmerie. Pour vous faire toucher la complexité de la question, je vais vous donner une série de statistiques que nous avons établies à la suite des observations que nos services détiennent. Ainsi, pour ce qui touche la luminosité, on retrouve une dispersion très grande dans les statistiques, puisque 42 % des gens ont vu des objets lumineux, 15 % sous forme éclatante, 1 % seulement sous forme non lumineuse, 14 % sous diverses formes avec lumières ou clignotants.
Les dimensions de ces phénomènes varient de 1 m à 70 m avec le même étalage de dispersion qui s'échelonne de 38 % à 4 % pour les objets les plus petits aux objets les plus longs. On retrouve les mêmes données en ce qui concerne la vitesse. 12 % ont observé des phénomènes supersoniques, 43 % des phénomènes passant successivement du vol stationnaire aux accélérations très brutales, 23 % des objets sont lents, 12 % des objets sont immobiles. Quant aux trajectoires, elles sont aussi diverses. Elles sont de 35% pour les observations rectilignes, de 45 % pour des trajectoires dites anormales en forme d'arabesques ou, disons, défiant les lois de l'aéronautique et, enfin, 20 % ont aperçu des phases d'immobilisme.
Les effets produits au cours de telles apparitions sont très divers également, mais on doit retenir dès maintenant une caractéristique dominante, c'est l'absence totale de bruit pour 70 % des témoignages. Seulement 15 % de gens disent avoir entendu un sifflement ou un autre bruit. Pour les effets thermiques, 97,27 % dans la population affirment ne pas avoir ressenti d'effets thermiques. Seulement 1,37 % ont constaté des effets pouvant faire songer à des émanations

calorifiques. Pour ce qui touche l'apparition des fameux rayons lumineux, on peut dire que 92 % des témoins n'ont pas relevé ce type de phénomènes et il en est de même pour l'odeur où 98 % des observateurs affirment ne pas en avoir décelé.
Parlons maintenant des effets sur les témoins. Ils confirment ce que nous disions tout à l'heure. Ce phénomène, du moins jusqu'à aujourd'hui, est absolument inoffensif pour ce qui a trait aux préoccupations essentielles de l'armée de l'air, à savoir une éventuelle menace sur le territoire.
Traces de maladie : aucune, à l'exception de quelques éruptions de boutons dont certains médecins affirment qu'elles sont consécutives à la peur, comme nous le verrons tout à l'heure. Maux de tête : pratiquement nuls. Paralysie temporaire et évanouissements : 2,73 % seulement. Décès, nausée, viol et agression : rien. Peur : seulement 8,18 % des témoins en parlent, et, là, les témoins français sont beaucoup plus courageux que ceux de l'étranger dont le pourcentage rapportant ce sentiment est, paraît-il, plus important. Le pourcentage se rapportant aux pannes de moteur est très faible : on compte simplement 1,82 % des personnes qui déclarent avoir vu le leur s'arrêter mais qui ne savent pas très bien si c'est la peur qui les a fait caler ou alors si c'est le moteur qui s'est arrêté de lui-même.
Les actions prolongées sur la végétation donnent un pourcentage infime, moins de 0,40 %. Aucune panne de télé, de radio, d'électricité dans le réseau public ou dans le réseau radio ou de télévision nationale n'a été constatée.
Q. En conclusion, il semblerait donc que ce phénomène ne soit pas dangereux?
R. Je crois que c'est le point de vue que partagent non seulement tous les chercheurs mais, égale-

ment, toutes les armées de l'air mondiales. Ce phénomène, jusqu'à preuve du contraire, ne révèle aucun acte d'agression caractérisé envers les personnes civiles ou militaires ou envers les biens. Enfin, à notre connaissance, il n'existe pas de lieux privilégiés d'observation.

Q. Quel est le pourcentage de personnes ayant aperçu des êtres vivants ou des humanoïdes?

R. C'est un pourcentage extrêmement faible qui ne dépasse pas 1 %. L'aspect de ces humanoïdes est extrêmement varié. Il va de la représentation d'un être physique ressemblant à un humain au sac de pommes de terre en passant par les formes les plus diversifiées. Je crois que les chercheurs s'accordent à dire que, sous le coup de l'émotion, bien que ces témoignages ne puissent pas être mis en cause, il y a probablement un phénomène secondaire pouvant engendrer l'apparition de certains effets psychologiques inconnus.

Q. Il est très difficile de classer objectivement le phénomène O.V.N.I.?

R. Eh bien, malheureusement ou heureusement, selon les points de vue, c'est ce que je crois avoir démontré. La diversité des formes, des couleurs, des vitesses, des localisations, des apparitions, l'absence de preuves, disons matérielles – photos au sol, découverte de débris –, interdit de cataloguer ce phénomène comme étant un phénomène de type matériel. Ce qui ne veut pas dire qu'il relève de la physique. Je rappelle, enfin, qu'il n'appartient pas à l'armée de l'air de se prononcer sur l'origine de ce problème au plan scientifique alors que les chercheurs sont impuissants, avec tous leurs moyens, à en déterminer l'origine.

Q. Cependant, est-ce que les pilotes n'ont pas des instructions particulières concernant les O.V.N.I.? Ne leur demandez-vous pas d'essayer d'entrer en

communication avec eux, voire de les intercepter, ou même de les abattre?
R. Depuis 1954, les instructions du ministère de l'Armée de l'air sont parues justement pour codifier et quantifier ces témoignages. Lorsqu'un phénomène est signalé par nos stations radar comme étant non identifié, c'est-à-dire comme n'étant pas réellement un avion militaire français, eh bien, il est tout à fait normal que la Défense aérienne se mette en œuvre. Or, je crois l'avoir déjà souligné, nos pilotes, qui sont en l'air en permanence et qui effectuent près de 500 000 heures de vol par an, constatent que nos radars sont impuissants à voir ces phénomènes sauf pour des cas particuliers très rares. En fait, en France, officiellement il n'y a que quatre cas depuis 1951, dont 3 ont été corrélés avec des phénomènes connus aujourd'hui.
Sur le plan de la Défense nationale, on peut en conclure, comme l'avait souligné M. Galley en 1974, alors ministre de la Défense, qu'il n'y a pas menace pour la population.
Sur un plan scientifique, nous sommes obligés de constater que dans 4 % des cas, la science est, à l'heure actuelle, impuissante à expliquer le phénomène. Ceci n'est peut-être pas trop anormal. Il suffirait de se rappeler qu'il a fallu 250 ans à nos chercheurs pour pouvoir analyser et décrire le phénomène du gaz des marais ou des feux follets et qu'il a fallu 350 ans pour comprendre et maîtriser la foudre.

Quelques commentaires

C'était la première fois qu'un officier supérieur de l'armée de l'air de notre pays était autorisé à faire une déclaration publique sur le problème des O.V.N.I.

Avant cette interview, l'État-Major de l'air avait reçu un grand nombre de sollicitations de la part des journalistes, mais s'était toujours refusé à toute déclaration. On craignait, dans ces milieux, une exploitation faisant la part trop belle au sensationnel et l'on évitait donc soigneusement de faire officiellement le point. Au mois de septembre 1975, dans le numéro 3 de *Armées d'aujourd'hui,* la revue des Forces armées françaises, parut un article intitulé « Objets Volants Non Identifiés » signé du capitaine de gendarmerie Kervendal, qui exposait d'une manière précise et documentée l'importance de la question. Le premier pas était franchi, un organisme militaire avait accepté d'aborder dans une revue spécialisée le problème des O.V.N.I.

Au moment où je pris contact avec le bureau de l'armée de l'air, chargé de recueillir les informations concernant ce problème, le colonel Alexis venait de rédiger un compte rendu qui devait, à son tour, préciser la position officielle de cette arme. L'autorisation de publier cette étude est venue quelques semaines après la diffusion du reportage de FR-3, où le colonel Alexis présentait le résultat de ses investigations. Ce fut une véritable première sur le plan télévisé et c'est l'intégrale de cette interview, brillamment menée par ma consœur Francine Buchi, que le lecteur vient de lire. L'article paru dans *Armées d'aujourd'hui,* en date d'avril 1976, signé du lieutenant-colonel Alexis, s'en inspire en grande partie. Cependant, l'article du lieutenant-colonel Alexis est beaucoup plus technique et ne comporte pas les commentaires personnalisés que l'on trouve dans l'interview. Enfin, on remarquera que le pourcentage de cas inexpliqués officiellement retenu par l'armée de l'air est différent dans l'un et l'autre cas. Dans l'interview, on parle de 4 % de cas inexpliqués – chiffre retenu pour le titre du reportage qui était intitulé : *O.V.N.I. : les 4 % du mystère.* Dans le corps de l'article publié par la revue *Armées d'aujourd'hui,* ce n'est plus 4 % mais 8 % qui sont reconnus. Cet organisme possédant environ 2 600 rapports, il peut être intéressant de noter que les cas pour lesquels il est actuellement impossible de fournir une explication se situent entre un minimum de 104 et un maximum de 208 observations. Quand on se rappelle les critères de sélection qui ont présidé à cette classification, on peut être assuré que ces cas resteront pour longtemps une énigme pour la science.

L'interview que nous venons de lire appelle quelques remarques.

On se rend immédiatement compte que les militaires répugnent à employer le terme « O.V.N.I. », qui reste pour eux très proche du trop fameux « soucoupes volantes » des années 50. Lors de toutes nos conversations, ce terme était soigneusement remplacé par le mot « phénomène » ou, plus techniquement, par celui très cher aux aviateurs de « trafic ».

L'armée de l'air semble avoir acquis la certitude que le survol éventuel ou la présence supposée d'objets volants non identifiés ne représente absolument aucun danger pour l'espace aérien de notre pays ou pour le territoire national. Cette impression paraît être partagée par les autres armées et, principalement, par celle des États-Unis où l'on a officiellement abandonné toute recherche dans ce domaine. « Officiellement » seulement, bien entendu. C'est d'ailleurs de l'attitude de ce pays que s'est inspirée notre aviation pour aboutir à ses conclusions. Car, pour la France, il n'a jamais été entrepris une véritable enquête scientifique[1] et les conclusions adoptées par le bureau de l'armée de l'air sont, en fait, calquées en grande partie sur celles du rapport Condon. On se souvient que l'Université du Colorado a abouti en 1969 à un constat d'échec, soulignant le manque d'intérêt que représente actuellement pour la science l'énigme des O.V.N.I. en insistant plus particulièrement sur l'absence de danger pour le genre humain et pour les États-Unis en particulier. De là à ramener le problème au niveau de la psychose sociale il n'y avait qu'un pas que les traducteurs ou commentateurs spécialisés n'ont pas hésité à franchir. En bref, il n'y a pas, officiellement bien sûr, sur le plan Défense, de « problème O.V.N.I. », que ce soit en France ou à l'étranger.

Cette impression, je l'ai parfaitement ressentie pendant tous mes séjours sur les bases où mon métier de journaliste m'a conduit lors de mes nombreux reportages sur l'armée de l'air. Le phénomène O.V.N.I. est littéralement absent des préoccupations des militaires. Malgré la somme importante de rapports indiscutables prouvant la présence d'engins inconnus au-dessus de notre territoire, il est pratiquement impossible de sensibiliser les militaires à cette question. Ce n'est pas que l'on ne veuille pas croire aux O.V.N.I., mais on ne donne pas ici à ce terme la même signification qu'ailleurs. Ce ne sont pas les quelque 200 cas irréductibles qui changeront cette tendance. Dans les milieux de l'aéronautique, on part du principe que ces observations sont dues, pour la plupart, à de mauvaises interprétations de phénomènes courants et que le reliquat d'inconnus

1. C'est en septembre 1977 qu'est officiellement créé le GEPAN, le Groupe de réflexion du CNES, chargé de l'étude du dossier O.V.N.I.

appartient à des manifestations d'ordre physique que la science parviendra à élucider un jour ou l'autre. Enfin, les préoccupations courantes de ces hommes chargés de la surveillance de nos frontières sont principalement axées sur des objectifs militaires précis qui laissent peu de place à la recherche si cette dernière ne se justifie pas par une raison particulière. Les O.V.N.I. s'avérant sans danger pour le moment, il ne paraît pas nécessaire de pousser plus loin la surveillance dans ce domaine.

Cela n'empêche nullement le phénomène de se produire sous forme d'apparitions surprenantes dont la réalité objective paraît maintenant indiscutable, même pour le responsable du Bureau Prospective de l'armée de l'air. Ainsi, le fait que 80 % des gens décrivent des manifestations célestes ne coïncidant avec aucun événement aérien ou spatial connu est, selon lui, une preuve indiscutable que la plupart des témoins rapportent avec justesse ce qu'ils ont vu. Par extension, il est alors permis d'ajouter foi aux autres témoignages pour lesquels il est impossible de fournir une explication.

Jamais un responsable militaire investi d'une telle charge n'était allé aussi loin dans ses déclarations concernant le problème des O.V.N.I. Bien que l'on puisse déceler, au travers des propos du lieutenant-colonel Alexis, une tendance assez marquée à banaliser le phénomène en s'appuyant sur des statistiques par moments très discutables, notre interlocuteur reconnaît avec beaucoup de franchise l'impuissance des hommes confrontés à ce problème.

VIII

DÉTECTION RADAR ET O.V.N.I.

La clef de l'énigme, nous l'avons vu, ne réside pas dans des expériences effectuées par une nation étrangère. Notre interlocuteur est formel sur ce point, mais il n'en conclut pas pour autant au produit d'une technologie extra-terrestre, bien que l'étude du dossier conduise inévitablement à envisager cette hypothèse, fût-ce pour la réfuter aussitôt.

En affirmant que les O.V.N.I. ne sont pas des engins secrets envoyés par quelque autre nation pour nous espionner, le lieutenant-colonel Alexis veut peut-être dire que le phénomène n'a pas d'existence matérielle au sens où nous l'entendons, qu'il échappe aux lois de la physique, ce que viendraient confirmer ses précisions quant à la prétendue « transparence » des radars. Je dis « prétendue » car une enquête poussée dans ce domaine m'a permis de découvrir que cette « transparence » est due, en fait, à des causes aisément explicables tendant à prouver que cette technique n'est pas du tout appropriée pour ce genre de détection. Les militaires préfèrent cependant dire que les radars n'enregistrent pas de tels échos, sauf exception. Cela rassure tout le monde et minimise, une fois encore, l'importance du débat. De plus, il n'est jamais très bon d'avouer aux contribuables que les coûteux radars qui les protègent ne garantissent pas totalement la sécurité de leurs frontières... Et pourtant, il faut bien le reconnaître : ce système connaît des insuffisances. Celles-ci n'ont rien d'extraordinaire et trouvent leur origine dans les limitations parfaitement connues du radar. Il ne faut pas chercher d'autre explication et, surtout, se garder de celles faisant intervenir quelque pouvoir occulte des O.V.N.I. leur permettant d'échapper au faisceau électronique de détection !

Les carences du radar.

Par une belle matinée du mois de juin 1976, je me trouvais, pour les besoins de mon métier, à bord d'un Jaguar biplace de la base de Toul-Rosières, au-dessus de la Corse. Nous étions dans le bleu intense du ciel à près de 10 000 mètres. En bas, la Méditerranée confondait la limpidité de ses eaux avec celle de l'horizon. Sur notre gauche, légèrement plus haut que nous, évoluait un K.C. 135, un Boeing 707 militaire des Forces aériennes stratégiques transformé en avion de ravitaillement. Derrière l'immense appareil, deux Jaguar en formation de patrouille le suivaient à la trace. A tour de rôle, ils accrochaient la perche de ravitaillement pour remplir leurs réservoirs de kérosène, et, deux minutes plus tard, reprenaient la route qui devait les conduire à leurs objectifs.

Dans le casque, j'entendais les conversations radio échangées entre les pilotes de nos appareils et le contrôle radar de Marseille. A tout moment, nous pouvions être invités à changer de niveau pour libérer une voie aérienne encombrée. Nous devions former un écho assez conséquent car nous étions trois Jaguar et un imposant Boeing sur le même spot radar.

Soudain, quel ne fut pas notre étonnement de nous entendre annoncer que notre écho avait disparu de l'écran de contrôle de Marseille et qu'il nous fallait impérativement reprendre un autre niveau pour faciliter la détection ! Le temps était superbe, il n'y avait aucun nuage, la visibilité était totale et, pourtant, le radar ne nous voyait plus !

Tout est rentré dans l'ordre au bout de quelques minutes et un spot symbolisant notre formation est bientôt réapparu. Il arrive ainsi que ce système connaisse des insuffisances dont les origines sont parfois difficiles à déterminer.

Je me dois toutefois de préciser que je ne mets pas en cause ce système de repérage qui est l'un des plus perfectionnés qui se puisse concevoir. Mon intention est de faire saisir, au travers d'un certain nombre d'informations, divers aspects déconcertants de la détection qui expliquent l'absence apparente des O.V.N.I. sur les écrans radar dans certains cas.

Il va sans dire que je ne suis pas un spécialiste du radar et que les commentaires qui suivent sont dus à des techniciens travaillant depuis de longues années dans ce domaine. C'est à partir de leurs réflexions que j'ai rédigé ce qui suit.

Pas d'écho non identifié.

Le travail d'identification des contrôleurs aériens s'opère de deux manières. D'abord, il s'agit de surveiller nos frontières, aussi bien terrestres que maritimes. Tout aéronef qui s'approche de notre pays et qui veut y pénétrer doit répondre à un certain nombre de conditions. Il doit avoir un plan de vol et être pris en contrôle par les spécialistes de la surveillance qui, à chaque instant du jour et de la nuit, observent le trafic aérien. Ensuite, il existe une identification à l'intérieur du territoire, c'est-à-dire de tout ce qui décolle du sol de France et qui nécessite une surveillance particulière.

Ce qui attire l'attention des opérateurs chargés de la mise en alerte de la Défense aérienne afin de prévenir les autorités de toute attaque ou pénétration du territoire, ce sont les mobiles provenant de l'extérieur, donc franchissant les frontières. Si la demande d'identification ne correspond à aucun avion précis, c'est-à-dire si le système d'identification personnalisé de l'avion n'apparaît pas, on fait aussitôt intervenir un ensemble de procédés permettant d'aller rechercher chez les civils et chez différents organismes de contrôle des renseignements permettant l'identification.

Au plan de la Défense aérienne, pour ce qui concerne la base de Contrexéville, secteur de détection nous servant ici de référence, il n'y a pas, officiellement, d'écho non identifié. Dès qu'apparaît une piste pénétrante, elle est aussitôt prise en charge et si une anomalie se présente, tout est mis en œuvre pour que l'origine et la destination de cette piste soient retrouvées. Elle est traitée avec tous les moyens dont on dispose et, s'il le faut, on fait intervenir la chasse. Chaque année, on rencontre deux ou trois cas de ce type pour l'ensemble de la France. Mais ces cas sont, la plupart du temps, rapidement résolus.

Les contrôleurs prennent en charge les échos mobiles jusqu'à une certaine altitude, là où évoluent les avions. Pour plus de sécurité, les radars sont équipés pour détecter des objets se déplaçant à des altitudes deux fois plus élevées que les avions. Les radars modernes peuvent monter jusqu'à 140 000 pieds, c'est-à-dire 40 000 m, un secteur qui n'est plus du tout fréquenté par les avions de chasse ou les bombardiers stratégiques, les chasseurs les plus modernes volant à 20 000 m. Il y a bien des avions, plus particulièrement des prototypes, qui volent plus haut mais leur mission ne représente en général aucun caractère offensif déterminant. De plus, il existe une technique permettant l'habillage d'un plot radar par un symbole ou la création d'une piste synthétique qui ne peut apparaître que si elle est comprise dans une gamme de vitesse allant de 100 nœuds à 2 400 nœuds. Pour la plus basse, cette vitesse correspond à 180 km/h. Quant à la vitesse de 2 400 nœuds, il s'y ajoute une notion d'altitude. A basse altitude, elle correspond à Mach 1,95, c'est-à-dire 2 300 km/h environ et, en haute altitude, 10 000 mètres et plus, à Mach 4 ou 4 800 km/h. Si la vitesse du mobile est inférieure à 100 nœuds ou dépasse 2 400 nœuds, le complexe radar ne prend plus en compte l'objet qui se déplace à une telle vitesse. Il n'y a pas, actuellement, d'appareils militaires de combat, sauf cas très exceptionnels, qui volent dans ces créneaux de petites et grandes vitesses. Les chasseurs de combat perfectionnés actuels volent à Mach 2,5/Mach 2,6 et ce sont des appareils américains ou soviétiques.

Il faut savoir aussi que lorsqu'une petite anomalie apparaît, celle-ci n'attire pas nécessairement l'attention du contrôleur. L'intérêt du technicien n'est en éveil que si l'objet pris en compte pénètre de l'extérieur vers l'intérieur, c'est-à-dire franchit une frontière.

En outre, les phénomènes non expliqués se déroulent en un temps si bref que, s'ils ne se manifestent pas d'une manière spectaculaire en provoquant sur l'écran un décalage frappant entre un état stable et un événement soudain sortant de l'ordinaire, le radariste peut très bien ne pas s'en apercevoir.

Si, par exemple, un objet non identifié se

stabilise à 150 km d'altitude au-dessus de Paris et qu'il descende à la verticale, le mouvement de descente de l'objet n'apparaîtra pas sur les radars. Si, dans sa descente, il garde un mouvement vertical sans glissement latéral, c'est-à-dire sans existence dans le plan, il ne sera assimilable pour les contrôleurs qu'au moment où il sera pris sous le feu électronique du radar à point fixe. Or, comme il n'y a pas d'avion volant sur place, à part les hélicoptères qui se déplacent tout de même dans le sens horizontal et qui sont donc également pris en compte par la détection, tout ce qui apparaîtra sous forme d'écho fixe, n'intéressera pas, à priori, les radaristes.

Des échos fixes, les écrans en révèlent de toutes sortes. Ainsi, une colline mal placée fait une petite tache sur l'écran et son immobilité et sa particularité permettent de savoir de quoi il s'agit. Certains échos fixes sont également dus à des inversions de température dans l'atmosphère. Ainsi, à une certaine époque, la base de Contrexéville peut capter sur ses radars la configuration du mont Blanc. Cela s'explique par une réflexion des hautes couches de l'atmosphère qui renvoie tout le découpage des Alpes. Avec le radar principal de Contrexéville, les écrans enregistrent l'image du contour du massif vosgien qui se présente sous la forme d'un ensemble d'échos fixes permanents.

Un radar installé à un autre endroit ne captera pas nécessairement de la même manière ces échos, voire pas du tout, mais il en captera une autre variété. C'est la raison pour laquelle la détection se fait avec un certain nombre de radars couplés, disposés en des endroits différents, ceci pour permettre un recoupement des couvertures. Ainsi, un mobile est donc vu au moins par deux radars à la fois, si ce n'est trois, voire quatre.

En résumé, les contrôleurs sont à l'affût des plots effectuant un déplacement horizontal et ne s'intéressent pour ainsi dire pas du tout aux plots fixes. Si, par hasard, un de ces plots se crée sous l'œil du radariste et qu'il soit possible de le suivre en altimétrie, c'est-à-dire dans le sens de la hauteur, la rapidité du déplacement étant de une à deux minutes, il a de fortes chances de ne jamais avoir le temps de l'apercevoir. Il n'y a que dans le cas où un pilote pris en compte aperçoit un événement et le signale que le contrôleur peut fixer son attention sur l'événement et dire éventuellement s'il détecte ou non quelque chose. S'il n'y a rien qui appelle l'attention d'un contrôleur sur ce type de phénomène, il est à peu près certain que rien ne permettra de le découvrir.

Seules les nations ayant une technologie spatiale très développée telles que l'Amérique et l'U.R.S.S. ont les moyens d'aller plus loin dans le domaine de la détection ou de l'investigation dans l'espace. Depuis les satellites, ces deux nations ont la possibilité, grâce à une électronique appropriée, de détecter des mouvements qui s'inscrivent dans tous les plans, horizontaux ou verticaux. Mais il ne s'agit plus de détection radar à proprement parler. Cela fait entrer en jeu toutes sortes d'éléments de la technique moderne qui permettent d'analyser des changements d'état dans l'espace et voir qu'à tel moment se produit tel phénomène. Le phénomène ayant d'abord été analysé en laboratoire en théorie, il peut être possible, ensuite, en examinant les données présentées par la détection satellite, de découvrir, en effectuant des comparaisons de vitesse et de trajectoire, la nature de l'objet détecté. Par exemple, lorsqu'un missile intercontinental balistique est lancé dans l'atmosphère, il correspond à une course théorique type que l'on est censé connaître dans les bases de détection spécialisées dans cette recherche. Lorsque l'on connaît cette course théorique, il est possible d'annoncer l'envol d'un engin. C'est le principe du système d'alerte, analogue à un détecteur d'incendie qui, lui, ne voit pas l'incendie, mais enregistre la variation de température. Ainsi, à partir de satellites situés entre 110 et 130 km d'altitude, les nations qui ont les moyens de les construire et de suivre une telle zone de surveillance peuvent savoir ce qui se passe au sol et dans toutes les couches de l'atmosphère ainsi, bien entendu, que chez leurs voisins. Il se peut alors qu'à l'aide de tels moyens ces nations puissent effectuer des détections d'échos qui, pour un autre pays, resteraient non identifiés. Il est, en effet, impensable que ce type de surveillance couplé à l'effet radar n'enregistre pas les passages et les mouvements des O.V.N.I. Il est à peu près certain qu'Américains et Soviétiques possèdent des rapports faisant état d'observations d'engins autres que les leurs, ou ceux de leurs alliés respectifs.

Un problème sans « réalité ».

En France, il n'existe pas d'instructions pour les contrôleurs radar en ce qui concerne les O.V.N.I., car cela nécessiterait une spécialisation particulière.

Le problème des O.V.N.I. n'a aucune réalité sur le plan de la Défense aérienne. Cela ne correspond pas du tout à la mission de surveillance des radars militaires et, dans ce domaine, il n'existe pas d'instructions ni de programmations radar permettant ce type d'identification. Actuellement, une telle recherche serait extrêmement complexe car les radars sont programmés pour analyser ou détecter des mobiles qui se déplacent de façon linéaire.

On décèle donc, à partir de ce qui précède, les raisons qui font qu'un O.V.N.I. n'est pas forcément pris en compte par la couverture radar. Si l'objet effectue une trajectoire d'entrée perpendiculaire dans l'atmosphère, il n'est perçu sur l'écran du contrôleur que comme un point fixe perdu parmi tant d'autres.

La couverture radar ne dépasse pas l'altitude de 40 km, car l'on part du principe qu'aucun avion connu ne dépasse l'altitude des 20 km.

Si l'objet possède une vitesse qui ne se situe pas dans le créneau des 100 nœuds (180 km/h) pour la plus basse, et des 2 400 nœuds (4 200 km/h) pour la plus élevée, il échappe à la surveillance.

Si l'objet se déplace à une altitude inférieure à 500 m, il a de grandes chances de ne pas être repéré par le faisceau radar.

De même, s'il se présente sous une forme gazeuse, il ne donne lieu à aucune matérialisation identifiable sur l'écran.

Les contrôleurs travaillent pour des dimensions de détection parfaitement définies et leurs instruments sont programmés avec des informations intéressant une gamme d'avions étrangers ou amis qui, lorsqu'ils sont repérés, provoquent automatiquement une réaction appropriée. Mais un écho dont les caractéristiques ne sont pas emmagasinées et qui ne répond pas du tout aux critères communs à tous les appareils peut totalement échapper à la détection ou apparaître de temps à autre, lorsqu'une de ses évolutions le rapproche de celles des avions connus. Ainsi, lorsqu'un O.V.N.I. adopte une trajectoire rectiligne, s'il n'est pas trop près du sol, s'il ne dépasse pas 2 400 nœuds, il peut être repéré. C'est ce qui s'est produit pour l'observation du sergent Corduant que je reproduis un peu plus loin.

Enfin, il s'ajoute à cela la perception propre du contrôleur. Le radariste porte principalement son attention sur la LIP, (Ligne d'Identification Périphérique) au trafic aérien qui touche les zones frontières et au-delà.

Les surveillants peuvent voir des engins sur leur radar, mais ne cherchent pas obligatoirement à les identifier car, leur secteur de travail étant parfaitement défini à certaines missions, ils n'ont pas nécessairement leur attention retenue par ce qui gravite autour.

Il serait intéressant maintenant de juxtaposer des observations pour chercher à savoir si l'on retrouve les critères de rejet radar que nous venons de lire.

Dans une déclaration que nous verrons par la suite dans ce même chapitre, nous avons un commentaire du gendarme de Revigny-sur-Ornain qui fit les deux extraordinaires clichés maintenant bien connus.

Selon Michel Flouret, les engins étaient « d'un rouge orangé, avec un halo très lumineux, le dessous étant très marqué par cette couleur rouge orangé ». Cette apparence gazeuse est presque générale dans les dépositions, c'est d'ailleurs l'image la plus classique de l'apparition d'un O.V.N.I. Il est facile de constater que pour la presque totalité de ces apparitions, le radar est impuissant à fournir un écho.

Dans une autre déclaration faite par un autre témoin, cette fois à Nancy, un écolier qui, pour appuyer ses « dires » fournit un document photo irréfutable, déclare : « L'objet m'est apparu 10 à 15 secondes. Il ressemblait à un disque noir et descendait verticalement. » Le gendarme Flouret dira que les objets disparurent à la verticale à une vitesse fantastique. Ces mouvements ascensionnels d'arrivée et de départ sont également très courants dans l'ensemble des témoignages. Le lecteur pourra s'il le désire découvrir par lui-même, à la lecture des observations que je propose dans cet ouvrage, tous les détails de cette nature et il lui sera facile de remarquer qu'un de ces aspects figure au moins dans chacune d'entre elles.

Il en est de même pour les cas faisant mention d'un objet survolant à très basse altitude qui sont extrêmement nombreux et restent indécelables à la détection. Ce type de description nous parle même d'engins évoluant en des lieux parfois franchement inaccessibles à tous types d'appareils terrestres. Ce qui exclue automatiquement une analogie avec un appareil volant courant, du type hélicoptère.

En bref, l'O.V.N.I. qui tombe à la verticale, qui est entouré d'un halo gazeux à très forte ionisation, qui évolue à ras du sol ou à une centaine de mètres, dont la vitesse est très lente ou très rapide, échappe généralement à l'enregistrement radar. Ces précisions, nous le voyons en lisant les rapports, forment la constante de toutes les déclarations.

Il est pour le moins étonnant de se rendre compte que ce que décrit la totalité des témoins dignes de foi est recoupé par le fait que précisément les radars sont incapables de s'activer, pour l'ensemble des particularités observées.

Il est maintenant possible de comprendre pourquoi les observations radar ne représentent pas plus d'un pour cent en France et que cette argumentation, pour chercher à minimiser l'importance du problème O.V.N.I., n'est pas recevable. De même il est permis de penser que les Américains et les Soviétiques avec leur système plus élaboré de détection satellite possèdent, à peu près certainement, un pourcentage nettement supérieur de ce type d'observations, mais le tiennent probablement secret. Dire que dans ces pays toute recherche est abandonnée est un doux euphémisme, car, si officiellement cela paraît être le cas, officieusement on emmagasine les observations militaires qui, elles, ne connaissent pas du tout la publicité de la diffusion.

Sur le plan aérien pur, c'est-à-dire observation par le personnel navigant français, et plus précisément les pilotes de chasse, il est logique de penser qu'en effet on ne voit pas grand-chose, puisque celui-ci est intimement lié au réseau radar.

Il n'y a pratiquement pas de nos jours de pilotes effectuant d'observations visuelles en cours de mission. Et ça, j'ai pu m'en rendre compte personnellement. Je me suis entretenu avec un nombre important d'entre eux sur plusieurs bases françaises, interrogeant tant les gens du transport que ceux de la chasse. A part de rares cas, décrivant des objets trop lointains pour constituer des faits intéressants, je n'ai jamais entendu une histoire un peu exceptionnelle.

Par contre, ces mêmes pilotes ont été parfois témoins au sol d'événements surprenants qu'ils ne peuvent pas expliquer. Cette remarque est confirmée par l'étude des rapports officiels qui ont pour origine le personnel navigant.

Cependant, il n'est pas très juste de prétendre que les échos non identifiés sont exceptionnels sur les écrans des radars. Si l'armée de l'air ne possède officiellement que trois rapports de détection de ce type dans ses archives, j'en connais, en ce qui me concerne, bien d'autres, dont un très intéressant qui s'est déroulé dans l'une des trois bases radar les plus importantes de France, celle de Contrexéville, dans les Vosges. Le réseau de surveillance de cette base s'étend jusque dans les pays de l'Est où, par des systèmes de relais, elle enregistre tous les mouvements aériens, y compris ceux du pacte de Varsovie. C'est dire l'importance de ce centre dont la situation stratégique n'échappe à personne.

L'écho de Contrexéville

La base de Contrexéville comprend un réseau très complexe de détection totalement automatisé. Vingt-quatre heures sur vingt-quatre, durant toute l'année, des contrôleurs suivent sur des dizaines d'écrans les points luminescents et éphémères qui symbolisent les avions, les « trafics » comme on dit ici. Ces hommes et ces femmes qui assurent la sécurité des routes aériennes et l'identification des aéronefs à l'intérieur et à l'extérieur de l'Hexagone, analysent systématiquement la production de tout écho émis par tout objet volant. Il n'y a pas d'écho dont l'origine reste inexpliquée et, lorsque cela se produit, les contrôleurs effectuent de rapides investigations afin de parvenir à une identification complète. Il arrive toutefois que de rares cas s'avèrent résister à toute recherche, comme cela s'est produit au mois de juillet 1974 sur l'écran du sergent Corduant. Ce dernier m'a raconté son aventure en ces termes :
C'était en juillet 1974, au cours de la première quinzaine, et j'avais en compte un F 100 de la base de Toul-Rosières (Meurthe-et-Moselle), qui devait faire une mission dans le Sud. Il devait se déplacer par Saint-Dizier et ensuite Dijon. Peu après avoir passé Dijon, environ une minute après, sur l'écran radar, j'ai eu un contact à une distance de 20 nautiques d'un autre trafic. Il évoluait à très faible vitesse; il devait faire 150, 200 nœuds, c'est-à-dire environ 360 km/h au maxi-

mum. J'ignorais son altitude et comme il évoluait dans la même direction que le F 100 et que j'ignorais totalement son plan de vol, il me fallait intervenir sur l'avion de la base de Toul pour éviter tout risque de collision. J'ai demandé au pilote du F 100 de virer 40° à droite pour opérer l'évitement et, après avoir constaté l'absence de tout danger, j'ai demandé au pilote de reprendre ensuite son cap.

Q. Vous avez donc évité la collision entre l'avion et l'engin que vous n'arriviez pas à identifier?

R. Oui, c'est ça. Mon problème d'identification était surtout centré sur l'altitude que j'ignorais et qui représentait le problème immédiat.

Je continuai donc à donner des informations au pilote pendant son virage et je lui demandai s'il apercevait l'objet en question. Il me répondit qu'il ne voyait rien. Le F 100 a donc poursuivi sa route, mais j'ai continué néanmoins à surveiller le trafic, ou l'O.V.N.I., comme vous préférez.

A un moment donné, j'ai perdu tout contact radar et j'ai alors pensé à un avion se trouvant près du sol et qui se posait. En fait, le tour de compte suivant, c'est-à-dire 10 secondes plus tard, j'ai eu de nouveau contact, mais 5 nautiques plus loin, c'est-à-dire, en fait, à peu près 9 km plus loin. J'ai été assez surpris de cette constatation. 10 secondes plus tard, il y avait un nouveau balayage et le trafic, c'est-à-dire l'écho non identifié, a refait 5 nautiques. Cela signifiait que, partant de 200 nœuds ou 360 km/h, il était arrivé en un temps très court à près de 2 000 nœuds c'est-à-dire 3 800 km/h. Ce n'est pas tellement la vitesse qui m'a le plus étonné, c'est l'accélération qui, elle, sortait du commun. N'importe quel avion qui aurait subi une telle accélération, qu'il fût américain ou russe, aurait été désintégré.

Q. Avez-vous cherché à identifier cet engin?

R. Non, pas précisément parce que, d'abord, il y avait les échos fixes dans lesquels pénétrait cet engin. Ensuite, je n'ai jamais vu ce trafic ressortir. Enfin, pour moi, ce qui importait le plus, c'était d'avoir réussi à éviter la collision et, ma mission accomplie, du fait de la disparition de ce trafic, je n'ai pas cherché à aller plus loin.

Le plus extraordinaire dans cette observation c'est que les autorités militaires n'en ont pris connaissance que parce que son principal témoin avait fait l'objet d'une interview. Le contrôleur avait totalement omis de faire un rapport à son sujet. Si elle est parvenue jusqu'à nous, c'est tout simplement parce que l'armée de l'air à laquelle nous avions demandé de nous désigner un spécialiste du radar, a proposé le sergent Corduant, qui s'était porté volontaire pour répondre aux questions des journalistes. Sa déposition laissa ses supérieurs perplexes mais ils ne firent cependant aucun commentaire sur son observation. Le seul élément litigieux concernait l'évaluation de la vitesse de l'objet inconnu.

A l'époque, l'hebdomadaire *Le Point* s'était fait l'écho dans une information très brève du passage au-dessus de la vallée du Rhône, à très basse altitude, de deux Mig 25, volant à Mach 3,5. Cette information était tout au moins hautement improbable, sinon fausse en ce qui concerne la vitesse annoncée, pour l'altitude référence qui était 500 mètres. L'état-major de l'Air rétorque par un cinglant démenti; mais le ver était dans le fruit.

Comment expliquer en effet aux gens peu au fait des techniques de l'air qu'un avion quel qu'il soit volant à plus de 4 000 à l'heure se désintégrerait en traversant à cette altitude les couches denses de notre atmosphère? Ensuite plusieurs journaux ne faisaient-ils pas état de la présence du célèbre avion de reconnaissance soviétique au-dessus de l'Europe et notamment au-dessus de la Suisse?

La déclaration du sergent Corduant pouvait ajouter un trouble supplémentaire par certains de ses aspects, et plus particulièrement pour ce qui touchait la vitesse. Il devint évident pour nous autres, journalistes, que c'est cette éventuelle coïncidence qui préoccupait le plus les spécialistes de l'armée de l'air après la déposition du contrôleur.

L'étude de l'écart des vitesses annoncées, l'effort de rationalisation opéré inconsciemment par le radariste qui cherchait à fournir des approximations correspondant à des performances d'avions existants et enfin l'accélération extraordinaire qui avait été enregistrée permirent d'exclure cependant à coup sûr le passage d'un Mig 25 soviétique. Il restait qu'un objet étrange et qui n'avait pas été identifié avait survolé notre espace aérien. Lorsqu'il fut définitivement admis qu'il ne pouvait s'agir d'un avion russe, dans les milieux militaires on ne se préoccupa plus du tout de la question. Un peu comme si l'observation n'avait jamais eu lieu. On touche ici à l'aspect le plus déconcertant de l'attitude officielle face à la présence des O.V.N.I. On sait de toute évidence qu'il se passe quelque chose, mais on fait comme si apparemment cette chose n'intéressait pas du tout l'espèce humaine. Un peu comme les vaches voyant passer un train : elles le regardent mais ne se sentent pas concernées par sa présence...

D'autres observations.

Il existe bien d'autres observations de cette qualité. Il suffit de consulter le dossier O.V.N.I. de l'armée de l'air pour s'en convaincre. Pour ma part, les nombreux contacts que mon métier m'a permis d'avoir me permettent de faire état également d'une série de petits faits troublants.

A chaque fois qu'il m'est donné de visiter un centre radar, je me renseigne discrètement auprès des techniciens.

Certains radaristes m'ont ainsi déclaré, qu'à leurs moments perdus, lors des nuits de bonne visibilité, ils « chassent » l'O.V.N.I., et qu'il leur arrive d'enregistrer des échos n'ayant rien à voir avec des avions. Un certain soir, pour l'un d'entre eux, l'écho était si net et si parfaitement présent qu'il est sorti avec les autres contrôleurs pour voir l'objet passer au-dessus de la station.

J'ai alors demandé à ces personnels s'ils effectuaient des dépositions lorsque cela se produisait. On me fit comprendre que cela nécessitait un tel surcroît de travail administratif qu'il était impensable que ces faits soient portés à la connaissance des autorités militaires.

Un autre soir, on parvint même à enregistrer la vitesse de l'objet inconnu dans la région de Strasbourg; cet objet évoluait à près de 18 000 km/h. La rapidité de ces apparitions explique la raison pour laquelle, la plupart du temps, il est matériellement impossible de faire intervenir la chasse. Le temps d'effectuer l'identification, de faire décoller les avions (un minimum de 5 minutes) et de les diriger vers l'écho, l'O.V.N.I. a mille fois eu le temps de disparaître, comme cela se produit la plupart du temps. La lecture des trois cas de détections radar qui ont été consignés par l'armée de l'air depuis 1951 illustre bien la rapidité du phénomène interdisant pratiquement toute action. C'est la première fois que ces observations de contrôleurs radar, relativement anciennes, sont révélées au public. Pour le premier cas, il s'agit de la détection d'une piste inconnue avec, exceptionnellement, intervention de la chasse, sans résultat d'ailleurs....

Premier témoin
Nom : D. Jean.
Grade : Aspirant C.A.O.A., base aérienne 151.
– Quand et où avez-vous observé l'objet?
– Le 2 décembre 1954 à 14 h 11.
Lieu de l'observation : ADC, salle d'opération.
Éléments d'observation : direction d'arrivée : est-ouest au-dessus du Centre; direction de départ : sud; durée de l'apparition : 58 minutes; aspect de l'objet : objet détecté au radar.

Deuxième témoin :
Nom : R. Pierre.
Grade : Sous-lieutenant, base aérienne 151.
– Quand et où avez-vous observé l'objet?
– Le 2 décembre 1954 à 8 h 36.
Lieu d'observation : ADC, salle d'opération.
Éléments concernant l'objet : direction d'arrivée : sensiblement sud; direction de départ : nord; durée de l'apparition : H.R. 14 minutes; observé sur le scope radar et reporté sur la salle de situation générale.

Site radar numéro II.
Objet détecté au radar par la station numéro 5 de Mechna Bel Gziri aux altitudes, vitesses et heures de détection suivantes. Premièrement : point initial de détection aux alentours de Zoco El Zouar, Maroc espagnol, soit environ 15 miles nautiques dans le secteur de Te Touo, direction sensiblement sud, franchit la frontière à 5 miles nautiques à l'est d'Aid Cob à 9 h 43 (à 15 miles nautiques dans le 040 d'Ouezzane).
Patrouille de deux F 86 américains décolle sur cette piste. Mission non couronnée de succès,

les appareils n'ayant rien vu. Décollage 9 h 26. Piste disparue aux alentours d'Ouezzane à 9 h 50. Les altitudes auxquelles a été vu l'engin oscillent entre 70 000 pieds (c'est-à-dire 23 000 mètres) et 4 000 pieds (c'est-à-dire 1 500 mètres) selon les indications radar.

La remarque que l'on peut faire à propos de cette observation, c'est que, contrairement aux autres, qui se manifestent par un arrêt ou une grande vitesse, on enregistre ici un objet évoluant à très faible vitesse, entre 20 et 120 nœuds (entre 38 et 240 km/h). Ce qui paraît étonnant, c'est la plage d'altitudes et le type de vitesse que l'on ne trouve pratiquement jamais pour cette catégorie de phénomènes. Cela pourrait correspondre aux évolutions d'un ballon subissant les courants aériens. Il est toutefois étonnant de noter que les avions F 86 américains n'ont pu à aucun moment repérer visuellement la présence de l'objet. Peut-être, au fond, tout cela est-il dû à un dérèglement du système radar.

En décembre 1957, à la station de détection de Cognac, deux O.V.N.I. sont repérés dans la même journée à 40 mn d'intervalle :
Le général S., commandant la 3e RA à Monsieur le secrétaire d'État à l'Air.
État-Major de l'armée de l'Air, Bureau scientifique, Paris, 15e.

Compte rendu du sous-lieutenant W. Daniel et du sergent D. André du Contrôle local aérien de la BA 135 Cognac, relatif à l'observation de mystérieux objets célestes.
Questionnaire :
– Quand et où avez-vous observé l'objet?
– Le 17 décembre 1957 à 15 h 01 TU.
Lieu : radar de surveillance de Cognac SRE.

Éléments d'observations concernant l'objet : direction d'arrivée : 355°; direction départ : 175°; durée de l'apparition : 1 mn 30 s pour la première observation, 30 s pour la seconde observation.
Aspect de l'objet : écho radar rond.
Altitude probable : inférieure à 30 000 pieds (10 000 mètres).
Météo du moment : visibilité 10 km. Vent calme 3/8 de strato-cumulus à 800 m QFE 10/19 QNH 10/23.
Autres observateurs ayant vu le même phénomène : sergent S., sergent G., sergent T., base aérienne 137.
Autre élément : rapport ci-joint.
Premièrement, le 17 décembre 1957 à 15 h 01 TU, le sergent S., spécialiste détection 3 123, aperçoit sur le scope du SRE un écho se déplaçant suivant la route vraie 175°. Cette première apparition a lieu à 40 km de la base. Au tour de balayage suivant, le spot lumineux est repéré à 34 km. Le sergent S. attire alors l'attention du sous-lieutenant W, sur ce phénomène. Le sous-lieutenant W. aperçoit effectivement un écho à 28 km, puis le même spot apparaît à 22 km. Enfin, pour la dernière fois, il apparaît à 16 km. Il disparaît alors dans les échos fixes. Il s'avère ensuite impossible de détecter la trace à la sortie de la zone des échos fixes. Les échos apparaissant à chaque tour de balayage, il en ressort que le balayage s'effectuant à raison d'un tour en 7 secondes et demie, le spot correspondait à un objet se déplaçant à la vitesse de

$$\frac{6 \times 3\,600}{7,5} = 2\,880 \text{ km/h}$$

Deuxièmement, le même jour, à 15 h 45 TU, le

sergent S. aperçoit encore une fois un écho identique à celui qui fut observé à 15 h 01 et se déplaçant également à 6 km par tour de balayage. Il attire à nouveau l'attention du sous-lieutenant W., du sergent C., spécialiste interception 3 143, du sergent T., spécialiste interception 3 343. Le spot suit cette fois la route vraie 220° et trois échos sont aperçus successivement à 37 km, à 31 km et à 25 km de la station de Cognac. Il y a ensuite perte d'écho. Il semble que l'engin soit passé à une altitude inférieure à 30 000 pieds, étant donné les caractéristiques du SRE de Cognac.
Conditions météo : QAM de 15 h TU. Visibilité de 10 km, vent calme 3/8 de strato à 800 m. QFE à 1/10/19 QNH à 1/0/23.

En 1957, il n'y avait pas d'avion capable d'atteindre ces vitesses. Quant aux fusées ou missiles, à cette époque, les armées n'en possédaient pas de manière opérationnelle. Il est utile de rappeler que c'est au cours de cette même année que les Soviétiques ont mis sur orbite leur premier Spoutnik.

Dix jours s'écoulèrent et, à nouveau, les écrans radar de la base de Cognac enregistrèrent le passage d'un objet inconnu.

Nom du témoin : D. André, sergent mécanicien, base aérienne 135 Cognac.
– Quand et où avez-vous observé l'objet?
– Le 27 décembre 1957 à 13 h 30 TU.
Lieu de l'observation : radar de surveillance de Cognac.
Éléments d'observation concernant l'objet : direction d'arrivée : 020°; direction départ : 200°; durée de l'apparition : 32 s.
Aspect de l'objet : écho rond.
Altitude probable : inférieure à 30 000 pieds.
Météo du moment : visibilité 1,800 km avec

brume, plafond 8/8, vent 360° 4 Kts, température sans abri : 080° centigrades.
Autres observateurs ayant vu le même phénomène : sous-lieutenant W., sergent T.
Rapport ci-joint :
Le 27 décembre 1957 à 13 h 30 TU le sergent D., mécanicien DEM, étant de service à la salle d'approche, s'est aperçu du déplacement très rapide d'un écho sur l'indicateur panoramique SRE. Cet écho, d'une forme ronde, est apparu à 40 km dans le 20° de la station, route vraie 200°.
Au balayage suivant, le spot lumineux est repéré à 34 km, puis à 28 km. A 22 km, le sergent D. attire l'attention du sous-lieutenant W. qui aperçoit effectivement l'écho à 16 km et, par rémanence, l'écho précédent à 22 km. Entre chaque écho, il y avait un DOUV de balayage à une récuvence de 8 s, ce qui donne à cet objet une vitesse de :

$$\frac{3\,600 \times 6}{8} = 2\,700 \text{ km/h}$$

Le sergent T. a été lui-même témoin de ce phénomène dès son début.

Ces observations ayant été extraites d'un rapport circonstancié sont plus techniques que rédactionnelles, à l'opposé de la déclaration du sergent Corduant, de Contrexéville, qui nous rapporta directement l'incident sans avoir effectué de déposition auprès de ses supérieurs. Pour de telles constatations, les observateurs radar sont tenus de remplir un formulaire et de fournir un récit précis des faits enregistrés. C'est ce type de procédure, d'une sécheresse toute militaire, que nous venons de lire.

IX

LES PILOTES TÉMOIGNENT

« VOILÀ, c'est tout ce que nous possédons... » Le lieutenant-colonel Lépine, chef du Bureau Prospective et Étude (BPE.), me tend une modeste chemise rose violet sur laquelle est inscrit le nombre 14. Quatorze rapports de pilotes et de radaristes depuis la création du Bureau chargé par l'armée de l'air d'instruire en 1951 le problème des O.V.N.I. ! C'est peu. En fait, je sais qu'il existe d'autres rapports car, en consultant les archives de la Gendarmerie nationale, j'ai découvert des déclarations qui auraient dû figurer dans ce dossier. Elles figurent d'ailleurs dans ce livre. Mais je sais aussi qu'à part deux ou trois cas que l'on a omis de transmettre à ce service du ministère de l'Air, sans doute pour des raisons administratives, l'ensemble des observations effectuées par le personnel navigant ne dépassait pas, officiellement, le chiffre 20, à la date de ma visite à ce service, c'est-à-dire le 23 mai 1977.

Cela correspond d'ailleurs aux statistiques présentées par le lieutenant-colonel Alexis, le prédécesseur du lieutenant-colonel Lépine au BPE. Certes, on peut rétorquer que ces statistiques sont fausses (elles ne sont pas l'œuvre de l'armée de l'air, mais de M. Claude Pohers, chercheur au Centre National d'Études Spatiales) et qu'il existe un dossier « TOP SECRET », celui-ci totalement inaccessible. Il est, bien sûr, impossible de répondre à une telle argumentation..

Je pense avoir démontré, dans cette partie de mon livre, que le problème des O.V.N.I. pour l'armée de l'air ne se pose pas en termes d'activité aérienne étrangère ou ennemie. A la limite, les O.V.N.I. peuvent très bien être des engins parfaitement réels, mais comme ils ne se comportent pas à la manière des appareils conventionnels, ils ne présentent aucun intérêt. C'est dire qu'actuellement il paraît peu logique de penser qu'il règne sur cette question une volonté de secret. La réalité est beaucoup plus banale : les responsables du bureau chargé de recueillir les rapports avouent très sincèrement leur complète ignorance de l'origine ou de la cause de ces mystérieux O.V.N.I. ! Ils n'ont en leur possession que des moyens très limités et se contentent d'accumuler à ce sujet un maximum de renseignements.

Le Bureau Prospective et Études

Le BPE est un modeste service du ministère de l'Air, dans le 15e arrondissement à Paris. Il est occupé par trois officiers qui sont sous les ordres du lieutenant-colonel Lépine, secondé par le commandant Rodriguez, qui, lui, occupe le service depuis maintenant cinq ans.

Le Bureau Prospective et Études, l'ancien Bureau scientifique de l'armée de l'air, a pour principale fonction d'étudier et de proposer tout projet susceptible d'entraîner un progrès des techniques de l'aviation militaire. C'est une de ses charges essentielles et le problème des O.V.N.I. ne représente donc qu'une part infime de son activité.

Lorsqu'un rapport parvient aux officiers du BPE, ceux-ci en font une brève étude, fournissent un avis quand ils le peuvent, le transmettent à M. Pohers au CNES, puis le classent dans la section historique du service des armées. Il n'y a pas d'enquête à proprement parler, l'étude finale du rapport intervenant au niveau du CNES.

Les quatorze rapports que je présente (une grande première, selon le commandant Rodriguez; aucun journaliste n'ayant obtenu l'autorisation de les reproduire depuis qu'il est dans ce service) concernent donc le personnel navigant. En les parcourant, on découvre que l'armée a mis au point, dès 1951, un formulaire très précis comprenant près d'une trentaine de questions. A la dernière page de ce questionnaire, on trouve une rubrique intitulée : « Conseils pour l'observation des MOC. » (Cette expression MOC est empruntée à l'ouvrage d'Aimé Michel, *Mystérieux Objets Célestes,* qui est paru à l'issue de la grande vague d'observations des années 50.)

Conseils aux pilotes qui observent un mystérieux objet céleste.

I. Faire contrôler, si possible, par d'autres témoins ce que vous voyez.
II. Noter dans votre mémoire (ou, si vous pouvez, par écrit) le maximum de détails en vue d'un compte rendu précis.
III. Si vous êtes au sol, essayez de vous placer de façon telle que vous puissiez REFAIRE EXACTEMENT CE QUE VOUS FAISIEZ (c'est le rapporteur qui

souligne) lors de la première vision de l'objet. Mais examinez l'effet de vos déplacements sur la position apparente de ce dernier. Si vous êtes en vol, effectuez toutes les manœuvres nécessaires pour une bonne observation de l'engin, et photographiez-le si possible. Dans tous les cas, au sol ou en vol, prenez garde aux réflexions et réfractions des objets lumineux : observez, si possible, seulement au TRAVERS DE L'AIR.

IV. Estimez les dimensions, hauteurs et déplacements de l'engin, UNIQUEMENT EN VALEUR ANGULAIRE (toute autre estimation risquant d'être impossible ou erronée). A défaut d'instruments, utilisez votre main ou un objet déterminé tendu à bout de bras.

V. Si vous ne pouvez consulter votre montre, vous aurez une estimation convenable du temps en comptant : et un, et deux; et trois, etc.

VI. Notez de votre mieux les conditions météorologiques, ou faites-les rétablir par votre station locale à l'aide de l'heure exacte.

VII. Remplissez dès que possible le compte rendu d'observation.

Ces conseils pourront être utiles au lecteur si jamais il devient lui-même témoin d'un fait de cette nature.

Les rapports du personnel navigant concernant les manifestations d'O.V.N.I. commencent en 1951 pour la France. Le premier que contient le dossier porte la date du 15 juin 1951. C'est aussi le plus intéressant. Le dernier est daté du 17 juillet 1967 et décrit, comme nous le verrons, un phénomène qui a été observé sur l'ensemble du pays et qui correspond très certainement à la rentrée dans les hautes couches de l'atmosphère de la fusée Cosmos 169. C'est dans le chapitre consacré aux « Méprises » qu'on pourra lire ce compte rendu.

Après 1967, le dossier officiel n'a plus consigné aucune déclaration de pilote ou de radariste. Cependant, depuis cette date, quelques cas d'observations ont tout de même été enregistrés comme nous aurons l'occasion de le constater par ailleurs.

Toutefois, cela reste des cas isolés et leur nombre ne dépasse probablement pas une dizaine pour toute la période allant de 1967 à nos jours.

C'est le paradoxe de la vague 1974, pendant laquelle près de 400 dossiers ont été constitués par la gendarmerie sur l'ensemble du territoire. On enregistra, depuis le sol, le passage d'objets inconnus que les aviateurs ne parvinrent pas à repérer au cours de leurs missions de surveillance !

C'est probablement cet énigmatique décalage qui a valu à ce dossier un nom peu reluisant que lui a donné l'un des responsables du BPE des années 60. A cette époque, l'armée de l'air intitulait le dossier O.V.N.I. :

« Le Sottisier... »

Ce que contient le « Sottisier ».

Les déclarations qui suivent émanent de pilotes ou de radaristes ayant utilisé soit le formulaire proposé par l'armée de l'air, soit la formule du compte rendu classique ou du rapport de vol.

Selon les responsables du BPE, quelques-unes de ces déclarations seraient à mettre sur le compte de phénomènes astronomiques (pour deux de ces cas, se reporter au chapitre « Méprises »), sur celui de la présence de ballons-sondes (pour un de ces cas, se reporter au chapitre sur les « Méprises »), d'une fusée ou d'une météorite (au moins un cas). Quant à l'origine supposée des échos radar, il est difficile aux spécialistes de se prononcer de manière catérogique. Dans ce domaine, il est toujours aisé d'invoquer la présence d'échos fictifs, ce qui n'est pas très honnête lorsque l'on est confronté à l'inexplicable. On préfère alors ne pas trop épiloguer sur ces observations.

C'est donc le 15 juin 1951 qu'a eu lieu la plus spectaculaire observation d'O.V.N.I. qui se soit produite dans les annales de l'armée de l'air française. Depuis, on n'a jamais recueilli au BPE de déposition de cette importance.

Ce rapport a d'abord été classé « Secret ». Il est passé ensuite dans la catégorie « Confidentiel ».

Le colonel M. commandant la base aérienne 115 à Monsieur le général de division aérienne, commandant la 1re division aérienne et Monsieur le général de brigade aérienne commandant la 4e RA d'Aix-en-Provence.

Objet : Engin bizarre circulant dans l'espace aérien de la base aérienne d'Orange-Caritat.

J'ai l'honneur de vous envoyer ci-joint les comptes rendus que j'ai fait faire à deux pilotes de la 5e escadre de chasse, lieutenant G. et sergent-chef P., qui ont vu au cours d'un exercice effectué dans la matinée, à 11 h 30, heure locale, du 15 juin 1951, un engin bizarre évoluant dans l'espace aérien de la base aérienne d'Orange-Caritat. Étant donné :

Premièrement : l'étrangeté des observations faites en ce qui concerne cet engin, aspect, forme, mouvements, altitude, vitesse.

Deuxièmement : le fait que ces observations

a) ont été faites par deux pilotes de chasse qui :

1) par leur ancienneté sont habitués à observer,

2) personnellement, sont des gens pondérés et dont l'imagination n'est pas débordante;

b) sont absolument semblables.

Je crois devoir vous rendre compte.
J'ai interrogé moi-même ces deux pilotes 1 h 30 environ après qu'ils aient aperçu cet engin. Le résultat de l'interrogatoire et leur compte rendu ne diffèrent pas et on en tire facilement la synthèse suivante.
Premièrement : Aspect de l'engin.
L'engin paraît : brillant (l'éclat gêne la vue sans lunettes de soleil, selon le lieutenant G.), sans relief. Aucune fumée n'a été aperçue soit pendant qu'il semblait à l'arrêt, soit pendant qu'il faisait mouvement.
Deuxièmement : Formes de l'engin.
a) L'engin est apparu d'abord sous une forme sphérique à l'arrêt;
b) Puis, brutalement, sous une forme oblongue quand les pilotes se sont rapprochés et qu'il a commencé à faire mouvement.
Troisièmement : Mouvements de l'engin.
a) L'engin a paru tout d'abord nettement à l'arrêt;
b) Puis a fait mouvement en s'éloignant vers l'est et en prenant de l'altitude dès que les pilotes ont mis le cap sur lui.
Quatrièmement : Attitude de l'engin.
L'engin, qui semble d'abord immobile, s'éloigne rapidement dès que les pilotes se rapprochent de lui.
Cinquièmement : Vitesse de l'engin.
L'engin possède une vitesse, soit horizontale, soit de montée, plus grande que celle des avions Vampire.
La situation dans l'espace qui découle des observations faites par les deux pilotes de la 5e escadre de chasse est la suivante :
1) Première série d'observations : engin immobile paraissant avoir une forme sphérique.
a) Les deux pilotes se trouvent à 6 000 pieds entre

10 et 20 km au nord de la base aérienne d'Orange-Caritat;
b) L'engin paraît se trouver à 10 000 pieds (3 000 m environ), dans la région Serres – Veynes – Aspres (Hautes-Alpes).
2) Deuxième série d'observations : engin immobile, puis en mouvement.
a) Les pilotes mettent le cap sur l'engin (080) en prenant de l'altitude (250 au badin), ils voient grossir l'engin qui reste de forme sphérique et paraît toujours immobile;
b) Les pilotes se trouvant aux environs de 10 000 pieds (région de Nyons-Drôme) et sensiblement à l'altitude de l'engin, voient celui-ci prendre brutalement une forme oblongue et s'éloigner vers l'est en prenant de l'altitude.
3) Troisième série d'observations : poursuite.
L'engin s'éloigne rapidement dans la direction générale de l'est en prenant de l'altitude : vitesse de montée faible par rapport à sa vitesse horizontale. Les pilotes poursuivent au même cap (080) et à 270 au badin. L'engin disparaît à leurs yeux quand ils sont dans la région Serres – Veynes – Aspres.
J'ai demandé à l'officier commandant la gendarmerie des Hautes-Alpes de se renseigner auprès de ses brigades si cet engin n'avait pas été aperçu du sol. Je n'ai pas encore de réponse à ce sujet.
Signé M. Copie à Monsieur le chef du poste de Sécurité Air Marseille.

Suivent les rapports des deux pilotes.

Base aérienne 115, 5e escadre de chasse, escadron de chasse n° 1/5 Vendée.
Le lieutenant G. Raymond commandant la

première escadrille de l'escadron de chasse 1/5 à M. le colonel commandant la base aérienne 115.
J'ai l'honneur de vous rendre compte des faits suivants :
Le 15 juin 1951, je décollais en troisième position d'une patrouille pour un vol d'entraînement. Composition de la patrouille : Mario 24 sergent-chef B., Mario 36 sergent-chef P., Mario 20 lieutenant G. moniteur, Mario 37 sous-lieutenant G.
A la fin du virage de rassemblement (180°) Mario 24 signale sa lampe verte de train gauche allumée. Mario 36 vérifie et constate que la porte est non verrouillée. Mario 24 réduit (selon les consignes sur Vampire) sa vitesse à 100 Knots. Pendant ce temps, et sans le perdre de vue, Mario 36 et moi-même effectuons des « S ». Après plusieurs manœuvres de sortie et de rentrée de train, la lampe verte de Mario 24 restant allumée, je lui donne l'ordre de se reposer. Nous sommes à ce moment dans le nord du terrain, à l'altitude 6 000 pieds. Mario 36 en virage à gauche et sensiblement face au sud me signale un engin bizarre dans ses 9 h, légèrement plus haut. Étant numéro trois et le numéro un se reposant, je prends la direction de la patrouille.
Je me dirige en terminant le virage sur l'engin signalé, et en continuant à monter. Il s'est écoulé environ 5 mn depuis le décollage signalé par la tour d'Orange à 10 h 23 TU. Pendant 2 mn environ, l'engin ne paraît pas bouger. Ayant cru au début à un avion, je me rends compte qu'il n'a aucun déplacement. Me rapprochant, sa forme se confirme être d'apparence ronde, de couleur argentée; je constate qu'il est très brillant en enlevant mes lunettes de soleil.
Rendu à l'altitude 10 000 pieds, j'ai l'impression d'être à sa hauteur. Il se trouve apparemment dans le sud du massif du Pelvoux, et, pour nous,

dans le prolongement enneigé du massif. Nous sommes au cap 080. Je prends à ce moment le vol horizontal et garde le régime de montée. L'engin prend alors une forme elliptique et commence à monter sous un faible angle. Voulant surtout essayer de le rattraper, je continue à monter sous un angle très faible. Il devient de plus en plus petit. Je le perds de vue un moment pour le revoir ensuite sous la forme d'un point sur l'horizon. Il est totalement perdu de vue au bout d'environ 6 mn de poursuite. Parti du nord du terrain d'Orange au cap 080, il est à remarquer que je n'ai pas eu à changer de cap à partir du moment où il a commencé à se déplacer.
Durant toute la poursuite terminée à l'altitude 16 000 pieds, ma vitesse n'a jamais été inférieure à 250 Knots. Au moment où il a disparu, je me trouvais à la verticale des Serres (sur le petit Buech, affluent de la Durance). Dans sa direction initiale, il se détachait apparemment à la même altitude que les sommets enneigés du Pelvoux. Comparé aux monts du Viso, il se trouvait plus près du Pelvoux que de ce sommet-ci.
Orange le 15 juin 1951. Signé le lieutenant G. pour copie conforme.

Second compte rendu de la même observation :
Base aérienne 115, 5e escadre de chasse, escadron de chasse 115.
Le sergent-chef P. de l'escadron de chasse 115 Vendée, M. le colonel commandant la base aérienne 115.
J'ai l'honneur de vous rendre compte des faits suivants :
Le 15 juin 1951, à 11 h 23, heure locale, décollant en deuxième position du terrain d'Orange-Caritat au QFU 150 pour un vol d'entraînement en patrouille, je rassemblais à gauche du chef de

patrouille (sergent-chef B.). Ce dernier, au bout de 2 à 3 mn de vol, signalait par radio que la porte gauche de son train d'atterrissage paraissait ne pas être fermée.

Je vérifiai et lui signalai qu'en effet elle n'était pas complètement fermée. Je m'écartai de lui pour lui permettre d'effectuer les manœuvres prévues en un tel cas.

Comme, à ce moment-là, il réduisait considérablement sa vitesse en cabrant son avion, mais que je conservais mon régime normal de montée (240 Knots), je lui passai devant et, pour ne pas le perdre de vue, je décrivis des « S » autour de lui. Ainsi, passant de sa position « ailier gauche » à celle « d'ailier droit », je me trouvais à sa droite en virage à gauche, un virage en « S » continu, lorsque j'aperçus à mes 3 h et plus haut quelque chose que je pensais être un avion.

Je l'aperçus pendant quelques secondes seulement puisque, aussitôt, je lui tournai le dos, continuant mon « S » qui devait me ramener à hauteur du chef de patrouille, mais à sa gauche, cette fois. Pendant ce bref instant, j'eus l'impression de « quelque chose » d'anormal, je décidai de l'observer plus attentivement.

Je ne m'occupai plus de mon chef de patrouille qui se trouvait à ce moment-là plus haut que moi, mais à un cap diamétralement opposé au mien. Sans aucune difficulté je retrouvai dans le ciel la « chose » en question.

De cette nouvelle observation, il résulte ceci :

C'était un engin qui, vu sous cet angle, avait une apparence circulaire (il aurait pu aussi bien être sphérique, le relief ne se distinguant pas), absolument immobile à une altitude légèrement supérieure à la mienne (je me trouvais à 6 000 pieds), d'une couleur argentée très brillante. M'étant convaincu que ce ne pouvait être un avion, je signalai sa présence à Mario 20 (lieutenant G.) qui, à ce moment-là, était en virage à gauche pour rassembler sur moi. Il l'aperçut aussitôt et prit le commandement de la patrouille tout en continuant à virer à gauche, ce qui le mettait exactement dans la direction de l'engin. Ce dernier ne bougea pas pendant la durée de cette manœuvre et ce n'est que lorsque nous avons mis le cap sur lui (cap 080) et au bout de deux minutes que je le vis bouger. Il me donna l'impression de basculer sur lui-même, se présentant à ce moment-là sous une forme elliptique horizontale. Il parut prendre de la hauteur sous un faible angle en direction opposée à la nôtre.

Au cap 080, nous sommes montés à une faible cadence pour ne pas laisser tomber notre vitesse de 150 Knots jusqu'à 16 000 pieds. L'engin montait également toujours face à nous (midi) et ne devenait plus qu'un point difficilement visible. Un moment, ayant regardé mon chef de patrouille, je le perdis de vue, mais je le retrouvai et le signalai à Mario 20, qui le revit lui aussi. Mais, presque aussitôt, nous le perdions totalement de vue et, au bout de quelques minutes, toujours au cap 080, nous avons fait demi-tour vers notre base.

Le temps total pendant lequel nous l'avons eu en vue, non compris mon observation personnelle avant de signaler sa présence, est d'environ 6 mn. D'après mes estimations personnelles, l'engin se trouvait, quand je l'ai aperçu pour la première fois à une altitude comprise entre 10 et 12 000 pieds et une distance de 60 à 100 km, mais pas au-delà de 100 km, estimations par rapport au massif du Pelvoux; l'engin étant aperçu dans le sud de ce massif. Orange, le 15 juin 1951. Signé sergent-chef P.

Au mois de juin 1951, la France ignorait tout du problème des O.V.N.I.; la vague qui allait tant faire parler d'elle au cours des années suivantes ne devait débuter qu'un an plus tard.

Les journaux ont mentionné l'observation de Kenneth Arnold (la première de l'histoire des soucoupes volantes) au-dessus du mont Rainier, ainsi que la mort du pilote Mantel poursuivant un engin inconnu. Mais ces étranges histoires se sont déroulées fort loin de la France qui, à cette époque, se relevait péniblement de la guerre. Tout ce qui venait de la presse américaine paraissait tellement exagéré que ces fameuses « soucoupes volantes » qui déferlaient sur les États-Unis passèrent presque inaperçues dans notre pays.

C'est alors que surgit cette observation que la presse française a, dans son ensemble, ignorée. Seul un journaliste du nom de Charles Garreau, qui a pu entrer en contact avec des responsables du Bureau scientifique, l'a mentionnée dans un de ses premiers ouvrages sur les O.V.N.I.. Il semble toutefois qu'on ne l'ait pas autorisé à connaître les différentes péripéties de la poursuite car, dans son texte, il s'en tient à de simples commentaires.

Aujourd'hui, il est possible d'en publier l'intégralité. On se rend compte à sa lecture qu'elle ne diffère en rien des témoignages les plus récents et, cependant, elle s'est produite il y a maintenant vingt-six ans !

Deux faits, qui n'étaient certainement pas connus des pilotes, justifient cette remarque :

Le léger basculement au moment du départ de l'objet et son changement de forme pendant cette manœuvre. Ce sont là deux caractéristiques mondialement signalées. C'est dire que ces manifestations d'objets inconnus n'ont pratiquement pas évolué depuis trente ans qu'elles hantent les cieux de notre bonne vieille planète.

Les rapports suivants ont été rédigés, pour la plupart, par des personnels au sol. En résumé, il n'y a, officiellement, pour le BPE, que quatre observations effectuées par des appareils en mission aérienne.

Sa trajectoire n'était pas rectiligne, mais en lignes brisées.

Le capitaine M., officier de semaine à l'EAA du 10 au 17 avril 1953, à M. le colonel C., directeur de l'EAA 603, commandant la base aérienne de Limoges. Entrepôt de l'armée de l'air n° 603 de Limoges. Service Vampire.
Événements survenus du vendredi 10 avril 1953 au lundi 13 avril 1953.
J'ai l'honneur de vous rendre compte des faits suivants :
Le 11 avril 1953, à 21 h 10, heure locale, j'ai aperçu dans le ciel très clair un gros point rouge-orange qui se dirigeait d'est en ouest à très haute altitude semblait-il. En huit minutes environ, il a parcouru aller et retour un secteur représentant 45° de la route céleste.
Sa trajectoire n'était pas rectiligne mais en lignes brisées irrégulières formant des angles d'environ 15° sur l'axe du déplacement, les changements de cap s'effectuant toutes les secondes.
Le sens ouest-est a été pris après un virage de 180° exactement en prenant de l'altitude et toujours par changements de cap successifs.
J'appelai l'adjudant-chef P. qui se trouvait passer par là ainsi que la sentinelle du château d'eau, le première classe B. Ces derniers ont suivi deux ou trois minutes le point qui s'enfuyait avec des changements de cap puis, enfin, en piqué prolongé à la suite duquel il fut perdu de vue.

Aucune forme n'a été distinguée; c'était un gros point rond, d'une jolie couleur rouge orangé. Il se déplaçait sans aucun bruit, sans traînée lumineuse. Les deux témoins le virent sous forme d'étoile qui s'enfuyait, la couleur seule le distinguait des astres visibles.

A Villacoublay, un O.V.N.I. qui ressemblait à Saturne

2e Région aérienne, base aérienne 107, contrôle local d'aérodrome.
Le lieutenant D. Jean, contrôleur d'aérodrome, base aérienne 107, Villacoublay, M. le colonel commandant la 6e escadre de la base aérienne 107.
Objet : engin lumineux dans le ciel de Villacoublay.
La presse du soir et la radiodiffusion française ont fait état, hier 19 novembre 1953, de la présence constatée *de visu* d'un engin lumineux de couleur blanche dans le ciel de Londres, vers 15 h 15, le 3 novembre 1953. Bien que cette information ait été démentie formellement, je pense qu'il est de mon devoir d'apporter, mon colonel, ma modeste pierre à l'édifice.
Le même jour, depuis 18 h 30 TU, j'étais de service à la tour de contrôle. Il y avait vol de nuit au profit des pilotes d'hélicoptère de l'aviation d'observation d'artillerie.
En compagnie de mes camarades artilleurs, le lieutenant D., pilote moniteur, et l'un de ses élèves, le lieutenant X., j'avais très rapidement expédié mon dîner afin de contrôler ce vol de nuit. J'étais donc, autant que je puisse le croire, en possession de mes facultés mentales.
Le lieutenant D. prit place à bord de son

hélicoptère et commença à voler et à donner la leçon. Le lieutenant X. était présent à la salle de vigie de la tour, attendant de voler. Le soldat P., radio-téléphoniste, était à son micro et je surveillais moi-même les évolutions de l'hélicoptère dans le circuit de l'aérodrome. Il y avait 6/8 de nuages stratiformes à 2 500 m et 20 km de visibilité.

Fortuitement, mon attention fut attirée par une très intense luminosité. Il était 19 h 14 TU. Il s'agissait, selon la formule consacrée, d'un engin lumineux de couleur très blanche. Il était presque immobile.

Peut-être est-ce à force de le fixer, j'eus l'impression qu'il était animé d'un léger, très léger mouvement en site et en azimut. Il se trouvait dans le nord-est du terrain. Il semblait seulement planer au-dessus de l'agglomératon du Petit-Clamart mais, indubitablement, il était beaucoup plus loin. Il ressemblait vaguement à la planète Saturne telle que les gravures l'ont vulgarisée, à ceci près que l'anneau semblait coller à la sphère et affectait une forme plate. Par phénomène visuel, il semblait absolument sphérique lorsque le regard était braqué longtemps sur lui.

Sans faire de commentaire à mes deux camarades, je les priai de regarder dans le nord et de me dire s'ils ne voyaient rien d'anormal. Les deux réponses furent identiques; ils voyaient la même chose que moi. Puis nous décidâmes de regarder attentivement la sphère lumineuse en gardant nos impressions pour nous. Nous nous les communiquâmes mutuellement après. Elles concordaient et rejoignaient la description notée plus haut. Je consignai le fait sur le journal de tour. On ne peut donc taxer de fertile aujourd'hui mon imagination. C'est par crainte du ridicule que je n'ai pas rédigé le compte rendu le lende-

main. A quatre heures d'intervalle, il y a tout de même eu dans le ciel de Londres et celui de Paris un engin lumineux, réel ou fictif, mais visible.
Je dois à la vérité de dire que le lieutenant D., alerté radiotéléphoniquement à bord de son hélicoptère et à qui j'avais demandé d'aller en direction de l'étrange appareil, me signala qu'il ne pouvait se prononcer et pensait qu'il s'agissait d'une importante étoile. Puis, derechef, il reprit sa double commande. A l'atterrissage, sa conviction, toutefois, était moins assurée et rejoignait ma théorie.
Qu'il me soit permis de croire que, s'il s'était agi d'une étoile, nous aurions pu vraisemblablement en voir deux ou trois autres, d'autant que la présence de l'engin dans le ciel fut d'une quinzaine de minutes. Qu'au cours de cette manifestation, il s'est éloigné une fois pour reparaître, et s'est éloigné très rapidement et définitivement alors que le même type de nuage fut visible pendant tout le vol de nuit.
Ma modestie dût-elle en souffrir, je dois bien admettre que j'ai, au cours de ma vie de pilote et de contrôleur d'aérodrome, acquis une certaine expérience aérienne et que, depuis deux ans, je scrute à longueur de jour et de nuit le ciel de Villacoublay.
Signé D.

Avis du capitaine C., chef du CLA :
Le lieutenant D. a, en effet, consigné sur le cahier de service à la tour le 3 novembre 1953 le phénomène qu'il signala dans le présent rapport. Le lendemain, il m'a fait part de ses observations, sans toutefois y attacher d'importance, aucun autre témoignage ne s'étant manifesté dans la région parisienne.
Signé capitaine C.

Cette observation fut taxée de fantaisiste par certains militaires. Il se peut que le lieutenant D. Jean ait quelque peu « romancé » son témoignage. Il reste que la compétence de cet observateur lui confère un sérieux qui doit nous faire considérer ses conclusions comme parfaitement plausibles.

Un disque juste au-dessus d'une station radar... En arrêt !!

Témoin de l'observation : A. Marcel, sergent SMR 20/911 Doullens-Somme.
Lieu de l'observation : terre-plein de la station radar, effectuée depuis l'emplacement de la guérite de la sentinelle.
Date : le 18 octobre 1954 à 1 h 34.
Direction d'arrivée : sud-est Mondicourt.
Direction de départ : nord-est, puis plein est.
Durée de l'apparition : 2 mn 15 s.
Hauteur angulaire au-dessus de l'horizon : 060° à 045°.
Valeur du déplacement angulaire en fonction du temps : 1er temps 090 en une demi-seconde, 2e temps stabilisation, 3e temps 015 en 30 s.
Grandeur apparente : pièce de 5 F vue à bout de bras.
Forme : disque.
Éclat comparé à la Lune : opaque.
Couleurs : verte, puis orange, jaune.
Traînée ou sillage : néant.
Circonstances et aspect du ciel au moment de l'observation : nuit sombre sans étoile. Nuages : couche moyenne dense. Vent : direction ouest.
Autre témoin : deuxième classe G. de la SMR 20/911.

Voici les comptes rendus de cette observation : Le sergent A. Marcel de la SMR 20/911 à M. le lieutenant-colonel commandant la SMR 20/911.

Objet : Compte rendu d'un mystérieux objet céleste.

J'ai l'honneur de vous rendre compte des faits suivants :

Chef de poste à la station radar dans la nuit du 19 octobre 1954, j'ai été le témoin de l'apparition d'un phénomène lumineux dans les circonstances suivantes :

Entre 1 h 30 et 1 h 40 locale, le sous-chef de poste, caporal-chef L., appelé par la sentinelle, vient me chercher, me demandant de constater la présence d'un engin insolite. Je m'y rends et, effectivement, constate la présence de cet engin affectant la forme d'un disque qui, après avoir traversé une couche de strato-cumulus continu, bas environ 1 000 m, s'est stabilisé à la verticale du village de Bellevue (Pas-de-Calais). J'ai estimé son altitude lors de sa stabilisation à 800 m environ, émettant une lumière blafarde verte. Elle me présentait sa face inférieure sans émission de rayonnement lumineux. J'ai tenté de déterminer le relief, mais la zone d'ombre résultant de la lumière sur le fond noir du ciel ne le permettait pas. Après avoir oscillé pendant 2 mn environ au-dessus de Bellevue en changeant de couleur à intervalles réguliers, ce disque fit 90° par la droite par rapport à sa route initiale, prit la direction est à une vitesse que je ne peux évaluer, mais nettement supérieure à 1 000 km/h, disparut dans les nuages, revint en vue pendant quelques secondes, puis disparut définitivement de mon champ de vision.

J'insiste sur le fait que cette apparition ne donnait pas l'impression de flou mais se détachait très nettement sur la couche de nuages.

Quatre sentinelles présentes ont constaté les faits et ont été unanimes à reconnaître l'étrangeté de la chose.

Les couleurs observées sont, respectivement : Vert, orange et jaune, avec tendance à rester plus longtemps au vert. La période de chaque couleur était d'environ 5 s. Initialement, le disque sortit de la couche nuageuse sur la route nationale de Doullens-Arras, au-dessus de Mondicourt (Pas-de-Calais) à une vitesse excessivement grande et s'arrêta net, semblant n'être pas soumis aux lois de l'inertie au-dessus de Bellevue.
Signé sergent A. Marcel SMR 20/911.

Le 2e classe G. Guy de la SMR 20/911 à M. l'officier de sécurité du SMR 20/911.
Objet : compte rendu de prise de faction.
J'ai l'honneur de vous rendre compte des faits suivants :
Alors que je montais la garde le 19 octobre 1954, vers 1 h 40, je vis un disque percer le plafond nuageux à environ 4 km de moi à l'ouest de la station. Ce disque lumineux vert se déplaçait à la vitesse d'une étoile filante vers l'est, ne laissant aucune traînée et sans aucun bruit. Pendant son déplacement, je vis très distinctement ce disque passer de couleur vert à orange puis rouge terne. Ce disque s'est stabilisé à environ 7 à 8 km de moi mais ne resta pas fixe. Il suivait des axes verticaux et horizontaux et changeait régulièrement de couleur. Ces différentes couleurs ne projetaient aucun reflet lumineux mais étaient toujours régulièrement parées d'un fond verdâtre. C'est à ce moment de stabilisation que j'ai appelé le chef de poste, le sous-chef de poste, qui sortirent et constatèrent ce fait en même temps que moi pendant environ 3 mn; puis ce disque disparut au-dessus des nuages pendant 30 s et réapparut à la même altitude 700 à 800 m, pendant 2 mn encore, et disparut.
Signé 2e classe G. Guy.

Ces faits se sont produits à proximité d'une station radar ! Malheureusement, cette nuit-là, le radar n'était pas en activité... Le personnel qui a fait cette déposition appartient à cette station et la description qu'il donne de l'objet est remarquable de précision. Il est impossible de trouver une explication pour ce cas, et il faudrait être de mauvaise foi pour ne pas admettre l'apparente consistance de l'objet. Quel bel écho radar celui-ci aurait présenté si la station avait été en état de fonctionner !!

O.V.N.I. au Maroc.

M. le général de brigade aérienne commandant de l'Air au Maroc à M. le secrétaire d'État aux Forces armées. État-major des Forces armées Air, Bureau scientifique, Paris.
Objet : compte rendu relatif à un mystérieux objet céleste.
Réf. : instruction n° 267 MFA A BS DR, du 22 octobre 1954.
Premièrement : en exécution des prescriptions de l'instruction citée en référence, j'ai l'honneur de vous transmettre en annexe le compte rendu de l'adjudant-chef S. de l'établissement hippique de Temera relatif à l'observation d'un MOC dans la nuit du 19 au 20 novembre à Temera, Maroc.
Deuxièmement : le témoin cité ci-dessus, ainsi que les autres témoins dont il est fait mention dans l'annexe, ont été interrogés par le commandant S., de mon état-major, qui a recueilli de ces témoignages l'impression suivante : la bonne foi des témoins ne peut être mise en doute, mais il est difficile d'attacher un crédit sérieux à des témoignages fournis par des personnes qui

n'étaient pas en mesure, étant donné leur valeur intellectuelle médiocre, d'approfondir ou de chercher à comprendre ce qu'elles voyaient.
Éléments de l'observation :
Nom du témoin : S. adjudant-chef à l'établissement hippique de Temera, Maroc.
– Quand et où avez-vous observé l'objet?
– Le 20 novembre 1954 de 0 h 30 mn à 3 h 30.
Lieu de l'observation : au-dessus de l'établissement hippique, dans la direction sud-sud-est.
Direction d'arrivée : se déplaçait verticalement en zigzag.
Durée de l'apparition : trois heures.
Hauteur angulaire : n'a pu être précisée.
Altitude : minimum 1 500 m environ.
Grandeur apparente : intermédiaire entre lune et étoile.
Éclat comparé : avec halo.
Couleur : tantôt brillante, tantôt sombre, entourée d'un halo.
Circonstances et aspects du ciel au moment de l'observation : ciel sans nuage, vent calme.
Comportement de l'objet lorsque vous vous êtes déplacé : l'objet semblait se déplacer verticalement en effectuant des zigzags.
Croquis aussi précis que possible de l'objet : le MOC tel qu'il semblait se présenter sous ses deux aspects :
1° une demi-lune avec deux sortes d'antennes et, au centre, une proéminence aplatie foncée;
2° même dessin, mais à l'envers. L'engin n'émettait aucun son.

Pour ma part, c'est justement l'allusion un peu sévère aux capacités intellectuelles de l'observateur qui m'amène à croire à la réalité des faits décrits. Il est étonnant de constater que le témoin rapporte très exactement des descriptions que sa culture limitée lui interdit certainement d'imaginer et qui correspondent très bien aux manifestations d'O.V.N.I.

Cette boule a donné naissance à une seconde...

Rapport n° 665 établi par F. L., commandant demeurant à Paris (XXe) :
– Quand et où avez-vous observé l'objet?
– Le 15 novembre 1956 à 19 h 05.
Lieu de l'observation : Paris XXe.
Direction d'arrivée : nord-est sud-ouest.
Direction de départ : non connue.
Durée de l'apparition : 15 s.
Hauteur angulaire au-dessus de l'horizon : 40 à 45°.
Valeur du déplacement en fonction du temps : 5 à 10° par seconde.
Nombre d'objets vus : un, puis deux.
Aspect de l'objet, grandeur apparente : pièce de 3 mm tenue à bout de bras.
Forme : globe.
Couleur : rouge vif.
Traînée ou sillage : néant.
Circonstances et aspect du ciel au moment de l'observation : nuit claire avec lune.

Rapport d'observation

F. L. Roger, commandant aviateur, Paris XXe, à M. le directeur de l'Observatoire, 61, avenue de l'Observatoire, Paris.
Objet : phénomène inhabituel.
Monsieur le directeur,
J'ai l'honneur de vous adresser ci-après la des-

cription d'un phénomène auquel il m'a été donné d'assister le 15 novembre 1956 à 19 h 05.
J'ai vu une boule de couleur rouge vif se déplaçant approximativement du nord-est vers le sud-ouest à vitesse certainement très grande étant donné l'angle sous lequel j'observais ce phénomène.
Cette boule a donné naissance à une seconde boule de même dimension, se détachant d'elle très vite sans que l'on ait cependant l'impression d'une explosion. Les deux boules se sont éteintes brusquement et simultanément après que la deuxième ait suivi une trajectoire apparemment parabolique vers le bas pendant environ une seconde.
Il ne m'est pas possible de dire la durée exacte du phénomène, car je ne lui ai pas prêté attention au début, ayant tout d'abord pensé qu'il s'agissait du feu de position d'un avion.
Cette hypothèse ne peut être retenue car, étant donné le sens du déplacement de gauche à droite, c'est un feu vert que j'aurais vu. Les avions sont, en effet, signalés par un feu blanc à l'arrière, un feu rouge en bout d'aile gauche, un feu vert en bout d'aile droite.
J'ai noté l'heure et mesuré, avec autant de précision que j'ai pu, le site et l'azimut sous lequel j'ai observé le phénomène.
Heure : 19 h 05; site : 40 à 45°; azimut 120 à 130° mesuré sur le plan de Paris à partir de mon domicile proche de la station de métro Saint-Fargeau.
Dimension apparente : celle d'un feu automobile.
Le ciel était parfaitement clair dans la zone où j'ai fait les observations ci-dessus.
En espérant que ce compte rendu et le croquis ci-joint contribueront à l'identification de ce

phénomène, je vous prie d'agréer, Monsieur le directeur, mes sentiments respectueux.

Un pilote qui voit des O.V.N.I. à terre, c'est déjà assez paradoxal. Mais un pilote observant des O.V.N.I. en plein cœur de Paris depuis son appartement, c'est quitter le paradoxe pour l'exceptionnel...

Aperçu depuis un avion militaire : un O.V.N.I. en forme d'obus au-dessus de l'Algérie.

Observation d'un mystérieux objet céleste, établie par le lieutenant D. du Groupement de transport 3/62.
Questionnaire :
– Quand et où avez-vous observé l'objet?
– Le 3 janvier 1957 à 20 h 22 TU.
Lieu de l'observation : altitude 6 000 pieds, travers Marengo Sud Algérie.
Éléments d'observation concernant l'objet : direction d'arrivée : 030/050; direction de départ : 210/230; durée de l'apparition : 15 secondes.
Hauteur angulaire en fonction du temps : de 3 à 5°.
Nombre d'objets : un.
Aspect de l'objet : grandeur apparente : obus 105/155; forme : peut-être d'un disque; éclat comparé : luminescent; couleur : impossible à déterminer. Traînée ou sillage : verte puis rouge en poussière.
Circonstances et aspect du ciel au moment de l'observation : une nuit sombre avec étoiles.
Nuages : peu denses.
Comportement de l'objet lorsque vous vous êtes déplacé : légère modification dans la trajectoire semblant être une parabole aplatie.

Autres observateurs ayant vu le même phénomène : sous-lieutenant C., sergent A., équipage de l'avion.

Il est regrettable que le rapporteur se soit contenté des questions du formulaire et qu'il n'ait pas jugé utile de rédiger un compte rendu. Il s'agit d'une observation en vol, effectuée probablement depuis un avion de transport. Les témoignages qui suivent proviennent de militaires qui se trouvaient également en mission à bord d'appareils de l'armée de l'air.

Un O.V.N.I. est observé en même temps par des pilotes en vol et des cultivateurs au sol.

Compte rendu d'observation d'objet mystérieux céleste en date du 22 avril 1960 par le sergent S. de l'escadron 215.
Le général de brigade aérienne D. commandant la 4e Région aérienne, à M. le ministre des Armées.
État-Major de l'armée de l'air, 3e Bureau, Bureau scientifique, Paris-15e.
Nom du témoin : S. Claude, sergent à l'escadron 2/5,5e base aérienne d'Orange.
Questionnaire :
– Quand et où avez-vous observé l'objet?
– Le 22 avril 1960 à 13 h 56, heure locale.
Lieu de l'observation : 06"22' Est 43"37' Nord.
Éléments d'observation concernant l'objet : direction d'arrivée : cap 305; direction de départ : néant; durée de l'apparition : estimée de 2 à 3 secondes.
Hauteur angulaire au-dessus de l'horizon : piqué de 60 à 80°.
Valeur du déplacement angulaire en fonction du temps : supérieur à Mach 2.

Nombre d'objets : un.
Aspect de l'objet en grandeur apparente : deux fois la grosseur d'une flamme de départ de roquette.
Forme : fusée vue de l'arrière.
Éclat comparé : fusée de signalisation.
Couleurs de la flamme : au centre bleue, à l'extérieur vert jaune.
Traînée ou sillage : légère traînée de condensation.
Autres particularités : intensité de l'éclat plus forte que le propulseur d'une roquette vue de l'arrière.
Circonstances et aspect du ciel au moment de l'observation : nuages.
En vol deux avions à 40 000 pieds au cap 310 MI 090.
Autre observateur ayant vu l'objet : lieutenant-colonel O., École supérieure de guerre aérienne.
Avis du commandement de la 5e brigade aérienne : identification difficile, peut-être météorite.

A ce rapport était joint un article paru dans le *Dauphiné Libéré* du 27 avril 1960. Son titre : « Phénomène dans le ciel de l'Ardèche » :
Saint-Sauveur-Montagut – Vendredi 22 avril vers 14 h 30, M. Clément Chas et son fils Vernes, travaillant aux champs, ont aperçu, circulant dans la direction est-ouest, une énorme boule de feu avec traînée lumineuse au-dessus des hameaux des Blaches entre Saint-Étienne-de-Serres et Tanzut. Elle disparut tout à coup comme si elle s'était effondrée dans la vallée. Météore, ballon-sonde, de quoi s'agit-il? La gendarmerie a été prévenue.

Cette présence fugitive, confirmée par les témoignages des personnes au sol, s'avère, en effet, difficilement identifiable. Toutefois, si l'on veut bien tenir pour exactes les heures données par les témoins, il est hors de question d'attribuer cette manifestation céleste à la chute d'une météorite.

Vol Colomb-Béchar-Cazaux : l'objet s'est maintenu à notre hauteur pendant 30 à 40 secondes...

(En rouge : Diffusion restreinte.)
M. le général d'armée aérienne, chef d'État-major de l'armée de l'air, Bureau Prospective Air.
Compte rendu d'observation d'un mystérieux objet céleste du sous-lieutenant R. Marcel de l'ETA 2/61.
Circonstances et aspect du ciel au moment de l'observation : Lever du soleil 6 h 45 TU, le 22 décembre 1965.
Visibilité horizontale : illimitée.
Luminosité : très importante.
Nuages : couche moyenne, nuages bas sur l'horizon et à la verticale de l'aéroport.
Vent, direction estimée : 340°, 15 km.
Comportement de l'objet lorsque vous vous êtes déplacé : l'objet est resté à notre hauteur pendant 30 à 40 secondes, a disparu très rapidement, puis est revenu une seconde fois deux ou trois minutes après sa disparition. Il s'est comporté de la même façon que la première fois.
Niveau du vol : 90.
Température extérieure : +2 °C.
Pendant les deux apparitions, les trajectoires ont été identiques, c'est-à-dire horizontales, sans virage ni changement d'altitude. La deuxième fois, l'engin s'est rapproché plus près de l'avion qui était un Nord-Atlas.
Le dessin effectué par l'équipage représente une

demi-coupole assez plate dont la couleur était grise comme celle du graphite. Son diamètre apparent serait de 2 cm environ.
La vitesse d'éloignement était excessivement élevée sans aucune commune mesure avec celle d'un avion à réaction. Autres observateurs ayant fait la même constatation : adjudant-chef C., sergent P., sergent-chef A., sergent-chef A.

La première observation du phénomène a été faite uniquement par l'adjudant-chef C. La deuxième a été effectuée par l'ensemble de l'équipage. Tout ce personnel appartient à la base d'Orléans-Bricy.

Déposition du sous-lieutenant R.

Le sous-lieutenant R. Marcel, de l'escadron de transport 2/61, à M. le colonel commandant la BA 123.
Objet : compte rendu sur l'observation faite en vol d'un engin aérien non identifié.
J'ai l'honneur de vous rendre compte des faits suivants :
Le 22 décembre 1965 à 6 h 45 TU, en effectuant le vol Colomb-Béchar-Cazaux, à bord du Nord 125 FR. ANR., un engin aérien non identifié est apparu à l'est de notre position : 33 10 N 01 30 W.
Les éléments de notre vol étaient les suivants : niveau 90, vitesse indiquée 150 Knots, température extérieure : +2°, cap 030°, conditions de vol à vue : visibilité vers l'est illimitée, luminosité excellente, nébulosité 6 à 7/8 de strato bas.
L'objet est arrivé par notre travers droit, s'est maintenu à notre hauteur environ 30 à 40 secondes.
Sa dimension apparente était de deux centimètres environ, de forme lenticulaire, plat, en dessous légèrement bombé.

Sur le dessus, couleur légèrement foncée (graphite). L'engin a disparu vers l'est en conservant la même altitude à une vitesse excessivement élevée; en 5 secondes environ, il était invisible. Le phénomène s'est répété deux fois en 2 ou 3 minutes. La première fois, seul l'adjudant-chef C. en a été le témoin. Alertés par ce dernier, les cinq membres de l'équipage ont été les observateurs de la seconde apparition.

Avis donné par la section Espace qui a étudié l'observation : L'hypothèse de référence concernant des rayons lumineux paraît, en effet, la plus plausible. Ensuite, le diamètre apparent serait de l'ordre du soleil.
Suite à une communication téléphonique avec Orléans, j'ai demandé, premièrement, l'heure de lever du soleil, invisible pendant l'observation; deuxièmement, la direction du soleil à l'heure de son lever à son point d'observation. Il est dommage que l'équipage n'ait pas tenté une évolution par curiosité qui aurait pu, en partie, lever l'ambiguïté : disparition sur place, éloignement à grande vitesse et relèvement constant.
Il semble que l'équipage soit persuadé d'avoir vu sa « soucoupe », ce qui risque de fausser toute enquête ultérieure.

Avis du commandant D., commandant l'escadron de transport 2/61 :

La bonne foi de l'équipage ne peut être mise en doute. La confusion avec tout autre engin : ballon, fusée, voire un nuage, ne saurait être retenue puisque l'observation a été faite par un personnel navigant confirmé.

Deux avis contradictoires pour une histoire bien étrange !

Il peut paraître surprenant, en effet, qu'un équipage aussi compétent se soit, par deux fois, laissé abuser par une simple réflexion solaire...

Ce compte rendu clôt la série de rapports détenus par le Bureau Prospective et Études de l'armée de l'air.

Je ne voudrais cependant pas clore ce chapitre sans y ajouter deux autres rapports provenant des archives de la gendarmerie, et dont les témoins sont encore des personnels de l'aviation militaire. Je fais suivre ces rapports de la déposition d'un technicien en balistique appartenant aux établissements Marcel Dassault, à Paris. Ce dernier témoignage m'a paru particulièrement bien convenir à la conclusion d'un tel chapitre.

Une boule lumineuse.

Le 12 septembre 1975, vers 22 h 05, un adjudant-chef retraité de l'armée de l'air, demeurant à Moutiers (89), a entendu un bruit sourd et puissant ressemblant à celui d'un moteur diesel monocylindre. Il a alors constaté, depuis sa fenêtre, à une centaine de mètres, la présence d'une boule lumineuse de 1 m à 1,50 m de diamètre, se déplaçant d'ouest en est à très basse altitude. L'objet s'est immobilisé 2 à 3 minutes et s'est éloigné très rapidement en s'élevant sans bruit. Plusieurs personnes ont entendu le bruit sans y prêter attention. Aucune trace n'a été découverte sur le sol.

Des contours d'une netteté parfaite.

L'autre observation a fait l'objet d'un long rapport signé par un commandant de réserve de l'armée de l'air, M. R. Max, demeurant à Perpignan, ainsi que de son fils, militaire de carrière. C'est le témoignage de M. R. que je reproduis ici.

Le 25 mars 1976, entre 14 h 15 et 14 h 30, j'étais passager avant droit du véhicule Simca conduit par mon fils Lionel. Ma petite-fille, âgée de 6 ans et demi, se trouvait passagère arrière.
Nous nous rendions au hameau Belle-Crose, commune de Camélas (66), où nous possédons une petite maison de campagne. Sur le CD 58, après avoir dépassé Thuir de 2 km environ, nous avons vu apparaître un phénomène étrange, c'est-à-dire devant nous, dans la direction de l'axe Thuir-Ille-sur-Têt, l'apparition d'un phénomène lumineux aux contours d'une netteté parfaite. Ce phénomène lumineux émettait une couleur gris-blanc et se composait d'une partie ovale surmontée d'un dôme. Ces deux parties étaient reliées par une sorte de ceinture très brillante, s'estompant vers l'extrémité droite par rapport à nous. Je mentionne que nous roulions en direction du hameau de Belle-Crose à une allure de 60 km/h. Pendant près d'une minute, nous avons pu observer ce phénomène qui nous accompagnait sur la même distance et dans la même direction. Cet objet était très grand. Je ne puis faire aucune comparaison avec un avion, car je ne puis vous dire à quelle altitude cet objet se trouvait. Amorçant un virage que nous avons négocié en quelques secondes, à la sortie de cette courbe, je n'ai plus vu le phéno-

mène nous suivre mais j'ai vu le dôme très brillant disparaître derrière les montages en direction d'Ille-sur-Têt. Cet objet a parcouru en quelques secondes la distance du point de disparition de celui de l'observation. Nous n'avons pas vu la disparition se faire car nous étions dans le virage et masqués par des arbres. Je ne sais ce qu'a fait cet objet. D'après moi, il a dû parcourir une distance de 30 km en quelques secondes, le temps de négocier le virage. Je précise que cet objet était seul dans le ciel et se détachait parfaitement dans le bleu du ciel. Il n'y avait pas de nuages. Je n'ai pas remarqué de bruit, car je me trouvais dans un véhicule immobile en fonctionnement. Je précise qu'aucun véhicule ne se trouvait sur le CD 58. Il est possible que personne n'ait vu ce phénomène. Il est à signaler que nous avons continué notre route jusqu'au hameau de Belle-Crose où nous avons passé l'après-midi. Je m'étonne de ne pas avoir fait allusion à la vision que nous avions eue sur le CD 58 comme si l'impression ressentie au moment de l'apparition avait été annihilée au moment de la disparition. Et ce n'est qu'au retour, en passant sur ces lieux, que j'ai réagi. Ce n'est que le 25 mars 1976, vers 11 h 30, que j'ai avisé la gendarmerie de Thuir. Je mentionne que ni mon fils, ni ma petite-fille, ni moi-même lors de notre passage à Belle-Crose, n'avons parlé du phénomène aperçu. Le 27 mars 1976, vers 12 h, sur les conseils de mon fils, ma petite-fille et moi-même avons ébauché séparément des croquis du phénomène aperçu. Ce test a été fait séparément. Je signale que ma petite-fille, âgée de 6 ans et demi, ignore ce qu'est un O.V.N.I.. Je vous remets les trois croquis que nous avons réalisés. Nous n'avons pas pris de cliché photographique. Pour ma part, je suis persuadé que nous avons été témoins du passage d'un O.V.N.I. C'est la première fois que je vois un tel phénomène.

Quelque chose d'inconnu et d'extraordinaire.

Cette observation est rapportée dans une lettre adressée au chef de brigade de Prémery dans la Nièvre par M. M. Richard, 50 ans, agent technique aux Établissements Marcel Dassault, demeurant à Prémery.

J'ai l'honneur de porter à votre connaissance le phénomène dont j'ai été moi-même le témoin ce matin 19 juillet 1976. Je quitte mon domicile vers 3 h du matin, cela depuis plusieurs années, pour me rendre à la gare de Cosne pour prendre le train en direction de Paris, à 3 h 58.
J'emprunte l'itinéraire suivant : Saint-Benoît, Chaumes, Chamery, Châteauneuf, Val-de-Bargis, Saint-Colombes, Donzy, Bouny et Cosne.
Après avoir passé Châteauneuf, et en haut de la petite côte qui se situe juste à la bifurcation sur la droite d'Avin, j'ai vu ce qu'il est commun de nommer un O.V.N.I. Cet engin était immobile, légèrement sur ma gauche, à une altitude que j'estime approximativement entre 300 et 400 m. Tout, d'ailleurs, dans ma déclaration ne peut qu'être approximatif. Il est difficile d'évaluer avec certitude, l'effet de surprise et l'étonnement aidant, les distances réelles.
L'objet luminescent, de couleur verte, me faisait penser au globe d'une suspension d'autrefois, opaline verdâtre, répandant une lumière diffuse, un peu aussi comme les lampes de billard. La forme était également identique, genre chapeau melon. La lumière était cependant assez intense. La grosseur : environ dix fois une étoile. Ce genre

de déclaration prête à sourire ou au scepticisme, aussi j'ai voulu attendre samedi matin pour vous en faire part. Croyez bien que j'ai été impressionné par ce phénomène et c'est la raison pour laquelle je vous adresse, comme je crois qu'il est de mon devoir et tel qu'il me l'a été conseillé, ce rapport aujourd'hui.
Pour observer attentivement, j'ai arrêté ma voiture à la hauteur d'un petit lavoir sur la gauche. J'ai coupé le moteur et éteint mes phares. Je n'ai jamais autant regretté de ne pas avoir mon appareil photo à portée de la main. Le ciel était très clair et il était très exactement 3 h 17. Ayant baissé ma vitre durant quelques secondes, j'ai pu constater qu'il s'agissait bien vraiment de quelque chose d'inconnu et d'extraordinaire. Ces quelques secondes, 3 ou 4, guère plus, écoulées, j'ai été stupéfait de voir une sorte de post-combustion rougeâtre s'allumer sans aucun bruit et l'engin disparaître à la rapidité d'une étoile filante, vers le nord-est. Lorsque j'ai raconté cette histoire en arrivant à mon travail, mes collègues se sont un peu moqués de moi au début. Pour finir, ils ont été convaincus, me connaissant. Ils savent que je ne suis pas du genre affabulateur. J'ai 51 ans et 35 années d'aéronautique, depuis bientôt un quart de siècle je travaille aux avions Marcel Dassault. Je peux donc affirmer sans risque d'erreur qu'un tel engin, à ma connaissance, n'existe pas. Je passerai néanmoins samedi matin afin de vous donner toute précision que vous jugeriez nécessaire.
Signé M. Richard.

Après trente-cinq ans d'aéronautique, voir ainsi disparaître un O.V.N.I. à l'apparence pourtant bien réelle et dans un silence si inhabituel, c'est plus qu'il n'en faut pour ce technicien de l'aviation, pour qui tout ce qui vole est synonyme de bruit ! « Cela n'existe pas ! ». Même si ses yeux disent le contraire, cet homme ne peut accepter l'idée d'un tel bouleversement de ses concepts. Il préfère alors oublier le problème en le niant.

Ce dernier récit me paraît trop bien coller avec l'impression générale que m'ont laissée mes contacts avec certains responsables militaires. Il ne fait guère de doute que, pendant longtemps dans ces milieux, le problème des O.V.N.I. restera intimement lié aux phénomènes météorologiques ou astronomiques, quand ce ne sera pas à la médecine psychiatrique à laquelle ils feront appel pour l'expliquer...

X

GENDARMES ET POLICIERS

LES gendarmes sont les militaires qui effectuent le plus d'observations. Cela n'a rien d'anormal, puisqu'ils sont amenés à parcourir tous les lieux de France vingt-quatre heures sur vingt-quatre. Ensuite, dès qu'un événement inhabituel se produit, ils sont aussitôt alertés et se rendent immédiatement sur les lieux. Ils interviennent parfois au moment même où se produit un tel événement et peuvent apporter ainsi un témoignage de grande valeur, dépouillé de toute extrapolation. La qualité de certains rapports, comme s'est plu à le souligner le responsable du dossier O.V.N.I. pour l'aviation militaire, permet, pour certains cas, une identification rapide. Nous avons pu nous en apercevoir lorsque nous avons abordé la question des méprises et des canulars.

C'est dire que lorsqu'un gendarme est lui-même témoin d'une apparition insolite, il n'est pas utile de s'interroger longuement sur la crédibilité de son récit. Il est préférable, au contraire, de retenir les précisions rapportées qui sont, à coup sûr, décrites avec un soin extrême.

Deux phénomènes distincts.

Le premier cas que j'ai retenu est une observation effectuée en 1957 par deux brigades de gendar-

mes. A cette époque, les déclarations de ce type portaient la mention « Secret confidentiel » :
Entre le 30 octobre à 23 h 30 et le 31 octobre 1957 à 1 h 30, deux phénomènes lumineux aériens ont été observés par des militaires de la section, au cours de services de nuit.
Il s'agit de deux phénomènes distincts.
Premier phénomène :
Quatre militaires de la brigade de Le Chesne, dont le chef de poste, étaient en service entre 23 h 40 et 24 h au lieu-dit Beau-Séjour et ont été les témoins d'un phénomène assez étrange.
A 23 h 40, en arrivant à Louvergny, ils ont remarqué une lueur rouge en direction de l'ouest.
A 23 h 50, ils ont observé un disque rouge d'un diamètre apparent de 1 m et s'éloignant dans la direction de l'ouest. Au bout de quelques minutes, il leur a semblé que le disque se séparait en deux parties, le tiers de la hauteur et la partie supérieure ont disparu. A 24 h, lorsqu'ils ont quitté le lieu de leur service, les deux tiers du disque étaient encore visibles. Le disque rouge ne semblait animé d'aucun mouvement.
Deuxième phénomène :
Le 30 novembre 1957, à 23 h 50, l'apparition d'un objet lumineux a été constatée sensiblement au-dessus du village de Neuvichevrière.
L'adjudant, commandant la brigade d'Amagne-Lucquy, accompagné des gendarmes L., T. et R., effectuait un stationnement sur la route nationale 51 à 100 m au nord-est du passage à niveau de Neuvichevrière, au cours d'une patrouille Plan PN.
A 23 h 50 exactement, le gradé ainsi que les gendarmes ont eu leur attention attirée par la présence d'un engin lumineux ayant la forme d'un cigare et qui circulait en direction nord-sud. Puis, brusquement, l'engin a fait un écart à gauche,

c'est-à-dire direction est. Il s'est stabilisé au-dessus de la commune de Neuvichevrière pendant 30 à 45 secondes. Puis il est reparti en direction du sud-ouest. D'après l'adjudant et les gendarmes, l'engin, qui se trouvait à ce moment-là à environ 500 m d'eux, pouvait être à une latitude de 200 m. Il avait nettement la forme d'une soucoupe d'un diamètre environ deux fois celui du soleil levant. Sa teinte était d'un rouge grenat. Il se déplaçait à une très grande vitesse mais aucun bruit n'était perceptible. Il est à noter qu'à cette heure la nuit était très sombre, le temps était couvert.

A la suite des recherches discrètes effectuées ce jour dans la commune de Neuvichevrière, il en résulte que M. B., maire de la commune, a également vu l'engin lumineux à une certaine distance, alors qu'il se rendait à ses étables. Toutefois, préoccupé par la santé de ses animaux, il n'a prêté aucune attention spéciale à cette apparition.

D'autre part, en raison de l'heure tardive, il ne semble pas que la présence de l'engin en cause ait été remarquée par d'autres habitants ou autorités.

Le commandant de section, qui effectuait un contrôle du service de 23 h à 2 h le 31 octobre 1957, n'a personnellement rien remarqué, et c'est à son arrivée au poste de Neuvichevrière, à 24 h, qu'il a été mis au courant de l'événement par l'adjudant L., qui semblait encore sous l'impression de l'apparition.

Il est à remarquer que le personnel de la brigade de Rethel, qui se trouvait à Ambly-Fleury, a déclaré avoir vu, à la même heure, comme une lueur rouge dans la même direction, mais vu l'éloignement, ce personnel n'a pu donner aucune précision quant à la nature de cette lueur.

Le gendarme photographe.

Le témoignage suivant est tout à fait exceptionnel.

La probabilité pour que le fait décrit se soit réellement produit est très grande.

C'est une enquête personnelle que je reproduis ici. Elle a débuté lors de l'interview que nous a accordée le gendarme Michel Flouret pour l'émission consacrée aux O.V.N.I., dont j'ai fait mention au début de cet ouvrage.

Au mois de juin 1975, un gendarme mobile de Revigny-sur-Ornain, dans la Meuse, allait apporter aux chercheurs une indiscutable preuve de la présence d'objets inconnus dans notre ciel. Il enregistra, sur la pellicule, deux étonnants clichés dont l'authenticité paraît aujourd'hui indiscutable. Ces deux photographies servent d'ailleurs d'illustrations à de nombreux ouvrages ou articles sérieux traitant de la question et ont fait, en outre, l'objet d'une analyse particulière de divers scientifiques.

Paradoxalement, à l'époque où elles ont été prises, elles sont passées pratiquement inaperçues et n'ont pas connu les honneurs de la presse à sensation, pourtant friande de ce type de documents.

La nature de l'auteur des photos explique cette anomalie : Michel Flouret, le photographe, qui est, comme on le sait, gendarme, en a d'abord référé à ses supérieurs et ces derniers n'ont fait connaître l'information que plusieurs semaines après. Ce témoignage est passé par toutes les étapes de la hiérarchie pour parvenir jusqu'au général responsable de la région dont dépend l'unité du gendarme mobile.

La gendarmerie s'est donc entourée de toutes

les garanties avant d'autoriser Michel Flouret à faire connaître son histoire et à présenter ces extraordinaires documents.

Voici comment l'auteur de ces clichés a raconté son aventure :

Il était environ 21 h 30-22 h, le 6 juin 1975, et, comme il m'arrive de le faire à la belle saison, lorsque le temps le permet, je sors pour faire des photos nocturnes, toujours à la recherche du cliché insolite. Bien entendu, je ne m'attendais pas à faire une telle observation ce soir-là. J'avais laissé ma voiture à environ 500 m d'ici (l'interview s'est déroulée sur les lieux même de l'observation. Nous étions sur une route bordant des champs qu'entourait la forêt, à l'endroit exact où le gendarme fit ses clichés). J'ai donc continué mon chemin à pied. C'est alors qu'en sortant du bois, ici (Michel Flouret montre, à cet instant, le début de la clairière où l'a conduit la route), j'ai aperçu, premièrement, un seul engin à environ 300 m d'altitude. J'ai pu prendre alors une première photo, et, pendant que je prenais la deuxième photo, les engins sont partis à très grande vitesse, décrivant tout d'abord un genre de « S », puis s'élevant à une vitesse incroyable, à la verticale.

Q. Vous avez donc pu voir qu'il y avait, en fait, deux engins?

R. Oui. Au départ, il m'avait semblé qu'un seul objet était présent, mais c'est au « décollage » que je me suis aperçu qu'en réalité il y en avait deux.

Q. De quelle couleur étaient-ils?

R. D'un rouge orangé, avec un halo très lumineux. Le dessous était très marqué par cette couleur rouge orangé.

Q. Mais, au départ, comment vous sont apparus les objets?

R. Ils étaient en station fixe et, en fait, comme je

vous l'ai dit, je n'en voyais qu'un au début. Comme toujours, j'ai mon appareil chargé. J'ai donc mis l'ouverture au maximum et j'ai aussitôt pris deux clichés.
Q. Que voit-on sur ces clichés?
R. On voit, sur le premier cliché, un halo très lumineux, sans pouvoir distinguer de forme et, sur le second cliché, au moment où les engins partaient à la verticale, on voit nettement les deux objets.
Q. Combien de temps avez-vous pu les observer?
R. Environ une trentaine de secondes.
Q. Est-ce qu'ils émettaient un bruit quelconque?
R. Non, aucun bruit.
Q. Comment avez-vous pu effectuer votre prise de vue? Vous avez dû être très rapide?
R. Mon appareil était chargé, comme je vous l'ai déjà dit, et j'ai ouvert au maximum dès que j'ai aperçu les engins, et j'ai réglé environ entre une demi-seconde et un huitième de seconde.
Q. ... et vous avez eu le temps de viser?
R. Oui, j'ai eu le temps de viser, et c'est au moment où j'ai pris la deuxième photo que les objets ont décollé, enfin, le terme n'est pas juste puisqu'ils étaient déjà en l'air...

Le gendarme Michel Flouret, qui est un excellent photographe, s'y est pris comme un professionnel sachant évaluer très rapidement, et d'une manière automatique, l'actinisme d'une lumière et déterminer la vitesse de prise de vue. Ainsi, lorsque le témoin parle d'une lumière rouge orangé, il sait, par principe, pour avoir effectué des travaux de laboratoire où ce genre d'éclairage est utilisé, que l'émulsion avec laquelle il opère, même s'il s'agit comme ici, d'une pellicule très sensible, sera très peu activée et qu'il lui faut compenser cette faiblesse en augmentant le temps de pose. Tout cela doit être exécuté en un temps record, mais, comme il faut le souligner, pour un amateur averti comme Michel Flouret ou un professionnel, ces réflexes n'ont rien d'exceptionnel. On peut donc constater qu'avec un équipement très classique (ici Asai Pentax 24/36 reflex équipé d'un 50 mm ouvrant à 1/8), pour peu que le photographe interprète rapidement les données de la prise de vue, il est à peu près certain d'enregistrer des photos d'O.V.N.I. de jour comme de nuit. Certes, les chances de réussite augmentent avec la sensibilité de l'émulsion et, pour ce cas, les 400 ASA ont bien facilité les choses... Dernier détail, il est toujours possible, également, de doubler, voire de tripler la sensibilité de base. Ces deux clichés, quelle qu'en soit l'interprétation possible, sont intéressants, comme on le voit, surtout pour la preuve qu'ils constituent de l'existence d'un phénomène enregistrable par un appareil qui, lui, n'est pas le résultat ou la somme de composantes métaphysiques...

Que représentent ces photographies?

J'ai pu examiner les négatifs et le tirage qu'en a fait leur auteur. La supercherie, pour les raisons que l'on sait, est proprement impensable. Michel Flouret précise qu'il a développé seul ses négatifs, mais, comme il n'osait croire à ce qu'il venait d'enregistrer, et qu'il n'était pas sûr du résultat, ce n'est qu'après avoir achevé les opérations de développement qu'il est allé prévenir son supérieur direct. Celui-ci lui a demandé de faire un rapport détaillé. Le gendarme, comme me l'a confirmé, à l'époque, le général commandant la région, est connu pour être un excellent élément, incapable d'une manipulation ou d'une fraude.

Ces extraordinaires photos n'apportent, hélas ! que peu de détails sur la nature des objets qu'elles représentent. Si l'on en juge d'après la très forte luminosité qui s'en dégage, ceux-ci provoquent des phénomènes d'ionisation du genre plasma masquant totalement toute forme ou structure discernable. La première photo évoque, bien sûr, la forme discoïdale bien connue. La seconde, plus étrange, fait découvrir deux engins en pleine évolution, dont la lumière marque très puissamment le terrain, en affectant la forme d'un « S » immense. Mais c'est surtout le déplacement qui est remarquable, alors que les objets ont déjà disparu du champ photographique en s'élevant, comme l'a souligné le témoin, à la verticale.

Une tache de brouillard grisâtre.

Autre gendarme, autre lieu. Cette fois, nous allons nous rendre à la Réunion.

Déclaration de M. M. Gérard, 37 ans, au SAT gendarmerie de La Redoute à la Réunion.
Le samedi 27 mars 1976, entre 6 h 50 et 6 h 55, je me rendais à La Redoute à bord de mon véhicule Fiat 600. Je venais de quitter la rue Général-de-Gaulle, dans l'agglomération de Saint-Denis, et j'arrivais à la petite place formée par l'intersection du boulevard Lacossade et la rue Sainte-Marie. A ce point précis, mon véhicule est tombé en panne d'allumage. La route étant en légère déclivité, je me suis laissé aller sur mon élan pour me garer sur le trottoir, à proximité de l'auto-école. Pendant tout le parcours moteur arrêté, qui a duré 10 à 15 secondes, j'ai essayé vainement de relancer le moteur. Aucun témoin lumineux n'était allumé sur mon tableau de bord. J'ai pensé que ma batterie s'était débranchée. Me trouvant à l'arrêt, mon attention a été attirée par un reflet situé à ma gauche. J'ai regardé, il m'a semblé voir un brouillard. J'ai cru que j'avais une

tache sur mes lunettes et je les ai enlevées pour vérifier. Elles étaient propres. Après les avoir remises, je m'apprêtais à sortir de mon véhicule afin de tenter de remédier à cette panne lorsque j'ai vu cette tache de brouillard qui s'élevait en prenant de la vitesse. Ma vision limitée par le toit de mon véhicule, j'ai dû passer la tête par la fenêtre (je n'avais pas mon képi) pour suivre l'évolution du brouillard. Je l'ai vu, à ce moment, disparaître au-dessus des bâtiments en direction du sud-sud-ouest, à grande vitesse. Je me suis assis normalement au volant, très étonné, pour réfléchir à ce phénomène, mon regard posé machinalement sur mon tableau de bord. C'est là que j'ai très nettement vu les témoins lumineux s'allumer de nouveau, car mon contact était resté branché. J'ai relancé le moteur, qui est reparti normalement. Ce phénomène se présentait sous la forme d'une tache de brouillard grisâtre avec un reflet métallique. Initialement, cette tache devait se trouver à une distance de 15 à 20 mètres de l'endroit où mon véhicule était stationné en direction de la rivière. Elle devait avoir 4 à 5 mètres de long sur 2 de haut. Je ne puis dire si elle avait une épaisseur ou si elle était transparente. Outre sa couleur et son reflet, son aspect était semblable aux reflets que l'on voit sur les routes par forte chaleur. Je dois dire que cette apparition n'a pas particulièrement attiré mon attention car, sur le moment, j'étais plutôt préoccupé par la panne de ma voiture. Ce n'est que quelques instants après que j'ai analysé les faits dont j'ai été le témoin.

L'avant plus lumineux que l'arrière.

M. F. Albert, 56 ans, est retraité de la gendarmerie et habite à Juan-Les-Pins. Ce n'est donc pas un gendarme en service actif. J'ai toutefois inclus son témoignage dans cette rubrique car certains détails de sa déclaration témoignent d'un long passé d'observateur.

Le 10 décembre 1976, à 22 h 10, je me trouvais au portail nord des Établissements Legras, au Clausonne-de-Valbonne (06), où je suis gardien de nuit. Mon attention a été attirée par un point lumineux qui se déplaçait d'est en nord-ouest, c'est-à-dire en direction de Grasse, à vive allure, vitesse équivalente à celle d'une étoile filante. J'ai conclu immédiatement qu'il ne s'agissait pas d'une météorite. Cet objet était de forme ovoïde, couleur argentée, à l'avant plus lumineux que l'arrière par rapport à sa direction de vol. Il n'y avait pas de traînée lumineuse à l'arrière. J'ignore à quelle altitude se trouvait cet engin, mais il m'a paru d'une longueur de 50 cm environ. Il n'émettait aucun bruit. Le ciel était clair et étoilé. J'ai vu qu'il ne s'agissait pas d'un ballon-sonde. J'en ai déjà observé. Cet objet a été visible pendant 4 à 5 secondes environ et a disparu, masqué par la colline boisée. J'ai eu l'occasion d'observer une comète en 1956 alors que je me trouvais au Maroc. L'objet dont il est question ne lui ressemble pas du tout. J'ai fait part de cette observation aux ouvriers de l'équipe de nuit. Aucun d'eux n'a pu voir car ils se trouvaient à l'intérieur du bâtiment. J'ignore s'il y a eu d'autres témoins de ce phénomène. La lumière émise par cet O.V.N.I. était plus vive que la couleur d'une étoile filante et restait constante.

Une importante traînée blanchâtre.

Les policiers ne sont pas des militaires. Mais leur « indice de crédibilité » est tout aussi élevé et nous offre, dans le cas de témoignages, d'excellentes références. Dans ce chapitre, j'ai surtout cherché à rassembler des témoignages émanant de personnes qualifiées dont les responsabilités, comme celles de ce commissaire de police, constituent une garantie de sérieux, même si la déclaration ne revêt pas, comme ici, les attraits du fantastique.

Déclaration de M. R. Léon, 29 ans, commissaire de police demeurant La Caravelle, rue Kennedy, Mont-en-Bariolle (59).
Le mercredi 16 juillet 1975, à 21 h 05, alors que je me trouvais dans le jardin de M. Pierre Nanex à Saint-Léonard, j'ai aperçu dans le ciel une importante traînée blanchâtre. Cette traînée avait la direction sud-sud-est, nord-nord-ouest, et se trouvait à une hauteur importante que je n'ai pu déterminer. Alors que cette traînée s'approchait, l'extrémité de celle-ci est devenue très brillante et s'est transformée en une boule relativement importante. Cette boule très lumineuse s'est aussitôt entourée d'une auréole blanche. Quelques secondes plus tard, la boule et l'auréole avaient disparu. Il m'a semblé que la boule avait explosé, seule demeurait la traînée blanchâtre, qui ne s'est dissipée que très lentement. Je me trouvais en compagnie de Mlle Defeil, demeurant à Saint-Léonard, commune de la Haute-Vienne.

Un engin de cinq à six mètres de diamètre.

C'est encore à un policier, un inspecteur, cette fois, que nous devons le témoignage suivant.

Le rapporteur a cru devoir préciser, non sans humour, qu'un « certain crédit » pouvait être porté à cette déclaration, du fait de la qualité du témoin.

Le 25 décembre 1976, à 11 h, M. R. Gilles se présente au bureau de notre brigade et déclare que, le 24 décembre 1976, vers 7 h 50, il a vu, alors qu'il était au volant de sa voiture, sur le CD 7, au lieu-dit La Pierre Taillée, commune de Chavanay (Loire), au-dessus des arbres bordant la route, un engin de 5 à 6 m de diamètre qui semblait être à une hauteur approximative de 100 m. Cet objet ne faisait aucun bruit. Une fumée claire s'échappait de la partie centrale du dessous de l'engin. Il était éclairé d'une lumière rouge orangé; le pourtour, qui était également éclairé, émettait une lumière plus vive mais floue. Cet appareil était de forme circulaire. M. R. l'a observé pendant 30 secondes, puis il s'est élevé verticalement vers le ciel et, en 3 secondes, a disparu. Le ciel était très clair. Les étoiles étaient visibles et il n'y avait pas de brouillard.
Après audition de M. R. Gilles, nous nous sommes transportés sur place où l'engin a été aperçu. Nous n'avons relevé aucune trace permettant de confirmer les « dires » du témoin et laissant supposer que l'engin était posé. La vision de l'engin a eu lieu dans un virage assez prononcé, sur le côté gauche dans le sens Pélussin-Chavanay. La route est bordée d'arbres. Pour déterminer le diamètre de l'O.V.N.I., M. R. s'est servi de deux arbres comme points de repère. La distance entre ces derniers était d'environ 6 m. Peu avant le virage, une aire de stationnement a permis à l'intéressé de garer son véhicule d'où ce dernier a pu observer le phénomène. M. R. étant inspecteur de police, un certain crédit peut être porté à sa déclaration. Au moment de la prise de déclaration, le témoin semblait en pleine possession de ses facultés mentales. Nous avons fait paraître dans la presse

locale un article ayant pour effet de permettre la recherche de témoins éventuels. Suite à cette annonce dans les journaux locaux, deux jeunes gens se présentent le 27 décembre 1976 au bureau de notre unité pour nous déclarer qu'ils ont été les témoins d'un phénomène lumineux. Nous identifions les deux personnes comme suit :
J. Erick, 21 ans, agent de voyage, demeurant 72, rue du 11-Novembre à Saint-Étienne. F. Christiane, 21 ans, coiffeuse, demeurant au lieu-dit La Raignie, commune de Pélussin (Loire). Nous entendons les deux jeunes gens séparément et, de leurs déclarations, il ressort que le 20 décembre 1976, vers 22 h 30, ils étaient les témoins d'un phénomène lumineux. Ils étaient à bord d'un véhicule appartenant à M. J. Erick, stationné sur le CD 7, reliant Pélussin au col de Pavezin, au sud du bois de La Selle. Le véhicule était dirigé vers Pélussin. Ils sont restés à cet endroit plusieurs instants lorsque, tout à coup, surpris, M. J. a été attiré par une lueur située derrière la montagne. Il a dit à Mlle F. : « Regarde. » Elle s'est retournée et a vu, au-dessus du lieu-dit Bourchanie, sens nord-est, une clarté de couleur orange. La nuit était noire. Toute la montagne était éclairée par cette lumière. Cela a duré 5 à 10 secondes. Ils n'ont pas vu d'engin, ils ne pouvaient distinguer aucune forme précise, ils n'ont entendu aucun bruit ni vu de fumée. Nous nous sommes transportés sur les lieux, mais aucune trace n'a été découverte.

XI

L'ARMÉE DE TERRE TÉMOIGNE

DANS cette troisième partie traitant des observations militaires, il était indispensable de consacrer un chapitre aux témoignages en provenance des personnels de l'armée de terre. Ceux-ci constituent, on s'en doute, un groupe d'observateurs privilégiés dans la mesure où ils se trouvent souvent sur le terrain, effectuant sans cesse manœuvres, patrouilles ou exercices, de jour comme de nuit.

Les missions attachées à cette arme la poussent à se préoccuper davantage de ce qui se passe au sol que dans les airs et pourtant, en matière d'observations d'O.V.N.I., elle dame le pion à sa consœur, l'armée de l'air...

Brusquement stoppé par une force étrange.

Le témoignage suivant date d'octobre 1954. Il s'agit d'un cas à la fois inquiétant et extraordinaire qui s'est déroulé à l'intérieur même d'une caserne ou, plus précisément, d'un dépôt de munitions !

Brigade de La Fère, section de Laon, compagnie de l'Aisne. Déclaration :
Nous rendons compte de notre visite au PC du chef d'escadron, commandant le 1/15 RA, qui nous précise les faits suivants : les événements se sont passés à l'intérieur du quartier Drouot et l'enquête est effectuée par le capitaine L., officier de sécurité du 1/15 RA. Nous sommes mis en liaison avec le capitaine chargé de l'enquête.
Le capitaine L. nous donne connaissance des renseignements qu'il a recueillis et nous lit quelques extraits de son rapport libellé comme suit :
Le 6 octobre 1954, vers 21 h 30, le canonnier D. Robert, garde matériel de la batterie de commandement, aperçoit, de sa chambre, une lueur. Il sort et parcourt 50 m. Il a la sensation d'être brusquement stoppé par une force étrange et puissante qui le cloue sur place, lui interdisant toute réaction.
Il aperçoit à ce moment-là, à quelques mètres devant lui, un objet très lumineux en forme d'obus de 80 cm environ de haut et, sur la droite, un autre objet plaqué au sol, de formes mal définies.
Au même instant, le canonnier D. Robert entend un son comparable à un commandement qui a pour effet de rassembler la forme ogivale. L'engin multicolore s'élève dans l'atmosphère en un éclair violet très lumineux, se transformant en un instant en une boule de feu avant de disparaître. L'ascension de l'objet a été de l'ordre d'une dizaine de secondes, durée pendant laquelle le canonnier D. Robert a eu l'impression d'être pris dans un faisceau lumineux très intense. Ayant retrouvé ses mouvements, le canonnier D. Robert rejoint immédiatement sa chambre dans un tel état de stupeur qu'il demeure incapable de

prononcer la moindre parole pendant un quart d'heure.
Le canonnier M. Bernard, sortant à son tour, est envahi par des lueurs étranges, qui lui interdisent d'approcher de l'emplacement indiqué.
Les canonniers P. Louis et M. Pierre, de faction au dépôt de munitions situé à 300 ou 500 mètres de là, déclarent avoir aperçu, vers 21 h 30, deux éclairs très lumineux qui les ont impressionnés.
A seule fin de rester objectif dans cette affaire, il faut noter que le canonnier D. Robert, avant de quitter sa chambre, lisait l'illustré *Radar*[1], lequel se rapporte aux soucoupes volantes. Il se peut qu'impressionné par ces récits le canonnier ait été victime d'une hallucination.
Cet homme paraît sain d'esprit et très sincère dans ses déclarations.

Le doute peut, en effet, être permis mais il ne faut pas oublier que ce cas a eu également d'autres témoins dont la bonne foi ne peut être mise en cause. Il est vrai qu'il est assez incroyable et surtout inquiétant qu'un dépôt de munitions ait pu faire l'objet d'une telle visite...

Trois cercles éclairés.

La déclaration de M. S. Fernand, âgé de 20 ans, brigadier-chef, appelé au Groupe de transmission 508 à Chaumont dans la Haute-Marne, demeurant à Longeville-lès-Saint-Avold dans la Moselle, ne ressemble en rien aux histoires de permissionnaires en goguette. De plus, elle peut être rappro-

1. *Radar* était le titre d'un hebdomadaire à sensation qui avait offert une forte prime à la première personne capable de photographier une soucoupe volante authentique.

chée des deux autres observations effectuées également par des militaires au cours de la même nuit.

Au retour de ma permission, je me trouvais, ce matin, 21 avril 1975 à 2 h 30 précises, au carrefour formé par la rue du Général-de-Gaulle, la rue de Boulay et la rue de Faulquemont, à Longeville-lès-Saint-Avold. Si je suis aussi formel sur l'heure, c'est parce que j'avais rendez-vous avec un camarade de régiment, W. Raymond, avec lequel je regagnais mon corps. Brusquement, alors que je me trouvais sur le trottoir gauche en direction de Saint-Avold, très exactement à hauteur du café de « La Résistance », j'ai vu trois cercles éclairés sans toutefois voir la source d'émission. Ils étaient de diamètre identique, environ 2 m à 2,50 m, et étaient projetés à 80 cm du sol, l'un sur le mur de la boulangerie, à l'angle de la rue de Boulay et la rue du Général-de-Gaulle, l'autre sur l'angle du mur du dancing. Je me trouvais à 10 m de ce dernier cercle de lumière, c'est pourquoi je suis si précis quant à la dimension. Tout de suite, j'ai pensé que ces cercles de lumière provenaient d'une voiture, mais, après réflexion, je me suis dit que ce n'était pas possible, puisque je n'entendais pas de bruit de moteur. Machinalement, j'ai regardé rue du Général-de-Gaulle, en direction de Metz, et j'ai remarqué une ombre qui se découpait sur le mur à hauteur de l'arrêt de l'autobus. En premier lieu, je n'ai pas prêté une attention très particulière à cette ombre. Ce n'est que quelques instants après que j'ai pu voir qu'il s'agissait d'un objet sphérique, d'environ 4 m de diamètre. J'ai pris peur. Aussitôt, un bruit qui ressemble à celui provenant d'un vérin hydraulique s'est produit. J'ai traversé la chaussée et je me suis abrité dans une entrée de maison, une porte arrière du dancing.

De cet endroit, je ne pouvais plus voir l'objet. Presque aussitôt, des phares de voitures ont éclairé la route. J'ai entendu le même bruit accompagné d'un froissement de feuilles. Parce que cette voiture est passée à ma hauteur, je me suis avancé, il n'y avait plus rien.
S.I. Je suis dans l'impossibilité absolue de préciser la couleur de cet objet. Je pense toutefois qu'il serait de couleur sombre.
S.I. Je pense que l'objet reposait directement sur le sol étant donné que je n'ai aperçu aucun support.

Déclaration de M. H. Edgar, 29 ans, 2e classe, appelé au GT 508 à Chaumont (Haute-Marne).
Vers 2 h 30, ce matin, 21 avril 1975, je circulais à proximité de Combeaufontaine (Haute-Saône), à bord d'une voiture conduite par un camarade de régiment, V. Philippe. Nous regagnions le GT 508 à Chaumont. Brusquement, sur la droite de la RN 19, par rapport à notre sens de marche, nous avons nettement vu un objet lumineux représentant le soleil au coucher, lorsqu'on n'en voit environ que les trois quarts. Cet objet se dirigeait vers nous à une vitesse nous paraissant impressionnante. En effet, au bout de quelques instants, il est apparu à une distance que j'évalue à 500 m sous un diamètre pouvant atteindre 4 à 5 m. D'un seul coup, cet objet a disparu comme par enchantement. Nous avions beau regarder, nous ne voyions absolument plus rien.
S.I. La lumière était de couleur orange comme le coucher de soleil.

Déclaration de M. V. Philippe, 2e classe appelé au GT 508 à Chaumont.
Dans la nuit du dimanche au lundi 21 avril 1975, alors que je circulais dans mon véhicule à proxi-

mité de Combeaufontaine, j'ai remarqué dans le ciel une boule lumineuse de couleur orange. Tout de suite, j'ai pensé à la lune, mais j'ai immédiatement abandonné cette idée étant donné le diamètre important. Je pense que cet objet pouvait atteindre 4 à 5 m de diamètre. Je l'ai aperçu seulement quelques instants puisque, conduisant mon véhicule, je ne pouvais pas constamment le suivre. Cet objet était immobile, je ne sais pas comment il a disparu.

Sa forme était ovoïde.

L'observation suivante m'est parvenue sous la forme d'un message de la gendarmerie. Je n'ai pu, hélas ! retrouver le rapport la concernant.
Chaumont-Semoutiers (52), mardi 21 octobre 1975, à 19 h 15 : au-dessus de la base du 403ᵉ régiment d'artillerie, un O.V.N.I. a été vu et suivi pendant deux minutes par le capitaine Le B. du 403ᵉ RA. Sa forme était ovoïde, d'une luminosité blanche avec une partie clignotante. L'objet venait du nord-est et a décrit un arc de cercle, puis a marqué un arrêt pendant quelques secondes avant de reprendre un mouvement de translation du nord vers le sud. Il a finalement disparu en direction de l'ouest. Le déplacement s'effectuait à vitesse lente et l'altitude a été estimée à 1 000 m.

Un second message précise qu'il est nécessaire de rectifier le premier en supprimant le nom du capitaine Le B. pour le remplacer par : « un MDL-chef du 403ᵉ RA ». De plus, il est précisé qu'une seconde observation analogue a été faite à 21 h le même jour par une section entière du 403ᵉ RA en manœuvre à 2 km au sud-est du camp.

Une forme triangulaire.

Les manœuvres et les gardes de nuit fournissent des moments privilégiés pour les observations d'O.V.N.I. C'est le cas de l'affaire suivante qui s'est déroulée au cours de la soirée du 4 novembre 1976. R. Jean-Claude, 27 ans, militaire sous contrat, au CIABC, camp de Carpiagne, était alors chef de poste au dépôt de munitions du Mussuguet.

Déclaration de R. Jean-Claude, 27 ans, militaire sous contrat au CIABC, camp de Carpiagne, chef de poste au dépôt de munitions du Mussuguet.
Le 4 novembre 1976 vers 21 h 45, j'occupais les fonctions de chef de poste au dépôt de munitions du Mussuguet, camp de Carpiagne, Marseille. La sentinelle de la barrière d'accès au camp, secteur est, m'a informé téléphoniquement de venir immédiatement la rejoindre, car elle venait d'observer un objet volant non identifié qui se déplaçait en direction Marseille-La Ciotat. Accompagné du brigadier-chef, adjoint au chef de poste, je rejoignis la sentinelle en courant. Lorsque je suis arrivé à sa hauteur, j'ai pu apercevoir un objet légèrement plus important qu'un avion de ligne, d'une forme triangulaire émettant une lumière rouge à l'avant et une lueur blanche intense à l'arrière. La nuit était claire, un léger vent soufflait et j'évalue le plafond auquel naviguait l'appareil à une hauteur d'environ 500 à 1 000 m. Celui-ci se déplaçait dans une direction nord-ouest-sud, et à petite vitesse. L'observation a duré quelques secondes, puis l'appareil a disparu à très grande vitesse dans la direction des monts de La Ciotat. Je précise que ce qui m'a le plus étonné, c'est que cet engin se déplaçait sans émettre le moindre

son. Je précise que nous étions trois personnes à avoir aperçu l'objet volant en même temps : la sentinelle, le brigadier-chef et moi-même. J'ai établi un compte rendu de mes observations sur le cahier de poste du Mussuguet. J'ai rendu compte de ces faits à mes supérieurs hiérarchiques. C'est tout ce que je peux vous dire sur cette affaire.

Déclaration de P. Jean-Michel, militaire, appelé de la classe 76/10 2e classe, sentinelle à la barrière du poste de garde du Mussuguet, 21 ans, domicilié actuellement au camp de Carpiagne.
Le 4 novembre 1976, à 20 h 45, j'étais de garde au dépôt de munitions du Mussuguet et j'occupais les fonctions de sentinelle à la barrière donnant accès au camp côté est. J'ai aperçu un objet volant ayant la forme d'un avion à aile delta mais légèrement plus important qu'un avion de combat. Cet appareil se dirigeait vers La Ciotat, venant de la direction de Marseille en survolant le camp de Carpiagne. Il émettait une lumière rouge à l'avant, non clignotante, et une lueur très intense de couleur blanche à l'arrière. Ce qui m'a incité à donner l'alerte à mon chef de poste, c'est que cet appareil se déplaçait lentement, n'émettait aucun bruit. Lorsque le chef de poste est arrivé, accompagné du brigadier-chef adjoint, l'objet a encore évolué quelques secondes avant de disparaître à une vitesse fulgurante vers les collines de La Ciotat. Voilà tout ce que je peux dire de cette affaire.

Les chiens ont hurlé à la mort...

Le lecteur aura sans doute remarqué au cours des précédents chapitres que lorsque je citais un témoignage ayant fait l'objet d'un rapport de gendarmerie, je m'abstenais, le plus souvent, de reprendre la totalité des déclarations contenues dans ce rapport. Une seule suffit, en effet, dans la plupart des cas, à résumer parfaitement l'observation. L'affaire qui suit constitue, pourtant, une exception à cette règle. Si j'ai cru bon, pour une fois, de présenter un rapport dans sa totalité, c'est parce que chacune des déclarations qu'il comporte vient, en quelque sorte, compléter les autres en apportant des éléments de description nouveaux. Cette histoire a déjà donné lieu à de nombreux comptes rendus dans la presse, mais ceux-ci ne constituent, en tout état de cause, qu'un résumé d'où sont absentes bien des précisions. Enfin, je me suis permis de conserver les noms des témoins, ceux-ci ayant déjà été reproduits dans les journaux.

Le mercredi 8 décembre 1976, à 23 h 15, se présentent au bureau de notre brigade deux militaires stationnés au chalet du 2e BCA à Maison-Méane.
Il s'agit des sergents-chefs Gaborit Christian et Charin Dominique. Ces deux sous-officiers nous déclarent qu'ils circulaient sur le CD 900 en direction de leur cantonnement et qu'à environ 200 m de la sortie du village de Meyronnes leur attention a été attirée par la présence, dans le ciel, d'un engin de forme ronde, avec un noyau central lumineux. Cet engin se déplaçait lentement, puis a disparu.
Le jeudi 9 décembre 1976, ces mêmes militaires retournent à la même heure où a eu lieu l'apparition. Ils sont accompagnés du sergent du 2e BCA et d'un douanier du poste de Larche qui constatent le même phénomène.
Nous informons de ces faits M. le procureur de la

République. Ce magistrat nous prescrit de procéder à une enquête.
Dans la nuit du 8 au 9 décembre 1976, les sergents-chefs Gaborit et Charin ont aperçu un objet avec un point lumineux. Cet objet leur a paru semblant provenir de la direction du fort de Roche-la-Croix, puis il a disparu derrière la Tête-de-l'Homme. Cette apparition n'a duré que quelques secondes. A l'issue, ces deux militaires se sont présentés au bureau de notre brigade, où nous avons procédé à l'audition du sergent-chef Gaborit. Ce phénomène s'est produit aux environs de 22 h 55.
Le lendemain, les deux militaires mentionnés ci-dessus décident de retourner, à la même heure, au même endroit, dans l'espoir de constater de nouveau le phénomène. Ils sont accompagnés du sergent Pierrat Dominique et du douanier Philbert Jacques. A 23 h, ils se trouvent à l'endroit désigné et leur attention est attirée tout d'abord par un objet, puis par trois autres. D'après leurs « dires », un croquis a été établi et fait l'objet de l'annexe I, jointe au présent procès-verbal.
Les quatre personnes ayant observé le phénomène sont entendues. Leurs déclarations concordent. Un autre phénomène est à signaler : un peloton est installé au hameau de Maison-Méane, commune de Larche, distant de 8 km de Meyronnes, direction est du village. Pendant les nuits du 8 au 9 décembre et du 9 au 10 décembre 1976, nuits des observations, les chiens, au nombre de 9, ont hurlé à la mort. Chose rare d'après les déclarations des deux maîtres de chiens, les militaires Delpal Olivier et Gamelier Michel, qui se trouvaient à Maison-Méane et qui ont été entendus.
Pendant la période du 12 au 30 décembre 1976, une surveillance a été établie tous les soirs aux

environs de 23 h. Là non plus, aucune observation n'a été faite. Sur les instructions et présence du capitaine Montfort, commandant la compagnie de Barcelonnette, un service de surveillance est mis en place le 11 décembre à partir de 22 h à proximité du point d'apparition. Ce service a été maintenu jusqu'à 1 h du matin, mais aucune observation n'a été effectuée. Des recherches ont été effectuées dans le but de retrouver d'autres personnes ayant observé le phénomène. Ces recherches sont restées vaines en ce qui concerne les apparitions d'objets du présent procès-verbal. Par contre, une personne, Mme Antonni Marie-Madeleine, épouse Scheffer, demeurant à Meyronnes, a aperçu, dans le courant du mois de novembre 1976, aux environs de 23 h, un jour dont elle ne peut donner la date précise, une forme avec une lumière rouge non éblouissante, pendant quelques instants, sensiblement à proximité du fort de Roche-la-Croix.

Déclaration de Gaborit Christian, militaire de carrière, 29 ans, demeurant à Bourg-Saint-Maurice.
Le 8 décembre 1976 à 22 h 55, je circulais à bord de mon véhicule dans la direction France-Italie, sur la départementale 900 dans le département des Alpes-de-Haute-Provence, au point kilométrique 108, à l'entrée du virage de Meyronnes. J'étais en compagnie du maréchal des logis-chef Charin Dominique, de l'école militaire de haute montagne de Chamonix. En regardant le ciel à ce moment-là, je me suis aperçu qu'un engin que je ne puis identifier survolait la vallée dans la direction Italie-France. Nous avons stoppé le véhicule et nous sommes descendus afin d'observer le phénomène plus posément. Cet engin se trouvait à une altitude

indéfinissable et a disparu derrière les nuages, derrière la Tête-de-l'Homme dans la circonscription de Larche (04).
L'appareil avait une forme ronde, à vue d'œil, d'une trentaine de centimètres de diamètre, formée d'une couronne grisâtre et d'un noyau central plus lumineux. Son passage s'est effectué pendant, environ, une vingtaine de secondes. A ce moment, le ciel était peu couvert et on distinguait quelques étoiles et nous avons pu voir parfaitement cet engin pendant son passage au-dessus de nous. L'appareil se déplaçait assez lentement. On avait l'impression que cet appareil prenait de l'altitude à mesure qu'il s'éloignait. Nous sommes venus aussitôt vous prévenir du présent phénomène.

Nouvelle déclaration de Gaborit Christian :
Faisant suite à ma déclaration du 8 décembre 1976, concernant le phénomène observé dans les cieux, le lendemain, aux alentours de 22 h 50, je me suis de nouveau rendu sur les lieux, soit aux abords du village de Meyronnes, en compagnie de mes camarades le sergent-chef Charin et le sergent Pierrat. Nous avons observé le ciel un moment sans rien apercevoir. Nous avons repris la route en direction de notre cantonnement situé à Maison-Méane. C'est à ce moment-là, après avoir parcouru à peine 50 m, toujours en observant le ciel, que j'ai aperçu un engin arrondi et allongé sur les bords, de couleur gris-noir. Je ne peux pas déterminer l'altitude à laquelle il se trouvait, ni la distance. Nous avons stoppé et nous sommes sortis. A ce moment-là, le sergent-chef Charin et le sergent Pierrat ont aperçu deux autres engins analogues au premier, situés dans le même alignement, apparemment plus petits, du fait de leur éloignement possible. Poursuivant

notre observation, nous en avons découvert un quatrième. Durant 30 secondes, nous avons continué l'observation de ces engins qui ne bougaient pas.
Aucun bruit n'émanait de ces derniers. Sous le premier est apparue, tout à coup, une lueur jaune-blanche, et c'est à ce moment-là que l'engin s'est dirigé vers nous en perdant de l'altitude. Tout cela s'est passé sans un bruit. Pris d'une certaine anxiété, nous sommes remontés à bord de notre véhicule et nous sommes repartis. Nous n'avons jamais quitté des yeux l'engin éclairé. A l'instant où nous avons mis les phares à notre véhicule, la lueur a disparu. L'engin est alors passé à la verticale au-dessus de nous pour disparaître à gauche de la montagne la Tête-de-l'Homme. Nous avons perdu de vue les trois autres engins, et ignorons la direction qu'ils ont pu prendre. Suite à cela, nous nous sommes rendus à la gendarmerie de Larche où nous avons rendu compte du phénomène. Je précise que durant trois nuits, à l'heure où ont été observés les phénomènes, les chiens, des bergers allemands appartenant à notre unité, cantonnés à Maison-Méane, ont hurlé à la mort, durant cinq minutes environ.
Le 10 décembre 1976, à 8 h, lecture faite par moi de la déclaration ci-dessus, j'y persiste et je n'ai rien à y changer, ni à y ajouter, ni à y retrancher.

Déclaration de Charin Dominique, 26 ans, militaire de carrière, gradé sergent-chef, demeurant à Chamonix.
Hier au soir, jeudi 9 décembre 1976, en compagnie du sergent-chef Gaborit, du sergent Pierrat et d'un douanier de Larche, nous nous sommes rendus à Meyronnes, pour voir si nous reverrions les O.V.N.I. vus précédemment la veille. A ce

sujet, je confirme la déposition du sergent-chef Gaborit faite à votre brigade.
Nous nous sommes rendus à la sortie de Meyronnes dans la direction de Barcelonnette, sens de la direction Barcelonnette-Larche, à l'endroit exact de la précédente apparition. Il était 22 h 55. Nous avons attendu quelques minutes, puis, ne voyant rien, nous allions repartir, lorsque, levant les yeux pour une dernière fois, le chef Gaborit me dit d'arrêter mon véhicule. De ce dernier, en descendant, j'ai pu remarquer dans le ciel un engin de forme ellipsoïdale à une distance très haute et indéterminée, de couleur noire et ne faisant aucun bruit. C'est à ce moment que j'ai aperçu deux autres, se trouvant plus loin, puis un quatrième. Il me semblait qu'ils étaient en vol stationnaire. Ils se trouvaient alignés de la façon suivante : d'équerre par rapport à la route et parallèles à la montagne. Le dernier se trouvait un peu au-dessus du fort de Roche-la-Croix. La nuit était légèrement couverte. Quelques étoiles brillaient et les nuages étaient éclairés par la lune. Il nous était absolument impossible de confondre avec un nuage ou une étoile. Celui se trouvant près de nous s'est allumé. Cette lumière se trouvait placée sous la forme noire et au centre de celle-ci. Elle était de couleur jaunâtre, très claire, presque blanche. Cette lueur n'était pas éblouissante. Elle ne formait pas un rayon lumineux mais un point. A ce moment, l'appareil s'est mis en mouvement relativement doucement, se dirigeant vers nous. Puis, d'un seul coup, nous avons vu l'appareil grossir comme s'il venait à notre rencontre. Pris d'une certaine appréhension, nous sommes vite remontés en voiture pour démarrer dans la direction de Larche. Étant conducteur, je ne l'ai pas vu disparaître ainsi que les trois autres restants.

Lors de la dernière vision de l'appareil, je peux estimer sa largeur à environ 30 à 40 cm, la lumière étant grosse comme une pièce. Je ne peux pas estimer la distance où se trouvait l'appareil. Le temps d'observation a été de une à deux minutes. Je tiens à préciser qu'au chalet où nous sommes en stage, les neuf bergers allemands ont hurlé à la mort, le soir du mardi 7, mercredi 8, jeudi 9 décembre 1976, et c'est à l'heure précise où passaient ces O.V.N.I., c'est-à-dire 23 h.
Je ne vois rien d'autre à ajouter.

Déclaration de Pierrat Dominique, 22 ans, militaire de carrière, demeurant à Jausiers (Alpes-de-Haute-Provence).
Mes camarades, les sergents-chefs Gaborit et Charin, m'ont informé du phénomène qu'ils avaient observé dans le ciel. Puis, dans la nuit du 8 au 9 décembre 1976, ayant décidé de retourner sur les lieux la nuit suivante, je me suis joint à eux et nous sommes allés à Meyronnes. Nous avons observé le ciel un petit moment. Ne voyant aucun phénomène se produire, nous sommes repartis à bord de notre véhicule. Un moment, le chef Gaborit a fait stopper le véhicule, car il venait d'apercevoir quelque chose. Nous sommes vite sortis et j'ai vu l'engin en question. Il était de forme arrondie et aplatie sur les bords. Il était couleur grisâtre et il ne faisait aucun bruit. Le chef Charin a tout à coup aperçu deux autres engins et même un troisième situés dans le même alignement. Je ne peux vous préciser ni à quelle distance, ni à quelle altitude pouvaient se produire ces phénomènes. Je peux dire que, d'après moi, le phénomène se produisait, mais il s'agit peut-être d'une impression d'optique, au même niveau que le fort de Roche-la-Croix, situé sur la paroi, à droite par rapport à la direction dans laquelle nous observions. Tout à

coup, une lueur blanchâtre, peut-être jaune pâle, est apparue sous le premier engin, le plus près de nous qui, en même temps, se dirigeait vers nous. Pris d'une certaine anxiété, nous sommes remontés dans notre véhicule. Quand le conducteur a mis les phares, la lueur a disparu. L'engin est passé au-dessus de nous, à la verticale. Ce dernier a disparu derrière la Tête-de-l'Homme. J'ai perdu totalement de vue les trois autres engins et j'ignore la direction qu'ils ont pu prendre. Je mentionne que le temps était nuageux mais le ciel était légèrement étoilé. A l'issue de ça, nous sommes allés rendre compte à la brigade de gendarmerie de Larche. Je dois enfin préciser que les chiens du cantonnement ont hurlé à la mort pendant cinq minutes.

Déclaration de Philbert Jacques, 25 ans, douanier, demeurant à Larche (04).
Hier soir, jeudi 9 décembre 1976, je me suis rendu à Meyronnes, pour prendre un verre au débit de boisson « Maurice Jacques ». Vers 21 h, ayant entendu parler d'une apparition d'O.V.N.I., la veille, je me suis rendu dans cette commune, en tant que curieux.
Vers 22 h 45, j'ai pris ma voiture pour remonter à Larche et, à 23 h précises, j'ai rencontré deux sergents-chefs et un sergent, à la sortie de Meyronnes, sens Meyronnes-Larche.
Lorsque j'ai vu l'apparition des trois O.V.N.I., il était, à ma montre, 23 h et une ou deux minutes. Le temps était nuageux mais le plafond était assez haut. Nous quatre, nous avons observé ces appareils au nombre de trois ou quatre, car le dernier, je ne le voyais pas. Ils avaient la forme d'une ellipse. Leur couleur était grisatre sombre. Pendant leur vol stationnaire, je ne peux indiquer la hauteur ni leur distance à cause de la nuit. Les

trois ou quatre appareils étaient, en vol, disposés de la manière suivante : en ligne droite en regardant le ciel, d'équerre par rapport à la route, le dernier se trouvant vers le fort de Roche-la-Croix. Nous avons observé ce phénomène depuis l'extérieur de nos véhicules. Le premier O.V.N.I. était éclairé, une lumière rouge se trouvant sous le dessous de l'appareil au centre de celui-ci. Le temps d'observation a été de une ou deux minutes. Pendant ce temps, un des militaires est allé à sa voiture qui était stationnée tous feux éteints, ainsi que la mienne, pour éteindre son auto-radio. A ce moment-là, lorsque le plafonnier de sa voiture s'est allumé, le premier des appareils est descendu vers nous. Sa forme n'a pas changé, ni ses aspects extérieurs. L'appareil ne faisait aucun bruit susceptible d'être perçu par nos oreilles. Sur ces faits, nous avons tous pris peur et nous avons tous regagné nos véhicules pour regagner Larche au plus vite. Quand nous avons démarré, le premier appareil est passé au-dessus de nous pour disparaître en direction de Tournes-les-Blaisols, la lumière était toujours allumée. A notre grande surprise, les autres O.V.N.I. n'étaient plus visibles à l'œil nu. Nous avons regagné notre domicile et, ce matin, nous sommes venus vous aviser de cette observation. Je ne vois rien d'autre à déclarer.

Déclaration de Lelpal Olivier, 20 ans, militaire sous contrat, caporal-chef au 7e BCA.
Mardi 7 décembre 1976, vers 23 h 15, j'ai entendu une première fois les chiens hurler à la mort. Tous les chiens hurlaient, soit un nombre de 9.
S.I. Non, jamais mon chien n'a hurlé de la sorte.
Le 8 décembre, vers 23 h, il a hurlé une deuxième fois et une troisième fois la même nuit vers 2 h 10.
Jeudi 9 décembre 1976, ils ont hurlé à la mort une

quatrième fois. Je me suis précipité à la fenêtre. J'ai regardé les environs, rien de suspect n'est apparu. Depuis jeudi, nuit au cours de laquelle a eu lieu le dernier hurlement, les chiens ne se sont plus manifestés de cette sorte. Je suis maître de chiens depuis quatre mois au 7e BCA.

Le rapporteur du dossier O.V.N.I. pour l'armée de l'air tenait pour négligeables les manifestations d'animaux lors du passage d'un O.V.N.I. Ici, pourtant, les chiens semblent avoir fait preuve d'une certaine constance dans leurs hurlements. Comment interpréter leur attitude? Certains penseront sans doute qu'il s'agit là d'un pur hasard d'autant que les bêtes se sont manifestées une nuit où n'a été observé aucun O.V.N.I. D'autres invoqueront peut-être le pouvoir de détection que l'on prête en général à la gent canine et en déduiront que les chiens peuvent très bien avoir perçu la présence d'objets ayant échappé aux humains... à moins qu'il n'y ait tout simplement pas eu de témoins cette nuit-là pour enregistrer le phénomène au moment où il se produisait. N'oublions pas que ces faits se sont déroulés à des heures où les promeneurs nocturnes sont généralement plutôt rares. L'ensemble des observations est d'une très grande solidité et en fin de compte, le problème des chiens peut apparaître comme secondaire. La valeur des déclarations est suffisamment forte pour qu'il ne soit pas utile de se demander s'il s'est agi ou non d'une pure coïncidence.

Une lampe rouge tournait à son sommet...

C'est à M. M. Francis, 20 ans, appelé à la 35e compagnie de camp à La Courtine dans la Creuse, que nous devons le dernier témoignage reproduit

dans ce livre. Le caporal B. Hubert, appelé à la 35e compagnie de camp à La Courtine dans la Creuse, est le premier à avoir reçu sa déposition :
Du mercredi 22 décembre 1976 à 17 h 30 jusqu'au 23 décembre 1976 à 7 h 30, en qualité de caporal de relève, j'étais de service au poste de police de la 35e compagnie de camp. Cette nuit-là, de 1 h à 3 h, le soldat M. Francis a pris sa faction au garage de la 35e compagnie de camp. Au moment où j'effectuais la relève, le soldat M. m'a déclaré avoir aperçu dans le ciel un objet volant, de forme ronde, de couleur rouge et lumineux. Cet objet se déplaçait sur un plan horizontal et une lampe rouge tournait à son sommet. Le soldat M. m'a précisé que cet engin se déplaçait lentement à basse altitude en émettant un sifflement. Il a aperçu cet objet vers 2 h 20 survolant le camp sur l'axe suivant : bâtiment 7 de l'îlot 5, ciblerie petit cercle et bâtiment du bureau de la place de la 35e compagnie de camp dans une direction nord-est-sud-ouest. A l'heure indiquée par le soldat M. Francis, je me trouvais à l'intérieur du poste de police situé dans l'îlot 5 du camp Bati. De ce fait je n'ai rien vu ni rien entendu d'anormal. Le soldat T. Jean-Claude était de garde à l'entrée principale sud du camp de 1 à 3 h. Il n'a également rien vu ni rien entendu au cours de son service. J'ai relaté cet incident sur le cahier de garde afin qu'il en soit rendu compte au capitaine commandant la 35e compagnie de camp à La Courtine, Creuse, à Guéret, Creuse.

Dans la nuit du 22 au 23 décembre 1976, j'étais de garde au garage de 1 h à 3 h à la 35e compagnie de camp. Vers 2 h 20, mon attention a été attirée par un objet volant que j'ai aperçu dans le ciel. Cet objet était de forme ronde, d'un diamètre que j'estime à 3 ou 4 m. Il était éclairé par plusieurs lampes émettant une lumière vive et rouge. Toutefois, cet engin n'émettait pas de rayon lumineux. Il se déplaçait horizontalement et une lampe rouge tournait à son sommet. Cette lampe m'a paru être de la grosseur des lampes se trouvant sur les véhicules estafettes de la gendarmerie. Je n'ai pas remarqué d'autres couleurs concernant cet objet. Cet engin se déplaçait lentement, sa vitesse m'a semblé inférieure à celle d'un véhicule automobile circulant à vitesse normale. Il volait à basse altitude. J'évalue cette dernière à une dizaine de mètres au-dessus des bâtiments du camp Bati militaire. Cet appareil émettait un sifflement continu à une intensité moyenne. C'est d'ailleurs ce bruit qui a attiré mon attention. Je n'ai remarqué aucune forme humaine ou autre à l'intérieur de cet engin et aucun projecteur ne s'est allumé à bord. J'ai vu cet objet pendant environ 30 secondes.

CONCLUSION TRÈS PROVISOIRE...

LE problème des O.V.N.I. est un beau jeune homme qui en 1977 fêta son trentième anniversaire. Il garde toujours cette auréole de mystère et cependant semble imposer peu à peu son extraordinaire irréalité dans le quotidien de chaque jour. L'ensemble des rapports présentés dans ce livre en est une preuve tangible. Ainsi des universités consacrent certaines de leurs activités à son étude; des étudiants proposent des exposés ayant pour thèmes les O.V.N.I.; des producteurs y investissent d'impressionnants budgets (faisant suite au monumental *Rencontres du troisième type,* il y aurait aux États-Unis une vingtaine de films en préparation, sans compter les revues, journaux et livres qui y ont trait). Bref, la civilisation moderne intègre dans sa culture cette énigme du XXe siècle.

C'est par l'intermédiaire de ces média que le néophyte se fera de la question une certaine image. Pour peu qu'il s'astreigne à lire l'ensemble des ouvrages qui depuis 1954 occupent le marché littéraire, il ne sera pas loin d'en savoir autant que les meilleurs spécialistes.

O.V.N.I. et politique...

Il pourra constater non sans étonnement que la nature du régime politique des pays où l'on signale des O.V.N.I. engendre un type de récits particuliers. Ainsi, les pays d'Amérique latine, à la tête desquels d'une manière générale on trouve des régimes de droite, font état de témoignages absolument ahurissants. Il n'y a pas si longtemps, au Chili, circulait une histoire de kidnapping d'un militaire par une soucoupe volante. Ce dernier qui était caporal aurait été enlevé sous les yeux de ses hommes. On le retrouva très rapidement 15 minutes plus tard... avec une barbe de plusieurs jours.

En 1967, au Mexique, une dépêche d'agence mentionnait l'écrasement contre une colline d'un cigare aussi volumineux qu'un autobus, la chute de l'objet ayant été observée par un millier de personnes !

A peu près à la même époque, en Argentine, circulait une autre histoire de militaires. Un caporal et ses hommes (les « Envahisseurs » ont décidément une prédilection pour les hommes de troupe), alertés par des gens qui affirmaient avoir vu une soucoupe volante évoluer sur la région, se dirigèrent vers l'endroit où l'engin spatial se disposait à atterrir. Lorsqu'ils arrivèrent sur les lieux, la soucoupe s'était déjà posée sur le sol et irradiait une lumière intense, polychrome. Les militaires approchèrent lentement de l'objet d'où sortirent trois êtres d'apparence humaine, d'une stature de deux mètres et qui portaient des treillis phosphorescents. Le caporal somma les « Envahisseurs » de se rendre mais ceux-ci ne répondirent pas. Le chef de la patrouille lâcha alors une rafale de mitraillette qui n'eut aucun effet, ni sur les envahisseurs ni sur leur engin qui s'éloigna rapidement après avoir brûlé l'herbe à l'endroit où il s'était posé. Simultanément, le caporal et les soldats furent paralysés par des rayons émis par l'engin et ne recouvrèrent leurs esprits que trois minutes plus tard lorsque la soucoupe n'était plus qu'un point lumineux dans le ciel. Ce compte rendu, l'un des plus étonnants que je connaisse, est rapporté dans une dépêche d'AFP sous la signature du journaliste Michel Iriart. Affabulation, extrapolation, exagération?

Faut-il voir dans ces récits, où il est très difficile de discerner la part qui revient à la vérité et celle qui appartient à la légende, une volonté délibérée du régime en place à produire chez ses populations une véritable psychose bien faite pour les distraire de leurs aspirations politiques ou sociales? Force est de constater que pratiquement jamais il n'est annoncé les résultats des enquêtes en cours et, lorsqu'il est possible d'effectuer des recherches, c'est pour s'apercevoir que ces histoires ont été fortement grossies.

Dans les pays à tendance conservatrice, on semble donc se réfugier vers une nouvelle mythologie, dans laquelle paraissent trouver leur compte dirigeants politiques et populations.

Dans les pays de l'Est où l'on observe aussi des O.V.N.I., les récits se caractérisent par une extrême sobriété, si ce n'est une grande pauvreté d'informations. Il n'est pour s'en persuader que de relire l'excellent ouvrage *Les O.V.N.I. dans les pays de l'Est.* Les observations dans leur ensemble, que ce soit en URSS ou dans les autres républiques populaires, notamment la Roumanie, concernent des apparitions d'objets lumineux, toujours lointains, aux formes indéfinies, sans grande originalité. Jamais il n'est fait mention de présences d'humanoïdes. Certains rétorqueront que l'on tient probablement secrets ces rapports. Il serait paradoxal que l'URSS, qui s'est faite la championne des civilisations extra-terrestres, conserve jalousement de telles preuves.

Quelle signification doit-on donner à cette constatation?

La réponse serait-elle à chercher dans les extraordinaires manifestations d'un inconscient collectif, comme le suggéra il y a plus de quinze ans dans son livre *Un mythe moderne*, C. G. Jung, et comme le pensent bon nombre de spécialistes? Il est en effet troublant de voir que ce sont les nations dites de l'Ouest qui souffrent le plus de la « Soucoupomanie » alors que dans les pays de l'Est il est évident qu'il n'y a pas de psychose dans le sens clinique du terme. Les O.V.N.I. pourraient n'être alors qu'une maladie des civilisations modernes.

Mais s'il n'y a presque pas d'O.V.N.I. dans les démocraties populaires, n'est-ce pas aussi parce que les organes d'informations ne signalent jamais ce type de nouvelles, au même titre que cette presse ignore tout des problèmes de la criminalité? Jamais la Chine n'a laissé filtrer de commentaire sur cette question; les journaux plus qu'ailleurs dans ce pays restant sous le contrôle de l'État. Il existerait pourtant des témoignages démontrant que la Chine comme tous les pays de la planète n'échappe pas à ce phénomène.
Il est un pays qui se veut champion des libertés, et où la presse possède tous les pouvoirs : les États-Unis ! Les O.V.N.I. dans cette partie du monde ont été pendant de nombreuses années l'objet d'un intérêt soutenu que ce soit de la part des journalistes, des scientifiques ou des militaires.

L'attitude américaine en 1977.

Au cours de ces trois décennies, depuis le jour où l'Américain Kenneth Arnold inventa la fameuse expression « soucoupes volantes » les USA ont multiplié les commissions d'enquête dans l'espoir de résoudre le problème. Mais les conclusions de ces commissions se ressemblent étrangement : toutes déclarent, en effet, que les soucoupes volantes n'existent pas, si ce n'est dans la tête de ceux qui prétendent en apercevoir.

En février 1962 est paru, sous la signature de John Kerigan, correspondant permanent de l'Agence Coopérative d'Information de Washington, un article illustrant parfaitement cette façon de penser. En 1969, c'est-à-dire au moment de la publication du rapport Condon et de l'abandon de toute étude officielle sur les O.V.N.I. de la part du gouvernement des États-Unis, il était toujours d'actualité. Cet article avait pour titre : « Une sentence officielle de l'US Air Force : les soucoupes volantes n'ont jamais existé... »

« Certaines personnes furent désappointées; d'autres se sentirent soulagées », pouvait-on y lire. « La plupart étouffèrent un bâillement et accueillirent calmement la nouvelle en disant : " Eh bien, c'était donc ça. " »

« Le fait que les États-Unis et les autres pays du monde libre ne fussent nullement menacés par quelque envahisseur venu de l'espace réconforta l'immense majorité du public qui se remit très vite de sa première déception. »

En tout cas, l'US Air Force a examiné 7 369 rapports (en 1962) concernant les fameux Objets Volants Non Identifiés depuis 1947, ceci dans l'intérêt de la paix mondiale ou, du moins, afin que le monde pût vivre paisiblement. Elle a conclu de cet examen que ni les États-Unis ni aucun autre pays au monde ne courait le danger d'être bombardé à partir de l'espace.

Elle ajoute à présent qu'il n'existe aucune preuve concernant l'existence d'engins spatiaux dépassant le produit de nos connaissances actuelles et qu'il est maintenant certain que les O.V.N.I. ne sont pas des vaisseaux de l'espace en provenance d'une base extra-terrestre. »

En 1977, les choses ont changé, cependant. Les responsables américains se montrent moins catégoriques. Cette nouvelle attitude paraît liée à l'arrivée au pouvoir du président Carter. Le nouveau responsable de la Maison-Blanche a été lui-même témoin d'une apparition inhabituelle dans le ciel alors qu'il était gouverneur de l'État de Georgie, et il n'a jamais craint d'en parler. De plus, il a adopté une position pour le moins audacieuse lors de sa campagne électorale en annonçant que, s'il était élu, il s'engageait à rendre publics les documents secrets se rapportant aux manifestations d'O.V.N.I. détenus par la CIA... Je crains, cependant, qu'en dépit de sa bonne volonté Jimmy Carter ne puisse tenir sa promesse. Les responsables de la célèbre centrale de renseignements sauront l'en dissuader. Une telle « révélation » risquerait, en effet, de conduire le public à se poser un certain nombre de questions quant à la fiabilité du coûteux système de protection militaire dont il assume, en tant que contribuable, la construction et l'entretien.

Néanmoins, pour éviter toute surprise et ne pas encourir le reproche d'avoir sous-estimé l'importance de la question, on adopte actuellement, dans ce pays, une prudente politique d'ouverture en autorisant l'accès des personnes intéressées aux archives officielles.

Ainsi, en 1976, la bibliothèque nationale de Washington a réalisé une exposition à partir des nombreux documents composant le « Project Blue Book », l'organisme de l'US Air Force chargé pendant vingt ans d'instruire le dossier O.V.N.I. Cette exposition comprenait une douzaine de mètres cubes de rapports représentant environ 8 400 pages, des photographies, des douzaines d'objets divers, 23 enregistrements sonores, 39 films et bandes dessinées.

Du côté des scientifiques, pourtant, on reste beaucoup plus en retrait et l'on s'en remet aveuglément aux conclusions du rapport de l'Université du Colorado. Chez les responsables américains de la recherche, on refuse énergiquement de reprendre l'étude du dossier. Trop de savants se sont singularisés d'une manière ou d'une autre en prenant des positions ayant beaucoup nui à la sérénité du débat. Dans ces milieux, il est désormais de bon ton d'adopter la politique de l'autruche. Aux États-Unis, la question des O.V.N.I. restera en suspens probablement pour longtemps.

Une fois n'est pas coutume, c'est peut-être de notre pays que surgira la lumière...

Depuis la fin de l'été 1977, la France est l'un des rares pays au monde à posséder de manière officielle un Groupement d'Étude des Phénomènes Aéro-spatiaux Non Identifiés : le GEPAN.

A sa tête se trouve un chercheur éminent du nom de Claude Pohers qui est chef de la division des programmes scientifiques au Centre National d'Études Spatiales de Toulouse.

Depuis des années, dans un anonymat relatif (il n'a jamais rien publié sur ses recherches statistiques), il accumule à titre privé une importante documentation sur le sujet. Les rapports qui lui parviennent de la Gendarmerie nationale, de l'aviaton civile et de l'armée de l'air, sont mis en mémoire par l'un des ordinateurs du CNES constituant ainsi une véritable banque d'informations sur les O.V.N.I. En France, cette approche du phénomène est la seule à faire appel à des méthodes scientifiques.

Avant la création du GEPAN, rares étaient les savants avouant porter un semblant d'intérêt aux Objets Volants Non Identifiés. Ceux qui le faisaient choisissaient la clandestinité.

L'interview par Francine Buchi, journaliste à FR 3 de M. Claude Levy, qui était, en 1976, directeur du CNES, va nous aider à saisir l'état d'esprit dans lequel le monde scientifique abordait alors le problème.

Q. Le Centre National d'Études Spatiales a-t-il connaissance de toutes les manifestations d'O.V.N.I. dans le ciel de France?

R. Le Centre Spatial lui-même, non, pas à proprement parler. Nous avons M. Claude Pohers, qui est à l'intérieur du centre chef de la division des programmes scientifiques et qui, depuis de longues années, s'intéresse au problème. Nous lui avons donc donné les moyens de mener à bien ses recherches. Le Centre National d'Études Spatiales ne prend pas parti dans cette affaire mais c'est, effectivement, un endroit où les différents rapports concernant ces phénomènes sont centralisés. M. Pohers a entrepris une collection systématique de tous les témoignages aussi bien en France que dans le monde, et il en a fait, depuis quelque temps, une analyse statistique assez intéressante. Même si on ne croit pas au phénomène, on ne peut manquer d'être impressionné par la régularité des statistiques ainsi que par le caractère réel des corrélations entre les événements et les témoignages. La probabilité pour que ces phénomènes soient nés dans l'imagination des témoins est de plus en plus faible. Cela dit, il ne faut pas confondre ce que l'on observe avec les histoires de petits hommes verts venus sur la terre pour regarder ce qui se passe. Il peut y avoir des phénomènes météorologiques ou des phénomènes naturels rares et difficilement explicables que l'on appelle O.V.N.I. Nous n'avons pas encore d'idée quant à la nature exacte du phénomène. M. Claude Pohers ne dit pas autre chose. Actuellement, nous regardons la question avec beaucoup de prudence. Les spécialistes de la recherche spatiale souhaiteraient que nous prenions parti de manière négative. Nous n'avons pas souhaité le faire. Je crois qu'il faut que nous montrions que, en tant que Centre National d'Études Spatiales, nous sommes ouverts à tous les phénomènes et que nous n'avons pas peur de la vérité. C'est une attitude de prudence que nous adoptons mais cette attitude n'en demeure pas moins ouverte.

Q. Si le CNES ne prend pas parti à part entière dans l'étude de ce problème, est-ce parce que le phénomène O.V.N.I. n'est pas considéré comme un problème scientifique?

R. La science officielle a une certaine aversion pour l'étude de ces phénomènes, probablement parce qu'ils ont été exploités par l'imagination populaire et, donc, qu'il s'est créé une espèce de barrière psychologique. Pour notre part, au CNES, nous restons ouverts. Je crois que la méthode adoptée par M. Pohers est une méthode objective. Pour le moment, elle relève uniquement de la statistique parce qu'il n'y a pas moyen de faire autrement, mais cela me paraît être la démarche la plus sûre actuellement. La NASA avait fait une étude du même genre, il y a quelques années, qui avait d'ailleurs donné lieu à un rapport lui aussi relativement neutre. Pour différentes raisons, dues principalement à la pression des scientifiques, cet effort de la NASA a été arrêté. En France, nous avons adopté une attitude un petit peu jésuite, si je puis m'exprimer ainsi, c'est-à-dire que nous laissons faire M. Pohers, sans le couvrir officiellement.

Q. Qui est-ce qui étudie scientifiquement, en France, le problème des O.V.N.I.?

R. Personne, à ma connaissance. Nous avons à l'intérieur du CNES, comme je vous l'ai dit, Claude Pohers qui s'y intéresse et qui se livre à une étude statistique. Une étude statistique, c'est une étude scientifique mais ce technicien n'emploie pas tous les moyens disponibles. Si l'on voulait étudier le phénomène sur le plan scientifique, il faudrait de très gros moyens et nous ne considérons pas actuellement que les objectifs de la recherche spatiale sont compatibles avec le déploiement de tels moyens. Si nous les employions dans ce secteur, ce serait aux dépens d'autre chose. Le CNES étant, essentiellement, un fournisseur de moyens, il s'appuie sur les laboratoires scientifiques. Actuellement, il n'y a pas de laboratoire scientifique en France qui veuille s'intéresser aux O.V.N.I. Je dirai même qu'il y a un certain ostracisme vis-à-vis de ce phénomène, de la part des scientifiques. Nous, nous avons une position beaucoup plus ouverte, mais nous ne pouvons pas contraindre les scientifiques à faire des recherches qu'ils ne veulent pas faire. M. Pohers, à l'intérieur du CNES, bénéficie d'une certaine liberté. Je sais bien que les autorités qui envoient les rapports à M. Pohers pensent qu'elles les envoient au CNES. Ce n'est pas le CNES en tant que tel qui est le dépositaire de ces rapports. C'est M. Pohers, chef de division du CNES, mais il le fait avec la pleine connaissance et l'autorisation de sa hiérarchie.

Q. On peut donc penser qu'en France, il n'y a pas de structures scientifiques d'accueil pour le phénomène O.V.N.I.?

R. C'est certain !

Q. La science porte-t-elle des œillères?

R. Vous savez, la science a toujours porté des œillères. Il y a toujours eu une certaine direction privilégiée, et puis il y a toujours eu des choses que l'on a laissé tomber. Alors, de temps en temps, ces choses reviennent à la surface. A ce moment-là, la science s'y intéresse. Parfois, au contraire, ce sont des directions qui sont perdues à jamais. Mais la science est comme toutes les activités de l'homme; elle est humaine, c'est-à-dire qu'elle est l'œuvre de scientifiques qui sont des hommes avec toutes leurs qualités et leurs défauts.
Q. Mais, en tant que scientifique, avec un esprit ouvert, ne pensez-vous pas que l'on est en train de minimiser le phénomène O.V.N.I., d'essayer de l'oublier?
R. Je pense que ce phénomène, s'il existe vraiment, finira par s'imposer. Il y a l'ambition naturelle des jeunes scientifiques, qui veulent, eux aussi, devenir célèbres. Un jour viendra où un jeune scientifique particulier, à partir des observations qu'il aura faites, découvrira quelque chose, s'il y a quelque chose à découvrir. La science est très ouverte. Je ne crois pas que, pendant très longtemps, les universités puissent imposer une vérité. Très souvent, la science finit par s'imposer. Ce qui est beaucoup plus profond et plus grave, ce sont les barrières psychologiques internes, à l'intérieur même des savants.

L'ancien directeur du CNES devait ajouter hors micro, à l'issue de sa déclaration, qu'à chaque fois que le sujet était examiné de manière officielle, il recevait près de 200 lettres de savants appartenant à toutes les disciplines l'adjurant de dire que les O.V.N.I. n'existent pas !

En officialisant, en 1977, les travaux de Claude Pohers, le CNES a adopté une position courageuse dont le principal mérite est de tirer cette recherche de la marginalité dans laquelle on l'avait jusqu'à présent maintenue.

Une double tâche attend maintenant le jeune GEPAN (sigle dont il va falloir se souvenir au cours des mois et années à venir) : d'abord, il faut convaincre le monde scientifique – dont on connaît le scepticisme – de la nécessité et de la noblesse de cette étude; ensuite, il convient de se démarquer des théories à la mode selon lesquelles le terme O.V.N.I. est synonyme de vaisseaux spatiaux et d'extra-terrestres. Cela n'est pas facile et Claude Pohers en est conscient. C'est à lui, néanmoins, que nous laisserons le mot de la fin. En novembre 1977, il m'adressa une lettre dans laquelle il résumait les objectifs de son groupe d'analyse de la manière suivante :

« Le groupe est maintenant constitué, son conseil scientifique l'est aussi et l'ensemble commence à travailler. Il ne faut pas attendre de miracles, la science est une œuvre de patience.

Dans l'immédiat, nous souhaitons travailler dans le calme, loin des polémiques et des passions. Nos résultats ne seront en aucune façon cachés, mais qu'on nous laisse les élaborer en paix ! »

Une profession de foi à laquelle l'homme d'esprit souscrira de tout cœur.

IMPRIMÉ EN FRANCE PAR BRODARD ET TAUPIN
7, bd Romain-Rolland - Montrouge - Usine de La Flèche.
Le Livre de Poche - 12 rue François Ier - Paris.
ISBN : 2 - 253 - 02555 - 0

30/6817/8